子どもの豊かな育ちと地域支援

●監修
白井　慎

●編著
小木美代子
姥貝荘一
立柳　聡

学文社

編集・執筆者一覧

★白井　慎	法政大学名誉教授
＊小木美代子	日本福祉大学
＊姥貝荘一	八王子市役所
＊立柳　聡	福島県立医科大学
森谷育代	大阪府立看護大学
荒井文昭	東京都立大学
深作拓郎	法政大学
山下雅彦	九州東海大学
佐藤涼子	ＮＰＯ図書館の学校
柳町祐介	東京都品川区立大原児童センター
春口　類	ＮＰＯ所沢市学童クラブの会
浜垣昌子	ＮＰＯ高知こどもの図書館
碓井義一	貝塚市立中央公民館
吉成信夫	森と風のがっこう
木村清美	フリースクール「ヒューマン・ハーバー」
吉田まさ子	ＮＰＯ高崎子ども劇場
安藤明夫	ＮＰＯ子どもの虐待防止ネットワーク・あいち
神代洋一	ＮＰＯ東京少年少女センター
長沼　豊	学習院大学
宮川正文	麦の根
手島勇平	新潟県聖籠町教育委員会
古川　碧	北海道稚内市立稚内南中学校
加藤容子	岡山市立岡北中学校
赤崎隆三郎	鹿児島県立与論高等学校
石神澄子	(社)日本ユネスコ協会連盟
五十嵐乃里枝	どんぐり学級
新妻二男	盛岡教育懇話会
丹野俊一	いわて生活協同組合
金子ざん	あそび・劇・表現活動センター（アフタフ・バーバン）
足立定夫	子どもの権利条約にいがたの会
庄司　愛	東京都立大学大学院
星野一人	埼玉大学大学院
塩野ひろ美	埼玉大学大学院

（執筆順）★監修者　＊編著者

中扉カット　小林　恵子

発刊に寄せて

今回『子どもの豊かな育ちと地域支援』が刊行されることは、二一世紀を迎えた今日のわが国の子どもとそれをめぐる状況の深刻な危機を憂え、その克服のために努力している者の一人として、また旧著刊行後、ここ数年の「人生何が起るかわからない」体験を通して人生を模索してきた私にとって、まことに有意義なものと喜んでいます。

三十年来の畏友である小木美代子さんを始めとする共編著者、社会教育推進全国協議会（以下社全協と略す）、とりわけその「子ども分科会」に結集された志を同じくする方々、本書の執筆者の方々に敬意と感謝をしたい気持です。

前著『子どもの地域生活と社会教育』（白井愼・小木美代子・姥貝荘一編著　学文社）が世に問われたのは一九九六年五月一〇日で、今から六年前のことです。前述しました社全協全国集会に「子ども分科会」が設けられたのは一九七四年の第一四回名古屋大会のときです。高度経済成長政策下の人づくり政策のつけが子どもの発達の上に深刻な影を落してきた段階でした。それまで子どもの教育は学校教育が中心で、子どもの社会教育実践や研究は余り注目されていませんでした。私がその研究者の一人として加わった、一九七八年刊行の日本社会教育学会による課題研究成果を総括した書物も、『地域の子どもと学校外教育』（酒匂一雄編、東洋館出版社）（傍点筆者）でありました。前著の「はじめに」に記しましたように、子どもを正面にみすえて、その発達を保障する教育実践を、家庭・学校・地域という子どもの生活や学習が日常的・継続的・具体的に展開される場を総合して究明し、相互の連携のあり方と、そこにおける社会教育の役割を明確化しようとめざしたものでした。発足当初から多彩な子どもにかかわる行政・団体・個人の実践者・研究者など分科会中最多の参加者で、熱気あふれる報告と討議が展開された感動は忘れられません。この分科会の二二回にわたる成果をふまえて世に問うたのが前著でした。

「継続は力なり」という言葉がありますが、以上のような積みあげの上にたって、「子ども分科会」は本年八月下旬開催の沖縄大会で第二九回の節目を迎え目下鋭意準備中です。前著との間のここ数年に、子どもをめぐる不幸な事件はいよいよ深刻さを増しています。子どもを育むべき親や教師を含む大人の問題も顕著になってきています。子どもの権利条約が批准され、子どもの最善の利益を実現していく努力も進められています。民主的な運動の成果を組みこんで、全国子どもプラン、エンゼルプランなど自然体験、社会体験やボランティア活動が強調されてもいますが、一時的なセレモニーに終始してしまう状況があります。公立学校の週休二日制が完全実施され、新学習指導要領が実施に移されましたが、学力低下の不安や子ども、教師の多忙さが問題になってきています。また教科書問題、有事立法問題、教育基本法改訂の策動など、重大な問題が沢山あります。真の人間的発達をめざし、二一世紀にむけてわれわれを超えて、生れてよかったと喜び合える世の中を創造していく智恵と力量を培うために、地域住民を主人公にした地域を拠点にして、子どもと共に豊かな子育て・子育ちを実現していこうとする新著刊行の今日的な意味は大きいと思います。前著にさらに、理論化を進めて「理論編」を独立させると共に、全国的に若い実践者・研究者をすぐり協同の所産がさらに豊かになったことは、二一世紀にむけての大きな一石になることを確信し期待してやみません。

最後に私ごとになりますが、前著刊行の時に私は三〇年の法政大学を定年退職しました。教職経験は五〇年余になります。その時に第二の人生を「子ども」「地域」「自然」をキーワードにして、「やりたいこと」、「やるべきこと」をしようと、全国少年少女組織を育てる全国センター代表委員と、東京少年少女センターの会長を引きうけ、ボランティア活動、運動とその研究に取り組んできました。

七〇年のつかれがでてきたのか、癌の手術を始めとする生活習慣病のオンパレードに苦しみ、老いと死に直面してきた数年でもありました。その上に子育ての文化と地域づくりの問題のはざまで、次女の急逝にも直面してきました。手術後二年余り、体力や気力を少し回復させ、娘や孫を含む子どもたちの幸せを願いながら、この文章を綴るところまでになりました。高齢期の人間の発達の可能性を信じて、その日まで子どもの明日のためにがんばりたいと思います。

無差別国際的テロが二一世紀初頭の世界を揺るがしています。アメリカの国際政治学者であるハンチントンは『文明の衝突』という書物の中で、現在の世界史の大問題は文明の衝突であるといっています。「人間の生命をたとえようもなく尊い」こと、感謝、思いやり、謙虚さなど東洋の智慧に深く学びたいと思うことしきりです。

前著の「はじめに」に書きましたように、エレン・ケイの「二〇世紀を子どもの世紀に」という希望を託して始まった二〇世紀が、子どもにとって何だったかを問いながら、二一世紀が真に「新しい子どもの世紀に」なるように微力ながらがんばっていきたい所存です。二一世紀は、平和・人権・民主主義が文字通りいかされる、環境汚染克服、核廃絶など、大自然との共存・共同、人間的信頼による協同、能力主義による競争や差別のない社会になど人類史の課題に皆で果敢に挑戦していきましょう。

法政大学名誉教授
白井　愼

序にかえて

わが国の一九九〇年代を指して、「失われた十年」という言い方があります。それは、二度のオイル・ショックをのり越え、突っ走った八〇年代のバブル経済（外圧によってそうせざるを得ない側面も大きかったといえますが……）崩壊後の十年が、金融界や製造業を中心に経済的に停滞ないしはマイナス成長であったこと、政治的にも空転し、それへの対策が講じられなかったばかりか、世界の動きにも迅速に対応できなかったことなどを指し、無きに等しい十年間であったという意味で使われているのです。

一方、この間に、世界勢力地図は大きく塗り替えられ、ベトナム戦争で疲弊し、最大の赤字国となっていたアメリカは、ベンチャー企業を中心としてIT革命に成功し、ソビエト連邦の崩壊・東西冷戦構造のひとまずの終結という追い風を受けて、それまでは軍部が独占していた電波網を民間にも開放するとか、多国籍企業の要請を受け入れて地球規模での広域経済（新自由主義思想による大競争時代）を推進させてきました。しかも、その動きはめまぐるしく超スピードで、アメリカを中心にしてグローバリゼーション経済基準をスタンダードにさせようと世界各国に迫り、世界貿易機関（WTO）と「サービスの貿易に関する一般協定」（GATS）の締結を急いだのでした。

WTOは、「関税と貿易に関する一般協定」（GATT）の機能を発展・増強させたものとして、完全な自由貿易を促進するために一九九五年に設立された国際機関です。WTOでは、その目的を達成するためにいくつかの基本原則を据えています。その最たるものが相互最恵国待遇条項であり、内国民待遇条項です。この原則により、多くはアメリカに本拠を置く多国籍企業が何の制約もなく、楽々と国境を越えて活動できる仕組みになりました。また、貿易対象を「物品」から「知的所有権やサービス」にまで拡大させたのがGATSというわけです。したがって、IT情報のみならず特許権、教育・文化領域、サービス事業もこれに含む（すべてではないが）ということになりました。

少なくとも、わが国においては、バブル経済期までは、学校教育は産業界の影響・支配をもろに受けながらも、相対的には独自領域を維持していました。それが、第二次臨時教育審議会の答申が出されたあたりから（一九八〇年代後半）、西欧諸国に端を発した新自由主義（聖域なき大競争）の考え方が、わが国の産業の空洞化（国外に生産や販売拠点を持つ）をもたらしたのみならず、教育の世界においても、生涯学習という考え方を取り入れて（学校教育をも生涯学習の翼下とみなす考え方）、教育の理念や国民の学習権を曖昧にするとともに、福祉の世界においても児童福祉法の「改正」（一九九七年六月）で「措置」という文言・考え方を削除し、選択権を拡大させる（自己責任とセットにして）ことによってまず、風穴を開け、以後、保育の世界のみならず、福祉全般・医療の世界にまで国の責任を放棄する方向で、文字どおり「聖域なき構造改革」に着手し、芋づる式にずるずると受益者負担を増やしてきています。当然のこととして、大競争時代を受けて教育界では、教育の市場化を進行させるなかで教育の公共性を後退させ、経済格差や地域格差の拡大によって均等な教育機会さえ奪いとろうとしてきています。

しかも、IT革命によって電波が自由に地上を飛びかい、情報を誰もが容易にトレードできるというメリットははかり知れないほど大きいものがあるとはいうものの、「競争と分断の論理へすりかわっていく」（廣田健「グローバリゼーションと教育の役割」『季刊人間と教育34』二〇〇二年六月）危険性も多分に孕んでおり、地域コミュニティーや家族において大切にされてきた〝きずな〟や〝文化的アイデンティティー〟をも奪い去ろうとしてきています。いや、わが国では、すでにかなりの部分が奪いとられてしまったといっても過言ではないでしょう。

＊　＊　＊

ところで、なぜ、いきなり唐突に政治・経済・国際的な動向を持ち出してきたのかと奇異に思われた方も少なくないと思いますが、今や、子どもの育ちの問題状況も、教育・文化凋落化傾向の問題も、学校外の活動停滞問題も、こうした大元のところをしっかりと押さえておかないと、その意味が十分に理解できなかったり、対策も対症療法的に終始してしまったり、解決方法を間違えたりする危険性が多分にあるからです。したがって、こうした新自由主義的傾向を帯びたアメリカ主導の国際経済秩序を教育、文化、福祉・年金・医療分野にまで、各国に強要するものとなってきている流れのなかで、今日の子どもの育ちの状況や学校教育改革―世界のなかで打ち勝つ経済人の育成、小さな政府づくりの中枢部分を背負いながらも公立学校の完全週五日制や「総合的な学習の時間」を実施し、教職員の人事考課、通学区の弾力化、民間人の教員・校長の登用、学校評議員制度の導入、国立大学の独立行政法人化など―が持ち込まれてきているのです。ちなみに、こうした流れの上に、いまの子どもの問題状況や地域活動の取り組み方についても考えてほしかったからです。

ともあれ、こうした「失われた十年」という時代背景を受けて、この十年間に私たちが誕生させたのが、本誌を含む三部作です。最初に上梓したのが『子どもの地域生活と社会教育』(一九九四年　学文社)です。これは、社会教育推進全国協議会が毎年開催する夏の全国集会において〝子ども分科会〟を設けているのですが、その取り組みの二〇年の到達点を示した著作です。次いで刊行したのが、これとほぼ同じ編者の手になる『子育ち学へのアプローチ』（二〇〇〇年　エイデル研究所）で、子どもをとりまく問題状況や発達的視点もきちんと取り入れて、どちらかといえば生き生きと集団的に活動している子どもたちの姿を浮き彫りにさせました。そして、本誌・『子どもの豊かな育ちと地域支援』の発刊で、二〇〇〇年以降のめまぐるしい動きに対応して、また、これまでに十分取り上げることのできなかった子どもの育ちにかかわる組織的活動を全国的縦断的に、諸領域をできるだけ網羅して掲載しました。しかも、手にとって比べていただくとよく分かると思いますが、ともに理論編と実践編とで構成しています。それが私たちのアイデンティティーと手法であり、この分野では現状認識を欠き、実践抜きの理論だけでは、基本的にまずいのではないかという考え方のもとに構成されています。しかし、いずれの冊子もが、それぞれに時代の流れの影響を色濃く受けており、理論も実践も力点の置きどころが少しずつ変化しており、拡がりと深まりを増してきています。

まず、理論編においては、子どもの地域での育ちを社会教育や地域生活・文化の領域の枠内で論じていたものから（前掲『子どもの地域生活と社会教育』）、その領域を格段に広げ、子どもの権利論を始めとして発達的視点や健康問題、心の問題にまで目を向け、学際的に研究していくことの必要性を論じるようになってきているのが、二作目の『子育ち学へのアプローチ』です。わが国では、教育といえば学校教育を指すほどに、学校教育が子どもの教育についての多くを支配する制度になっており、学校教育の機能は肥大化の一途を辿ってきていました。しかし、その教育制度・学校教育が制度疲労を起こし、多くの子どもの問題が学校とかかわりのあるところで起きてきていることをみても（学校しか子どもの行き場所がないことを表しているともいえますが……）、子どもが学校教育だけで育つ存在でないことが理解できます。子どもたちは、家庭や、地域のなかにおいても、有形無形物との無意図のかかわりのなかで文化を内面化して育っていく存在です。宮原誠一氏は、すでに一九五〇年代において「形成」概念を用い、人格の形成には「自然的環境、社会的環境、個人の生得的な性質、教育」の四つの力がはたらいており、前二つは自然に成長するが良くも悪くもなる。それに一定の方向付けをするのが教育の営みであり、「教育は形成の一要因であって前者が後者にとって代わることはできない」との論を提起しています（「教育の本質」『宮原誠一教育論集』第一巻　一九七六年など）。また、小川太郎氏も、西欧諸国の教育理念とその実践を分析するなかで、「陶冶」と「訓育」という二つの教育の営みの概念化を試み、学校教育を主とする教育の営みを「陶冶」とし、それ以外を「訓育」としてこの二つが両輪をなして人格を形成していくのだとの理論を提唱しています（「教育作用の基本構造」『教育と陶冶の理論』一九六三年など）。

このように、今や教育論のみならず、〇歳から一八歳までを見通した発達把握の必要性や、子どもや若い親たちの臨床心理学、文化人類学、社会学などの領域の最新研究の動向、さらにこれらの学際的研究の必要性なども提示したのが理論編です（第Ⅰ部1、2）。と同時に、実践編においては、従来のオーソドックスな学校外・地域の組織的な子どもの活動から、権利意識が芽生え、子どもを核にしての参加から参画へ、協働の取り組みも諸所に見られるようになってきているので、それらを取り上げました。また、学校や社会的制度のひずみ、問題状況が弱者としての子どもにもろに降りかかり、不登校や虐待、閉じこもりなどの状況を引き起こしてきており、これらに対処しての組織活動や、やっと気づき始めた子どもの居場所としてのふれあいスペースづくり、子ども図書館、学校図書館などの取り組みも、先駆的実践事例として善戦してきているところを読み取っていただけると思います（第Ⅱ部3、4、5、6）。

是非本誌を、子どもの豊かな育ちを願う多くの方々に読んでいただき、ご意見、ご批判をお寄せいただければ幸いです。また、ご多用中にもかかわらず、速やかに玉稿をお寄せいただいた皆さんに感謝申し上げるとともに、無理難題を聴き入れて本誌を作り上げてくださった学文社の三原多津夫さん、中谷太爾さん、その他多くの製作にかかわって下さった方々に感謝申し上げます。

二〇〇二年盛夏

編著者を代表して
小木　美代子

目次

用語解説一覧

用語解説は、塩野ひろ美による

第Ⅰ部

1 子どもの育つ環境の今

1 子どもの育ちと家族生活

(1) 子どもの育ちにおける家族の意義

家族の定義

日本の民法には、「家族」という言葉がなく、親族・相続編が「家族法」とされている。第二次世界大戦に敗戦し、憲法を改正したときに家制度は廃止され、民法も改正された。民法改正は家制度の廃止が目的であったため、「家族」という集団を規定することも「家制度」につながりかねないとの配慮から、「家族」という言葉が使用されていない。法は家庭にできるかぎり入らないことが望ましく、家庭内で問題解決ができない状況になった場合を考え、立法がなされている。*1

一九八六年の男女雇用機会均等法等の施行などにより、女性の職域は拡大し、社会的地位は向上した。家庭においても、女性は「嫁」という立場を否定し、憲法二四条の理念に

*1 奥山恭子『これからの家族の法 家族法編』不磨書房 二〇〇二年。『民法の解説―家族法―』

沿った「個人の尊厳と両性の本質的平等」を主張し始めた。現在の民法では、夫婦別姓が認められていないため、夫婦別姓でいるために婚姻届を出さない「事実婚」も増えており、社会も事実婚を認め始め、民法改正が検討されている。

一九九四年は国連が提唱した「国際家族年」であり、スローガンは「家族から始まる小さなデモクラシー」であった。家族は助け合って生活し、休養できる場であるが、ドメスティック・バイオレンスや家庭内暴力のように、家族が個人の人権を侵害している側面もあったため、家族のなかに、人権や平等意識を育てていこうとしたものであった。そのために国連は「理想の家族を提唱してはならない」とし、母子家庭や父子家庭、再婚した家庭などを、複雑で特別な家庭と扱うような、偏見をなくそうとした。また、家族は血縁・親族であるだけでなく、事実婚のように法律上は他人であっても、家族としての意思が、お互いにあれば家族であり、一人暮らしを選択した人は、一人の家族である、と考えられるようになってきている。[*2]

一橋出版　二〇〇〇年を参考。

*2　多様化した家族の現状については左記に詳しい。
内閣府編『平成一三年版国民生活白書　家族の暮らしと構造改革』二〇〇〇年。

子どもの育ちにおける家族とは

子どもは、一人で生活することができない。例えば、乳幼児期の子どもは、おなかがすくと、飲み物や食べ物を与えてもらわなければならない存在である。家族は、子どもにとって、そういった生活のなかで子どもが必要とする、ケアを準備し提供する役割をもっている。子どもは家族との生活のなかで、安心感を得て人を信頼しながら成長していくことができ、おとなたちも子どもの育ちを通して新たな発見があるなど、子どもとともに成長していくことができる。「コミュニケーション能力」「自尊心」などの人間関係の基礎を培う場でもある。*3

かつては、子どもが三歳までは母親が育児に専念し、愛情を子どもに与え続けなければ子どもの将来に、悪い影響を与えるという「三歳児神話」があった。しかし、現在では、母親以外のおとな、父親、きょうだい、保育士、児童福祉士など、子どもと主体的かつ意識的にかかわり、育てていこうとする人たちに、子どもはアタッチメント（情緒的結びつき）を形成することが、明らかになってきている。*4

仕事の都合による、単身赴任や別居など、家族の形体は多様化、個性化してきている。おとなたちは、自由に多様なライフスタイルを、選択できるようになった。結婚、離婚、再婚、非婚、事実婚など、選択は個人の自由である。しかし子どもは生まれてくるとき親を選択できないし、性別も名前も選ぶことができないため、親は子どもに対し責任を負う。経済的な事情や児童虐待など、親子が同居できない理由があり、児童福祉施設などで生活をしている子どもも増えている。

一九八九年に国連で「子どもの権利条約」が採択された。子どもは子ども自身の人生を生きる権利をもっており、おとなは、子どもの意見やプライバシィなどの権利を尊重し、「子どもの最善の利益（the best interests of the child）」を、考慮しなければならないことが条約に明記され、義務づけられた。その義務は、親や家族だけに強制されるものであってはならない。子どもを育てている人びとの多様なニーズに対応した、地域社会や行政の援助が求められている。

*3　ジュディス・リッチ・ハリス著　石田理恵訳『子育ての大誤解』早川書房二〇〇〇年では、「自尊心が最も重要である」と論じられている。

*4　岩堂美智子・松島恭子編『発達臨床心理学―子ども・生活・ヒューマニティー』創元社　一九九五年　九～一〇頁。信田さよ子『子どもの生きづらさと親子関係』大月書店　二〇〇一年　四一～四四頁。平成一〇年度版『厚生白書　少子社会を考える―子どもを産み育てることに「夢」を持てる社会を―』一九九八年　八四頁、平成一三年版『厚生労働白書　生涯にわたり個人の自立を支援する厚生労働行政』二〇〇〇年などを参考。

(2) 現代家族の特色と子育ち・子育ての課題

少子高齢化社会

平成一二年度版厚生白書は、二〇〇〇年を「高齢者の世紀の始まり」と表現している。六五歳以上人口が二一八七万人、高齢化率が一七・二％（約六人に一人が高齢者）と、高齢化が進んでいる。一方で少子化も進んでおり、二〇〇〇年における〇歳から一四歳の年少人口は、一八六〇人、全人口に占める割合は、一四・七％と、六五歳以上の者の数が、一四歳以下の子どもの数を上回っている。[*5]

また、女性の社会進出が進み、女性の自立意識の高まりや住宅や勤務の都合などから、家族の構成は核家族が最も多くなってきている。[*6] 一人の女性が、生涯に産む子どもの数を表した合計特殊出生率は、厚生労働省の「人口動態統計」によると、平成一二年で一・三五（概数値）となっている。女性の社会進出は進んだが、企業では、人員削減などのリストラが進められ、女性にも長時間労働などの厳しい仕事が与えられるなど、子育てと仕事の両立が困難である実態も見受けられる。

一方、核家族化や少子化の進行などにともない、家庭の教育力の低下が、指摘されている。文部科学省では、地域での子育て支援のネットワークの充実や、子育て学習の全国展開、家庭教育手帳・家庭教育ノートの作成・配布、家庭教育に関する二四時間電話相談体制の整備などに取り組んでいる。また、家庭の教育力を向上させるための、社会教育行政における体制の整備を図るために、平成一三年六月に社会教育法が改正された。子どもたちを取り巻く、地域社会の教育力の向上を図るため、学校の余裕教室を利用した、地域の

＊5　平成一二年版『厚生白書　新しい高齢者像を求めて―二一世紀の高齢社会を迎えるにあたって―』二〇〇〇年　六～七頁。

＊6　湯沢雍彦『図説　家族問題の現在』日本放送出版協会　二〇〇二年　一六～一七頁。

少子化・少子社会　日本の合計特殊出生率（一人の女性が一生のうちに産む子どもの数。人口維持には、二・〇八が必要と言われる）は、一九八九年に一・五七まで低下し、少子化が重大な社会問題として認識されるようになった（一・五七ショック）。国の本格的な少子化対策も始まった。この数字は一九九九年に一・三四と過去最低を記録し、現代の日本社会は、少子社会と呼ばれるようになった。この結果、子ども同士が触れ合う機会が減少することから自主性や社会性の発達が阻害されること、若年労働力の減少や、若い世代が高齢者を支える公的年

人びとの交流を促進する活動等を実施している。[*7] このような取り組みにおいて、重要なことは、行政から住民への家庭教育の強制ではなく、「住民自らの主体的な力量によって、地域の教育力を高めていく」という、社会教育が蓄積してきた実践である。

大阪府の調査結果から

平成一三年六月から七月に、大阪府は子育ち・子育て支援に関して、大阪府民の意向調査や子どもの意識調査をおこなった。対象者は、保育所や幼稚園に通う児童の保護者、四か月検診受診保護者、小学生など、五四一〇人である。

一・「実際に子ども（第一子）を持って、どのように感じたか。」という意識調査では、子どもを持ってみて「楽しい」と感じている人が九割近くいる一方で、しんどさを感じている人も八割以上を占めている。子育てを楽しいものとしながらも、かなりの人が子育てに対して、負担を感じていることがわかる。これは「共働き」「家事専業」という、女性の就業や子どもの年齢に関係なく、子育てに共通の実感となっている。

二・「子育てについて行政に望むこと」については、「安全な屋外遊び場（公園等）の整備」で、約九八％の人が「望む」と回答している。次いで、「子ども連れで安心して外出ができるための公共的施設等への授乳室、託児室、親子トイレ等の整備」が約九七％、「子ども同士を遊ばせることができるプレイルーム等の整備」が九三％と続いている。

三・「ファミリーサポートセンターの利用」について、知らないと答えた人は、八割以上となっている（ファミリーサポートセンターとは、育児の援助をおこないたい者と、受けたい者が会員となって、急な残業などの臨時的、一時的な保育ニーズに対応するための、

金等の社会保障制度への影響が懸念される。少子化の直接の要因は晩婚化の進行によるが、その背景には、女性の職場進出が進む一方で保育所等の子育て支援体制が十分でないこと等から子育てと仕事の両立が難しいこと、育児の心理的・身体的負担・教育費等の増大による経済的負担等が重いこと、大都市圏を中心に住宅事情が厳しいこと等が挙げられている。

*7 平成一三年度『文部科学白書　二一世紀の教育改革』二〇〇二年　一五〇～一五七頁。

相互援助活動をおこなうセンターである)。

四・子どもの「子どもの権利条約」認知度については、小学校五年生で「知らない」と回答した児童は七割以上であった。*8

以上の調査結果からの行政の課題は、「子育てのストレスを解消するための多様なサポート」、「安全な屋外遊び場(公園)、公共施設、プレイルームなどの整備」、「ファミリーサポートセンターの推進、子どもの権利条約の子どもへの広報・啓発」であると考えられよう。大阪府は子育ち・子育て支援に力を入れている自治体であり、今後の施策の展開が期待される。

*8 『子育て支援サービスの利用状況・意向調査 子どもの意識調査 結果報告書』大阪府 二〇〇〇年。

子育てサークルの現状と課題

大阪府枚方市に事務所を置く、「社会教育研究所」(所長 上杉孝實)の主催により、二〇〇一年五月二六日(土)から七月七日(土)まで、「子育てネットワークをつくろう」という講座を、大阪府守口市の公民館で、全六回開催した。対象は、守口市民で子育てサークルの活動をしている人、または関心のある人である。この講座は、子育てサークルの母親たちと交流を深めることができた有意義な実践であった。一回目は「絵本の楽しい世界を」というテーマで、子どもと親がともに絵本の読み方を学ぶ講座をおこなったところ、一〇組の親子が参加した。二回目は「うたあそび」というテーマで、幼児のリトミックの講座をおこない、一七組の親子が参加した。三回目から六回目までは、保育をつけて母子分離し、母親だけが学び、話し合う形式にしたところ、参加者は激減し、多い日でおとなが七人、子ども四人、少ない日はおとな三人、子ども一人であった。子育て中の母親たちは、子どもたちと一緒に楽しく遊ぶことや、子どもにどんな保育活動をさせるのかという学習内容を求めており、子どもを保育室にあずけて、子育てネットワークについて学ぶ要求はない状況が見受けられた。

近年、社会問題になっている「児童虐待」の加害者で最も多いのは母親であり、しつけの場で、たたき出したらとまらないなど、ストレスが高い状況もあるという。*9

このような、現状において、母親が子どもを保育室にあずけ、子どもから少し離れて、学ぶことも重要なのではないだろうか。母親たちがそのような問題に気づき、いつも完全な良い母親でいるのではなく、子どもと離れて自分らしさをとりもどす場や、主体的な学習の場を提供していく必要があると考えられる。*10

社会教育研究所は、講座開催に先駆けて、守口市で活動をしている子育てサークルにアンケート調査をおこなった。九つのグループから回答を得た。サークル運営上の悩みについては、「乳幼児のサークルに、場所を提供してくれる公共の場が少なすぎる。」「職員の子育ち・子育てに対する配慮のなさに、壁を感じる。」「子どもの活動には和室が適しているが、貸してもらえない。」「子どもたちがのびのび活動できる、広いスペースが欲しい。」という意見であった。子育てサークルの「よりいっそう子育てサークルが活動しやすい場所の提供」が、地域社会や行政の今後の課題であると思われた。

社会教育研究所は、講座企画の段階では、サークルをネットワーク化して、横の連携を深めていただきたいと考えていたが、参加者の声は、今活動しているサークルで、集団をどうまとめていくか、リーダーシップの取り方、トラブルの対応に悩んでいる様子であっ

*9　母親による児童虐待増加の問題について、下記の論文にまとめている。「児童虐待防止のための子育て支援に関する考察―ジェンダー問題の視点から―」『月刊社会教育二〇〇〇年九月号』国土社。

*10　子育て・子育ちグループについては、小木美代子・立柳聡・深作拓郎編『子育ち学へのアプローチ　社会教育・福祉・文化実践が織りなすプリズム』エイデル研究所　二〇〇〇年に、全国の実践と理論が詳細に掲載されている。

た。すなわち、サークル運営の手法についての学びが、求められていた。サークルのネットワーク化については、公民館などにおいて、行政や、児童福祉団体などが、バックアップし、交流を企画し、継続・発展させていく必要があると感じた。

社会教育研究所は、講座を土曜日に設定し、母親だけでなく、父親の参加も求めたのであるが、残念ながら父親の参加はなかった。「お父さんが仕事で疲れて、家で寝ているので、今日は参加できない。」と欠席の電話もあり、子育ち・子育てにおける、ジェンダー問題と、長時間労働などの労働問題についても、課題が残されている。[*11]

「家族におけるジェンダー問題」については左記を参照。

*11　『ジェンダーの病気づかれぬ家族病理』日本家族心理学会編集　金子書房　二〇〇〇年
『月刊社会教育　特集ジェンダーからみる家族教育』二〇〇二年五月号　国土社。

(3)　課題の克服に迫る、子育ち・子育て支援とは

第一に、「多様な生き方の選択を認めあうこと」が必要であろう。日本では、まだ家制度の意識が、残っている地域がみうけられる。そのような地域では、子どもはおとなの所有物のように扱われてしまうことがある。多様なおとなの生き方を認め合い、子どもにも多様な生き方を認めることが、必要であるだろう。おとなは「子どもにとっての最善の利益」を優先し、子どもの意見をできる限り尊重しなければならない。また、子どもの個性や才能を伸ばし、「生きる力」をはぐくむ視点をもたなければならない。[*12]

第二に、子育てにストレスを感じている親たちに、多様な子育ち・子育て支援のメニューを用意することが必要である。例えば、公民館や博物館、美術館など、あらゆる場所に保育室を設置し、しばらくの間、子どもから離れて、各自が好きなことに参加できる、住民主体の地域づくりが求められている。このほか、親が子育ち・子育てについて主体的に学

*12　川西市子どもの人権オンブズパーソン事務局編『ハンドブック子どもの人権オンブズパーソン』明石書店　二〇〇一年を参考。

習する講座の開催や、親同士の交流の機会をつくっていくことも大切である。また、このような多様な子育ち・子育て支援の情報を、メディアなどを活用して、すべての市民に知らせていくことが必要であろう。

第三に、「子どもの権利条約」の理念を前提とした、子育ち・子育て支援がおこなわれなければならない。そのためには、「子どもの権利条約」を広く知らせていくことが求められる。条約第四二条は、「条約広報義務」を定めている。「条約締結国は、適当かつ積極的な方法で、この条約の原則及び規定を、成人及び児童のいずれにも広く知らせることを約束する。(States Parties undertake to make the principles and provisions of the Convention widely known, by appropriate and active means, to adults and children alike.)」と、明記されている。行政だけでなくＮＰＯなどの民間も、積極的にこの条約を広報し、家庭や学校、社会における子どもの人権が尊重される社会を、築いていくことが重要であろう。*13

第四に、労働の場における、子育て中の親に対する雇用者側の配慮が求められている。男女ともに仕事を持ちながら子育てをしていくことが、当然になれば深刻化している少子化にも、歯止めがかかるのではないだろうか。具体的には、長時間労働や職場優先の企業風土の是正、ファミリー・フレンドリー企業の普及促進などが考えられる。厳しい現在の経済状況では簡単には実現できないかもしれないが、少子化対策として、労働の場における雇用者と労働者、双方の努力が今後さらに求められているように思われる。

【森谷育代　大阪府立看護大学】

*13　名取弘文編著『こどものけんりー「こどもの権利条約」こども語訳』雲母書房　一九九九年。

2 子どもの育ちと学校

(1) つくられた学校の壁

学校は現在、子どもの生活時間のかなりの部分をしめており、子どもの育ちにとって、学校がブラックボックスであり続けるわけにはいかない。しかし現実には、子どもの育ちにかかわる協同のネットワークを地域で組もうとする場合に、「学校の壁」が障害となる場合が少なくない。

このことは、学校を地域に開いていく実践がこれまでなかったということではない。こうした実践は、個々の教員や、一時期の学校ぐるみの取り組みとしては、これまでも蓄積されてきたし、現在もそれは続けられている。その意味では、子どもの育ちを支える地域での協同に、学校が参加していこうとする実践がないわけでは決してない。

しかし、親として学校にかかわった経験をもつ方々のなかには、個々の教員とはコミュニケーションがとれる場合があったとしても、「職員室での先生たちの議論は、さっぱり見えてこない」という感想をもっている方が少なくないだろう。あるいはまた、各種事業を通じた学校とのつきあい経験をもっている社会教育職員のなかには、地域と学校の橋渡し役となる、キーとなる少数の教師がいないわけではないけれども、総体としては、地域から協同の取り組みを投げかけていく対象として、やりにくさを感じた方が少なくないのではないだろうか。つまり、個々の実践は続けられているのだけれども、教育制度は、学校と地域の連携を支えるものとはなっていないのである。むしろ、地域と連携を取ろうとする教育実践に対して、それを抑えつけてきた歴史の方が長い。「学校教育と社会教育の連携」「開かれた学校運営」が政策として推進されている現在でさえも、教育制度としては、学校を地域に根ざしたものにするものとは、必ずしもなっていないのである。

戦後日本では、特に一九五〇年代以降、社会教育の領域と同じように、あるいはそれ以上に、学校教育のあり方をめぐっては、教科書問題などがきびしく争われてきた。ただ、その紛争は、区市町村をベースとする社会教育とは異なり、父母・住民からはより見えにくい、文部省や都道府県教育委員会を舞台としてくり広げられてきた。すなわち、一九五六年の「地方教育行政の組織及び運営に関する法律」以後、学校教育をめぐる区市町村教育委員会の役割は形骸化させられてきた。それは、まず第一には、教育委員の公選制から任命制への移行により、住民の教育意志が間接的にしか教育委員会に伝わらなくなったことによって引き起こされた。第二には、県費負担教職員制度[*1]の導入によって、地域の学校教職員人事の決められ方が、地域住民にはほとんど見えなくなってしまった。

その結果、区市町村教育委員会事務局のなかでも、学校教育の指導と人事を扱う行政部門は、ブラックボックス化してしまい、社会教育との連携は難しいものになってしまった。例えば、東京都では、区市教育委員会事務局には、指導室、もしくは学校指導課など、指導主事が配置される部署が一九五七年以降、設置されるようになってきた。この指導主事などの教員系職員の導入が実現することによって、たしかに一方では、指導行政に求めら

＊1　地方教育行政の組織及び運営に関する法律第三七条ほか。

れる専門性が区市教育委員会事務局において確保されるようになった。しかし他方では、区市教育委員会の指導室などの課長や指導主事など、教員系職員の異動は、区市町村を越えて広域化し、かつ、その異動サイクルが二年から三年と短期化することを意味していた。このことは、子育て支援をふくむ、当該区市自治体固有の教育政策立案過程に対して、より長期間にわたってかかわることを困難なものにし、区市町村自治体の社会教育職員との連携や、住民とのコミュニケーションを難しいものにしてしまったのである。その意味では、全国市長会の主張は、次の点に限っていえば正しい。

「我が国の教育は、今日まで、文部科学省―都道府県教育委員会―市町村教育委員会という強固な縦の系列の中で運営されてきた。地方分権一括法により若干の改正がなされたものの、このことの基本には変更がない。もとより、国全体としての標準的な教育水準の確保などの必要性を否定するものではないが、教育内容、教職員人事のあり方などにおける強固な集権的教育システムについては改革すべき時期にきていると考えられる。」[*2]

*2 「学校教育と地域社会の連携強化に関する意見：分権型教育の推進と教育委員会の役割の見直し」全国市長会　二〇〇一年二月一九日。

(2) 不信を土台にした学校政策

「分権化」政策のもとで、学校教育をめぐる教育政策には各自治体ごとにさまざまな動きが少しずつあらわれているが、その動向は、父母と地域住民による学校への参加をうながすというよりも、むしろ逆に、行政主導による新しい学校管理の仕組みづくりが急ピッチで進められている。しかも、一九五〇年代以降につくられた、先にふれたような、地域から学校を切り離す制度をそのままに残しながら、それによってつくられた「学校の壁」

に対する父母・住民の不信をテコとして利用し、さらなる教員管理・学校管理が進められようとしている。

例えば、東京都では、二〇〇一年一〇月には、教頭補佐職（主幹）の都独自設置が提言された。*3 実践層（教員など）に対する指導・監督層として主幹を新たに組織し、これを、経営層（校長／教頭）の管理・監督の下におく学校管理システムが示されたのである。そして実際、主幹の導入を求める最終報告書は、二〇〇二年一月の都教育委員会で承認されている。都内各区市町村教育委員会では、主幹導入を盛り込んだ学校管理規則の改定が、十分な議論もないままに決定され始めている。

また、二〇〇〇年四月からは、人事考課制度（自己申告）が一般教員へも導入されている。さらにこの年には、「キャリア型校長」ともいうべき新しい教育管理職の任用制度（A選考）が導入された。このA選考校長には、原則五年間の「ジョブローテーション」が実施され、最短では、四三歳校長（校長在任期間一七年）が誕生しうることとなった。

他にも、学校運営権限の細分化と明文化をはかる「事案決定マニュアル」が、一九九八年七月、東京都立学校事務長会によって編集されている。これは、一般行政でおこなわれている、文書による意志決定方式を学校運営にも導入することによって、責任の所在と役割分担の明確化をはかろうとするものである。この事案決定事項を定めた要綱は、その後、都内区市町村教育委員会でも徐々に定められてきている。これにより、例えば、ある担任が学級通信を出す場合、起案は担任、決定は校長などと、学校運営に係わることがらがすべて細分化され、その起案者と決定権者などが明文化されることになる。

*3　東京都教育委員会のホームページ（http://www.kyoiku.metro.tokyo.jp/）には、不十分ではあるが、小論で取り上げた各種報告書の概要などが、一部掲載されている。

こうした新しい学校管理政策のなかでも、とくに今後注意すべきと思われることは、学校評価政策をめぐる動向である。

東京都では現在、すべての都立学校に「学校運営連絡協議会」が設置され、そこに保護者代表、地域関係者などが入っているが、そこに「学校評価委員会」が設けられることになっている点が「学校評議員制」と大きく異なっている。すなわち、学校運営連絡協議会委員のなかから、校長によって依嘱された学校評価委員会は、学校が設定した達成目標に照らしながら学校評価を実施することになっているのである。

また、数値目標による学校管理を求める「都立高校マネジメントシステム検討委員会」報告書が二〇〇一年一〇月にまとめられている。そこには、学校ごとに教育目標が数値目標として掲げられ、その達成度を毎年評価する学校管理方式が提案されていた。実験校では、「国公立大学合格者数を現・浪合わせて一三〇名台以上で安定させる」「学校説明会への参加者数七〇〇名以上」などが数値目標として掲げられている。世田谷区では、公立小中学校にも二〇〇二年度から数値目標を掲げさせることが決められた。

今後、他の自治体でも、数値目標による行政評価が、学校運営に導入されていく動向がひろがっていく可能性がある。しかも、こうした新しい学校経営を担うのは、先に見たように、行政研修を積んだ、新しいタイプの校長たちである。父母・地域住民、あるいは社会教育関係職員に対することになるのは、このように学校運営の「権限」と「責任」を持たされた校長なのである。今後は、学校評価政策に見られるように、新しいタイプの学校管理に父母、地域住民が組み込まれていく危険性も高まっている。

(3) 重層的な協議の場を地域につくっていくことの意味

以上のように、二〇〇〇年一月の学校評議員制の法制化（学校教育法施行規則の改定）を契機として、現在、各自治体において、その具体化が急ピッチですすんでいる。けれども現実には、この政策に対して、教職員、父母・地域住民や社会教育関係職員などの学校現場の当事者たちは、まだまだ連携がとれているようには見えない。多くの教員にとって、学校評議員制導入の政策決定過程がきわめて不透明であること、また、この政策が、職員会議の補助機関化、教頭や主任の管理職化政策と連動したものでもあることから、こうした動きに対して、教職員の姿勢は、きわめて警戒的なものとなっている。その一方で、社会教育関係者や父母住民の間における、学校評議員制などに対するとらえ方は、多くの教職員のとらえ方と一致しているわけではない。むしろ、情報公開という面では積極的な面があるととらえられており、ずれが存在している。こうしたずれを放置しておくことは、学校現場の当事者たちの協議を、ますます困難なものにしてしまうだろう。

一九五〇年代以降につくりだされてきた、中央集権的な教育行政機構によってつくられた学校の壁が、「分権改革」後も、依然として続いているのであれば、それを組み替えていくことが不可欠となる。教育をめぐることがらは、国によって決めていくのではなく、地域から、教職員、父母・地域住民そうほうの側から、率直に議論しあうなかからこそ決められるべきであろう。そしてまた、そうした協議をおこなえる場を組織することが求められている。実際、そうした取り組みは、新潟県聖籠町[*4]をはじめとして、いくつかの自治体ではすでに始まっている。

*4　本書5章1節参照

また、教育はもともと、さまざまな紛争をともなうものではあるけれども、子どもの発達保障を中心にして考えられるべき教育は、そうした政治的紛争からは切り離されるべきものとされてきた。これは、「教育の中立性」原則として、通常理解されていることがらの一つであろう。しかし、個々人の間では、たとえ子どもの教育をめぐることがらについてであっても、容易には一致しえない、多様な要求と意識が存在している。したがって、公共性というものを、単一のイメージとしてとらえるのではなく、重層的なものとしてとらえる把握のしかたが求められている。[*5] 国によって独占されてきた公共性のあり方を一度対象化し、その役割を再設定することも求められてきている。その意味では、これまでの公立学校のあり方を見直し、子どもの育ちを援助できるものに近づけていく取り組みが、試行錯誤される時期にきているともいえるだろう。いずれにしても、公共的な学校のあり方はつねに問い返されていくべきであろう。

一九五〇年代、教育をめぐる紛争激化のなかで「教育の中立性」が問題とされたとき、国による公共性の独占ともいうべき中央集権的な行政機構が、戦後再び形成されてきてしまった。国による公共性の独占は、国会議員を選出することによる間接民主主義によって正統化されながら、拡大を続けた行政機構が、中央集権的なシステムとして機能してきたものである。その過程で、戦後新しく創設された教育委員会制度は形骸化させられ、中央集権的な行政機構に変質させられてきている。そしてその結果、紛争をともなうような教育をめぐる決定の舞台は、各区市町村から国へ吸い上げられ、わたしたちからは見えにくいものになってしまった。

＊5　伊藤恭彦「公共性のあり方をさぐる（聞き取り）」『教育』二〇〇二年五月号　国土社。

しかし、地域から、公共的な学校のあり方を試行錯誤しながらつくりだしていく取り組みは、教育をめぐるさまざまな声をつきあわせながら、調査学習と協議を重ね、ひとつひとつ合意をつくり上げていく取り組みなくしては、すすめられない。地域から公共的な学校をつくっていくことは、時間のかかる日常的な地域住民による自治の取り組みがなければ実現することはできない。いかなる地域からの教育改革も、それを実際に支えることのできる実践の積み重ねがなければ、たちまち形骸化してしまうだろう。

教育をめぐる紛争に、だれがどのように向き合ってそれらを調停していくのかという問題（＝教育における民主主義の問題）は、教育委員会法が廃止されて現在の仕組みになってしまって以後、未解決のままにされている課題である。そしてこの課題とは、教師によって解決されるべき課題ではないし、また、教師によってのみでは、解決不可能な課題であろう。その教育にかかわる現場関係者たちの、子どもの生活と声を中心にした協議のなかからしか、解決の道筋は見えてこない。

このような、教育的な価値決定をめぐる問題は、一般の政治によって解決できるものではないし、また、されるべきものではない。それはまた、教師によって決定できるものでもない。教育現場の当事者たちによる、より直接的な協議によって決定されるべきものである。その意味で、教育における、より直接的な民主主義のあり方が、教育政治のあり方として研究される必要があるだろう。新自由主義政策とセットにされた情報公開政策が、一九九〇年代半ば以降に急速に具体化し、教師の専門性を浸食してきているのが現在の状況であるならば、こうした状況のなかで、教師の教育の自由を守っていくためにも、教育的な価値決定をめぐる問題に対する、より直接的な民主主義のあり方が求められている。日本の各地で進められている、地域づくりに学校づくりをつなげていく取り組みのなかには、こうした教育における民主主義のあり方が、萌芽的に生まれているのではないだろうか。

いずれにしても、教育をめぐる紛争を解決していく協議の場を幾重にもつくっていきながら、紛争を解決していく体験を蓄積させていくことの意味は大きい。そしてその場をつくっていくことの責任は、教育専門家としての教師の仕事というよりは、一人では解決できない教育の取り組みを、協同的なものとしておこなうとしている、学校をつくったひとびとに、もともとはあるものである。

(4)　協議の積み重ねと教育への信頼の回復

子どもの育ちを、できるかぎり保障していけるような学校づくりを実現させることは、学校内部の努力だけでは困難となっている。そして、地域づくり、まちづくりと結びつくことによってこそ、学校の取り組みにも展望が開ける。子どもと生きる、教師の教育の自由を支えることのできる、人びとの支えをつくっていくためにも、学校づくりを地域づくりに結びつけていくことが求められる。

そのためにも、区市自治体の教育意志が、より教育委員会に反映される仕組み、および、それを支える教育行政組織を再構築していくことは、学校評議員制をはじめ、各区市町村自治体にそくした教育政策を実行して分権化政策をすすめるためには、必須の課題であろう。

現在の広域・短期で複雑な学校教育に関する教育管理職人事制度のあり方は、当該住民によりわかりやすい、よりシンプルな任用手続きへの改革が求められると同時に、当該自治体における教育意志をふまえて教育政策を立案できるよう、より任期を長期化させるか、あるいは、当該自治体における教育状況について専門性をもつ者のうちから任命できるようなシステムのあり方が検討されるべきである。

これらを実現させるためには、いずれにせよ、当該自治体住民の教育意志が、学校政策の決定過程に反映される仕組みが検討されるべきである。広域化が進行した現行の教職員人事などをめぐる都教育委員会と区市教育委員会関係のあり方を再検討することは、子育ちを支援するための協同をすすめて、自治的に分権化を推進するためには避けて通れない課題となっている。子育ちを支援できる教育委員会のあり方、および、関連部局との連携が今まで以上に求められている。

また、教育実践は、子どもたちと教職員の固有の関係によって成立する。したがって、不信ではなく信頼こそが土台とならなければ、教育実践はそもそも成り立ちえないものであろう。その意味からも、教育専門性の自由は尊重される必要がある。その教員たちが、本当に教えたいことを子どもたちに伝える努力ができることが、教育実践には必要であろう。

そして、一方で校長は、そうした教育専門職たる教員の代表者であると同時に、他方では、学校を設置している当該自治体住民、あるいは学区住民の代表者でもなくてはならない。したがって、校長の選任に際して、父母・住民の声をより反映させるための仕組みを、それぞれの地域の創意工夫によって導入することが、学校教育における自治的分権化をすすめていくためには必要であり、かつ、このことが、学校における子どもを中心とした親と教師の協力関係を築いていく土台となるのではないだろうか。学校運営の責任者としての校長が、子ども、父母、住民のほうを向けるような仕組みづくりをめざす必要がある。

子どもを中心にして、親と教師が協力できる関係づくりをめざすためには、現場のことは、できるかぎり現場で決められる仕組みをめざすことが必要である。「分権化」は、住民自治とセットにしてとらえられるべきものであり、各地で現在取り組まれている多様な実践は、自治的な分権化を実現できるような制度改革とくみあわされることによって、その意義を増すことができるようになる。

【荒井文昭　東京都立大学】

3 子どもの育ちと地域の教育力

―二一世紀初頭にみる子どもの育ちと地域の課題―

(1) 今、なぜ改めて地域が問い直されているのか

いじめ、暴力、不登校、引きこもり、援助交際などにみられるように、子どもたちには深刻な問題が表出している。子どもたちの地域での仲間集団の弱体化や地域慣行の喪失などが要因であると早くから指摘されているが、その背景には、地域や社会の変貌による生活構造の変化、具体的には、地域共同体の喪失と社会的潮流としての私生活への斜頚などがあげられる。これは子どもたちだけではなく、「わが子いじめ」に代表されるように、親たちにまで影響を及ぼしているのである。

このような状況のもと、ここ数年間の教育をめぐる政策動向はすさまじい。二〇〇二年四月からスタートした「公学校の完全五日制」や「総合的な学習の時間」の導入をはじめ、教育改革国民会議の最終報告[*1]を受ける形で、社会教育法が一部改正された。小・中・高校生への社会奉仕体験活動や自然体験活動等の機会提供、家庭の教育力向上を図るための社会教育行政の体制整備が盛込まれたが、それらの内容に対して波紋を呼んでいる。マスコミをはじめ各所で繰り広げられる教育改革に関する論議も、学力低下や土曜日の受け皿づくり、学校教育をどうするかの議論に終始し、本質的な議論がなされているとは言い難いのである。

*1 首相の私的機関として発足。二〇〇〇年一二月に最終提言をまとめている。この内容は、社会奉仕体験の一定期間の義務をはじめとする一七項目にもわたる。

総合的な学習の時間
各学校が地域や学校の実態等に応じて特色ある教育活動を展開できる時間の確保を目的に、二〇〇二年度から施行の新学習指導要領の目玉として設けられた。各学校の創意工夫を生かした教科横断的・総合的な学習や子どもの興味・関心等に基づく学習を通じて自ら学び考え解決する能力を育成し、生き方について自覚を深めること＝「生きる力」を培う学習の技法を鍛える学習が目的とされる。「国

今日問われているのは、「教育＝学校教育」という一元化の図式を転換し、家庭や地域での教育の機会や価値を再認識し、家庭・地域・学校の有機的結合を図るようにしていかなければならないことではないか。言い換えれば、子どもはもちろんのこと、子どもの成長・発達の支援者となる大人にとって現在地域がどのような存在なのか、子どもの育ちにとって地域をどう機能をさせていくか、また機能を創生させていくための社会教育の役割とはどのようなものなのかが、今、改めて問われてきているのである。

(2) 地域生活の変貌と子どもの育ちにみる変化

地域に伝わる子育ち文化の断絶

子どもが転んだ時、「チチンプイプイ　痛いの痛いの飛んでいけ～」と呪文がわりに唱えながら痛むところをさすっては子どもをなだめる光景を見かける。この言葉の発端は茨城県にあるという説がある。遠藤忠男によれば、「一九一六年の梅雨の時期に関東一円は未曾有の暴風雨に見舞われ、常陸国も被害が大きかった。水戸射爆場跡地（現在の国営ひたちなか海浜公園）のあたりには、当時二つの村が存在し、六日六晩も吹き荒れた大風のため、二つの村は砂で埋没した。難を逃れた村人たちは、この悪夢のような恐怖の大風のことを千々乱風《ちぢらんぷう》と呼んで語り伝えた」[*2]と説明している。

これは、かつて村を消滅させた大風のように傷の痛みも飛び去ってしまえという呪文である。これには、「チチンプイプイ」と言って昔の災害を語り継ぐということと、痛がる子どもをなだめようとする愛情表現、また、傷の痛みにも堪えて、かつての災害や困難が

際理解・外国語会話、情報、環境、福祉・健康など」の課題が例示されているが、各教科のように内容が規定されておらず、教育課程上の名称も各学校の裁量に委ねられている。しかしながら、方法の基調として採用が求められているのは「体験学習」である。また、それを行う場面は、学校内に限定されず、広く地域をフィールドとした展開や、地域社会の様々な人々との協力で実施することも期待されている。学校と地域社会との関係を組み替えるきっかけになる可能性があり、注目される。

＊2　遠藤忠男『茨城のことば』筑波書林　一九八四年　二四～二五頁
「チチンプイプイ」は、江戸時代の俗語を収めた『俚語集覧』によると、

あっても乗り越えてほしいという大人の願いも込められている。

このように、各地には子どもの育ちに関わる文化が残っている。それは、子どもを産み、育て、地域の成人として一人前に育てることが、地域を継承し繁栄させるために必要不可欠だったからである。

しかし、近年、各地域で子どもたちが担い続けてきた文化・風俗が消えつつある。それは、私たちの生活や地域構造の変化により、「地域」のコミュニティが弱体化したからである。その要因は何か。生活や地域構造の急激な変化である。

これは、「高度経済成長」政策によるところが大きい。その発端は、一九五〇（昭和三〇）年の朝鮮戦争がわが国にもたらした「特需」にある。朝鮮特需は、第二次世界大戦で疲弊したわが国の経済を自立可能にした。北東北地方を中心に「金の卵」と称し、中学を卒業したばかりの青年を乗せた集団就職列車が走りはじめたのもちょうどこの年である。

つまり、一九五〇年は私たちの生活にとって境目となった年なのである。集団就職列車は地方から若者を都会へ運んでいき、企業労働者となり、新興住宅地を形成した。反面で、地方には「過疎」をもたらしたのである。地域社会において重要な担い手であった青年が都会に出て行くことにより、青年団などの組織が弱体化しはじめ、残された世代だけでは地域の風習を継承することが困難になったのである。

一方、都会に出た青年たちは、団地や新興住宅地に居住するようになるが、そこには、昔から伝承されてきた風習がないだけではなく、地縁や血縁といった「しがらみ」もない。他の住人に対して気を配らなくてもよい空間になったのである。これが、「私生活化への

徳川三代将軍家光の乳母だった春日局が、幼少の頃の家光が転んだ折に「智仁武勇は御世の宝」といってなだめた言葉が発端となったと記している。これに対して遠藤は、幕府編集の『徳川実記』をもとに、関東大風の方が時代的にも古く、発音こそ違うが県内各地に千々乱風を語源とする同語が残っていることから、茨城説が有力としている。

斜頸」をより一層強めていき、地域における「共同体」を消滅させたのである。

地域における〈役〉の喪失

都会に出ることにより、地域における「しがらみ」はなくなったが、雇用労働者であるため、勤務する企業での新たなしがらみが生まれた。長谷川幸介は、これを「職の世界」と「役の世界」という指標を使って説明している。*3 長谷川は、「働けば働くほどものとお金につながる『職の世界』」、「お父さん役であったりおじさん役であったり、家庭や地域でしか果たすことができない『役の世界』」と定義づけ、戦後の日本は貧困からの脱却を「職の世界」の増大を図ることで実現してきたが、それに反比例するように「役の世界」の比重が低下し続けていったと説明している。「家と会社の往復で四十年」という言葉が登場するように、「職」と「住」が分離していき、大人にとって地域とは、寝・食をする単なる「場」という位置づけになっているのである。また、〈役〉の喪失にはもう一つの理由がある。それは、社会的潮流として「私生活化への斜頸」である。「家庭内に介入しない（されたくない）」という潮流が、地域にある子育てや先代からの知恵の伝承を阻み、やがて「孤立」へとつながっていった。このことは、親の育児不安や育児ノイローゼ、さらに「わが子いじめ」などの児童虐待事件にまで発展している。

生活や地域構造の変化は、子どもたちの世界にも影響を及ぼした。大人が地域での〈役〉を無くしていったのと同時に、子どもたちも地域での〈役〉を喪失していったのである。

子どもの仲間集団の活動は、地域社会の生活と密着していただけに、長い歳月のなかで培われてきたローカルかつ個性的で、豊かな文化を背景に展開していた。その生きた土着

*3　長谷川幸介監修　幸文村編『町内会物語』文眞堂　一九九八年。

の文化が、この仲間活動を通じて、先輩から後輩たちへと受け継がれ、共有されていったのである。その実践活動を通じて、自分たちの住んでいる地域を知り、そこでの生活に親近感を覚え、地域への愛着心も育んでいったのである。

　しかし、地域共同体が機能しなくなった今日、仲間集団そのものが弱体化している。仲間集団が弱体化している理由は、仲間集団に対する子ども自身の欲求と言った主観的な要因と、「三つの間（時間・空間・仲間）」が成立しにくいという客観的な要因に大別することができる。総務省の「日本の青少年の生活と意識に関する調査」によれば、小学生男子一七％女子一四％、中学生男子一六％女子二五％が「友だちづきあいがめんどうくさいと感じるときがある」と回答している。[*4] また、ややさかのぼるが、子ども調査研究所の調査によれば、「遊びをより楽しくするのに必要なもの」として、「気の合った友だち」三四％、「自由な時間」三三％、「広い遊び場」二八％としている。[*5] このように、仲間集団の弱体化の要因は㋑仲間との希薄な関係、あるいは私生活への斜頸、㋺自由な時間の減少、㋩要求に応じた仲間になりがちなど三点に集約できる。

　さらには、中高校生の携帯電話の保有率が七〇％を超え、約九割の高校生が部屋にテレビがあるというデータに示されているように、ＴＶゲームや携帯電話、インターネットの普及により、一人遊びを可能としたため、仲間集団の弱体化に拍車をかけたのである。子どもたちの仲間集団の弱体化は、協力、結束、競争、妥協といった対人関係能力や社会のルールを習得する機会を減少させた。その結果、学校でのいじめ問題や神戸での連続児童殺傷事件、「キレル」という言葉に象徴されるように、限度なく相手に暴行を加えてしま

＊4　総務省青少年対策本部編『日本の青少年の生活と意識』一九九七年九六頁。

＊5　子ども調査研究所編『子ども調査資料集成（第二集）』一九八七年。

エンゼルプラン・新エンゼルプラン　一九九四年、今後の子育て支援施策の基本的方向と重点政策を盛り込んだ「今後の子育て支援のための施策の基本的方向について」が国から発表された。これがエンゼルプランである。以後、実質的に二つの計画に収斂し、実行に移されることになった。一九九五年に登場した「緊急保育対策等五か年事業」と「児童育成計画策定指針」（通称・地方版エンゼルプラン）がそれである。「緊急保育対策等五か年事業」に盛り込まれた施策は、主として乳幼児と低学年の保護者の子育て支援策であったため、高学年や中高校生など、年長の子どもたちの子育ち支援策は、一九九

うという事件が多発するようになった。また、無気力、不定愁訴を訴える子どもたちも増加の一途をたどっている。

子ども―家庭―地域をめぐる政策動向

このように、子どもたちの深刻な問題が顕在化する一方で、さまざまな政策がめまぐるしく展開されつつある。家庭教育に関していえば、文部省（現文部科学省）が『家庭教育ノート』の配布をはじめ、「子どもと話そう」キャンペーンの展開、家庭の教育力向上を図るための社会教育行政の体制整備などを実施している。福祉の分野に目を移しても、「新エンゼルプラン」では、地域における子育ての相互支援活動をおこなう会員制の組織である「ファミリー・サポート・センター」を平成一六年度までに一八〇カ所整備するほか、電話による相談・情報提供するための「フレーフレー・テレフォン事業」を全都道府県に普及させるなどの計画を打ち出している。

地域にかかわる施策としては、二〇〇二年四月からスタートした新学習指導要領による「学校完全五日制」と「総合的な学習の時間」の導入が挙げられる。文部省（現文部科学省）は、公立学校の完全五日制の実施に先立ち、地域で子どもを育てる環境を整備することを目的にして「全国子どもプラン」を策定し、一九九九年度から実施している。ここでは、「子ども放送局」や「子どもセンター」などの体験活動の情報提供や省庁間連携による体験活動の機会拡充などが事業化され、全国で展開されている。さらには、教育改革国民会議での提言を受け、二〇〇一年には社会教育法が一部改正され、「社会奉仕体験」や「自然体験」の充実が条文に盛込まれた。

八年に登場した「全国子どもプラン」に委ねられた。一九九九年、国はこうした一連の子育て・子育ち支援策を引き継ぐ施策＝「重点的に推進すべき少子化対策の具体的計画」（通称・新エンゼルプラン）を発表した。その内容は、エンゼルプランと全国子どもプランから引き継がれたそれらの中心的な施策が約八割を占めている。

文化権　文化への権利（right to education）は、文化的権利（cultural rights）の一つとして、把握され生成してきている新しい権利である。すべての者の人権として、文化的生活に参加する権利、科学の進歩とその利用による利益を享受する権利、創作品による精神的・物質的利益の保護を享受する権利、ならびに科学研究・創作活動の自由などを内容にしている。関連して、文化的アイデンティティは子どもまた、今後の文化芸術行政の根本を定めた法律として、『文化芸術振興基本法』が二〇〇一年一二月一四日に施行された。子どもの権利条約に絡み、子どもの文化権[*6]が提起されるようになった。実際に、第二三条（青少年の文化芸術活動の充実）、二四条（学校教育における文化芸術活動の充実）に明記されている。平成一四年度の文部科学省新規事業の一つとして、「文化芸術創造プラン」が打ち出され、生活圏である地域で、子どもたちが地域の文化の継承・発展に関わったり、多種多様な文化活動にふれあい、体験するプログラムが、あちらこちらで企画されることになっている。

体験活動の機会を充実することは歓迎できる。家庭と学校という二つの空間で完結してしまいがちな状況のもとで、地域を舞台とした体験活動は、家庭や学校ではなかなか得られないさまざまな人物との出会いや、学校で得た知識が体験を通してより具体的に理解できるなどが考えられる。特に、他者との交わりが乏しい状況にあるなかで、さまざまな人々に触れ合うことにより、成長・発達の過程において影響を与える「重要な他者」[*7]や「地域オジ」[*8]との出会いが期待できるからである。

しかし、一連の政策動向にはいくつかの問題点がある。家庭教育に関していえば、家庭の形態が多様化している現代に、父母の揃っている家庭をモデルに描かれていたり、大人が子どもの成長を決定したりしているなど、子どもの権利条約や子どもの参画論の本質から脱している。また、子どもの教育を親の責任とすることで、社会環境や学校教育が抱えている問題からすり抜けようとしているとも読み取れる。家庭、特に親への情報提供や相談窓口の開設といった支援体制の確立が早急に求められるなか、挙げられている問題とど

の権利条約二九条一(c)に用いられた重要用語のひとつであり、人々（条約上は子ども）が、自己を認識し、自己存在に確信を持つために、欠かせない文化的価値をさす。

＊6　佐藤一子・増山均編『子どもの文化権と文化的参加』第一書林　一九九五年。

＊7　草柳千早『社会学辞典』有斐閣　一九九三年　七〇三頁。

個人は、他者との相互作用を通じて、社会ないし彼が所属する集団に適合的な行為の仕方や態度、価値を身につけ、自分自身を他者の観点から対象化してみるようになる。

＊8　深作拓郎『地域の教育力としての住民の組織化方略に関する研究』一九九八年　茨城大学大学院教育学研究科提出修士論文。

地域に存在する「重要な他者」を指す。もとも

うすりあわせていくか、熟考が必要である。

社会奉仕体験にもさまざまな議論が巻き起こっている。確かに、奉仕とボランティアを並列で捉え、なおかつ一定期間の活動を義務づけることには矛盾がある。さらに、改正社会教育法では、奉仕体験、自然体験に加えて「その他体験活動」が入れられている。この「その他」とはどこまで拡大解釈できるのか危惧する声[*9]もあがっている。

総合的な学習の時間や社会人を特別講師として授業に招く取組みは、子どもたちの生活基盤である地域を教材化することであり、「学地連携」推進という観点からも、好ましいことではあるが、二〇〇一年六月に起きた大阪教育大付属池田小学校での事件以来、学校の危機管理が叫ばれるようになった。ある調査によると、来校者へ名札の着用を義務付けたところが約八割、登下校時間以外は校門を閉じる措置をとっているところが約九割もあるという。[*10]このように、危機管理という命に関わる問題と、地域との連携推進といった課題との狭間にあるのである。

(3)　地域の教育力としての自然的・文化的環境についての考察

地域の教育力とは

近年の教育改革にみられるように、「地域」あるいは「地域の教育力」がキーワードとして登場してくる。子どもの社会教育を考える際にも重要な視座である。

これまでにも、「地域の教育力」に関する研究は、さまざまな視点からアプローチがされている。「地域の教育力」の概念について、筆者も先行研究をもとに定義を整理したこ

とは、亀山佳明が『社会的オジ』と提起したもので、準拠者は、親とはちがい「メタ・コミュニケーション」（二重切替）が可能な人物であり、身近には、おじ・おばがそれに近い存在であることに着目したものである。筆者は、子どもの日常生活の領域である「地域」にその存在があることが重要であると考え『地域オジ』と提起した。亀山佳明の提起については、亀山佳明「子どもの社会化と準拠者」柴野昌山編『教育社会学を学ぶ人のために』世界思想社　一九八五年　九三〜一一〇頁に詳しくまとめられている。

*9　一例をあげれば、社会教育推進全国協議会常任委員会「社会教育法『改正』に対する見解」『月刊社会教育』国土社　二〇〇一年六月号　八〇頁。

*10　読売新聞社が、二〇〇二年四月に東京都・大阪府内の公立小学校一〇〇〇校と全都道府県教育委

とがある。紙面の都合上、別途文献を参照していただきたいが、[11]「地域の教育力」について、ほとんどが危機や問題の指摘が多く、地域の教育力の復興や創造に通じる有効な指針が提起されているとは言い難い。具体的にどうするかという提起についても、市民活動として捉える提案を除けば、現在のところ数少ない。

また、地域の教育力の概念について、地域だけでなく家庭の教育力も含めて語られることが多い。あるいは、単に「地域がもつ子どもを教育するはたらき」という意味で使われているだけの場合も多いのである。つまり、具体的に何を指しているのか曖昧で、スローガン程度の意味を越えていないのである。そもそも、地域の教育力という用語が、いつ・誰によって用いられるようになったかまで捉えることは、残念ながら時間的余裕がない。

共通している点は、地域のさまざまな人的資源の組織化の問題であるという認識である。これは、教育の営みが学校教育や成績・学歴に一元的になっている危機に基づくものであり、「地域」の自立的な教育機能を再建しようとする意図があるといえる。地域コミュニティや子どもの育ちの環境をいかに再建・創造していくかという課題について、地域づくりとの関連から人的資源の組織化を図っていくことが有効であることを意味している。つまり、地域における大人・子どもとの間での人間関係を構築する必要性があるという認識に立っているのである。

員会、政令指定都市教育委員会を対象に実施した「学校の安全管理に関するアンケート調査」による。

＊11　一例をあげれば、深作拓郎前掲8　ならびに、深作拓郎「地域の教育力としての住民の組織化方略に関する予備研究」『社会教育を学ぶ学生の会紀要vol.二』一九九八年。

地域の教育資源と教育機能

「地域」の概念について掘り下げていくなかで、祖父江孝夫は、著書『県民性』*12のなかで興味深い提起をしている。祖父江によると、「県民性」や「地域性」を形成する要因として、個人の知能その他、さまざまな心理的特性における先天的要因による差異はあるものの、一つのコミュニティの中に住む人々を集団として取り上げ、互いに比較してみるならば、集団内の個人差は互いに相殺してしまうので、各集団内の先天的差異は存在せず、後天的な文化や社会の影響による差異のほうが圧倒的に強い。この後天的要因には、それぞれの土地の自然・気候・生産・文化風習などといったものを指している。

つまり、「地域」あるいは「地域の教育力」を考えるうえで、これまでは人的資源をどう組織化するかという捉え方が中心であったが、地域生活における子どもの成長を考えるのならば、地域の自然環境や社会環境をも踏まえて考えなければならない。ましてや、地域での人間形成の仕組みは、意図的な働きと無意図的な働きが密接に絡まりあっているのである。「教育力」という用語を使ってスローガン的に掲げるよりは、むしろ「教育資源」や「教育機能」を捉えていく方が的確ではないだろうかと筆者は考えている。

イ．地域の教育資源

約五年前、筆者は、茨城県〇町において、自治体独自の新たな教育システムづくりに取組んだ。これは、地域を中核にして学校教育・社会教育・その他一般行政が有するそれぞれの機能を有機的に結び、連動させた「子育て・子育ち」施策を図ったものである。ちなみにこのシステムづくりは、行政主導ではなく、市民参画型で進められた。地域の子ども

*12　祖父江孝夫『県民性―文化人類学的考察―』中公新書　一九七一年　五五～八六頁。

たちを地域で育むという意識を高めるためである。そこで、取組まれた活動の一つが、○町の教育資源の整理であった。それを参考にまとめてみたものを紹介する。地域の実態によって異なってくるが、一般的に言うならば、地域の教育資源は、次の三つのカテゴリーに大別することができる。

①　日常生活のなかにある自然環境・文化・風習・生産活動など

②　地域のなかのさまざまな人材

③　学習のための場・空間

①は、地域にあるものすべてを教材化にすることである。これには二つの意味がある。一つは、日常の生活基盤としての地域というリアリティをもたせることによって、そこに住む人々の知識が断片的な知識ではなく、日常生活で得た体験知として、人間の生き方に関わるものとなったり、より高度な知識を獲得するための基礎となったりするのである。もう一つは、教材を地域に求めることによって、子どもだけでなく大人も地域に対して愛着を強め、地域のすばらしさなどを発見することが期待できる。それは、自分のふるさとと、地域との関わりを深めていこうとする芽を育てることができるのである。

②は地域の人的資源である。地域にはさまざまな人がいる。学校の教員やクラスメートばかりでなく、地域の友達や異年齢の人々との遊びや子ども会をはじめとする団体活動、地域のさまざまな伝統文化・行事への参加を通して、地域社会でのルールや風習を学ぶとともに、集団生活のなかで自己実現を図り、協調性、社会性などを習得することができる。

地域の歴史、生活、文化などの資料や情報が得られる公民館や図書館、博物館をはじめ、田畑、商店、工場など生産の現場なども（上記③）、地域の教育資源である。

ロ．地域の教育機能

O町における地域の教育資源の検討をもとに地域の教育機能についても整理を試みてみた。地域には、自然環境や社会情勢を土台に、多様で濃密な人間関係の輪のなかで、そこでの人々との直接的な交流や共同体験を通して、他者の態度を取り込み、他者や自己についての認識を確立し、地域社会の一員として役割を担っていく。いわば相互学習である。これは人間形成でもあり、地域を豊かな生活の場に発展させていく学習でもある。つまり、地域の自然・社会・人材という三つの教育資源が織り成すものであり、「指導」の力だけでなく、「感化」「影響」「模範」という四つの機能が存在し、それぞれの機能の総合体が地域に存在する「教育機能」であると捉えている。

感化―地域内での生活を通じて、文化風習や常識など無意識的に吸収していく機能。

影響―地域内の自然・社会環境のなかで変化を引き起こす機能。

①　自然環境と人間の交流

原っぱ、路地裏、海、川、沼、山、石、水、土手、田・畑、森林、植物、気候など。

②　日常生活のなかでの人との交わり

日常生活、文化・風習、年中行事労働、生産などを通して、社会人としての礼儀作法や風習、考え方などに無意識的に影響してくる。

模範―自覚による目標あるいは準拠対象としての人物やその環境（技や文化・風習など）の存在。日常生活、文化・風習、年中行事、労働、生産などを通じて子ども（大人）自身がお手本あるいは目標を設定し、自覚的に学習していく。
指導――子どもたちが成長していくために、あるいは大人が技や役を習得するために必要な意図的・目的的に用意された指導（支援）力。

この「四つの教育機能」は、O町での実践を踏まえて整理したものである。地域でのフィールド・ワークをさらに積み重ね、今後さらに精錬していきたいと考えている。

(4)〈役〉の創生をめざした社会教育を求めて

子育ち「社会教育」の構造

先に掲げた教育資源と教育機能を活かし、地域に居住する人々の〈役〉をどう創生していくか。これは、社会教育に求められている今日的課題である。

子どもの社会教育の構造については、増山均[*13]や立柳聡[*14]らがアプローチしているが、筆者は、子どもの社会教育には特殊性があると考えている。子どもが主たる対象であることはゆるぎないが、社会教育の特徴である自主的・自発的な学習活動を展開していくには、学習を支援する存在が必要である。これは、社会教育主事や児童厚生員などの専門職もそうではあるが、むしろ、日常的ななかで関わりを持つ地域のすべての大人がその対象となるのではないか。つまり、子どもの社会教育の特殊性とは、その対象が当事者である子ども自身だけではなく、支援する側の大人の学習も包括するということを意味しているのである。それを踏まえた上で、筆者は、「子育ち社会教育」の構造は、子どもを対象としたものと大人を対象としたものの二系列四柱から成立っており、これらが密接に絡まりあい

*13 増山　均『子ども研究と社会教育』青木書店　一九八九年。

*14 立柳　聡「子どもの社会教育と児童館―その一　子どもの『社会教育』研究・運動史―（一）」『明治大学社会教育主事課程年報』第七号　一九九八年。
立柳　聡「子どもの社会教育と児童館―その二『子どもの社会教育』施設としての児童館―」『明治大学社会教育主事

ながら展開されていると考えている。

一　体験、遊びなどを通じて自己課題を克服していく学習活動（子どもが主体）

A：大人の助言・指導を受けながら、自主的な主体形成が可能となることを目指したプレ社会教育

B：生活や社会の矛盾の克服を目指して、「子ども」が主体となって展開していく学習活動

二　子どもたちがより豊かな育ちのための大人の学習活動（大人が主体）

C：子どもの育ちを支援するための大人の学習活動

　↓伴奏者を目指した学習活動

D：子育ち支援のプロデューサー（指導者）を目標とした大人の学習

第一の系列は、体験や遊びなどを通じて自己課題を克服していく活動（＝子どもが主体）を指し、ここには二つの柱がある。Aは、主に幼児期から小学校中学年を対象としたもので、自主的・自発的な学習活動を可能とする前段階、いわば伴奏者である大人の関与の強いものである。ある程度用意されたプログラムに参加することを通して、自己の課題や目標を探っていく段階である。Bは、自己課題や目標を定め、自主的・自発的に課題を克服するために学習活動を展開するものであり、おおよそ小学校高学年の頃からがその対象になると思われる。

第二の系列は、子どもの健やかな育ちと活動を支援するための大人の学習活動（＝大人が主体）である。今日、子どもの〈役〉と大人の〈役〉を豊かにするためには、子どもの

課程年報』第八号　一九九九年。

〈役〉を見つけ出し、それを発揮できる地域環境を創造することが課題となる。Cは、子どもたちの活動を支援するための大人の学習全般を指す。周囲の大人が、子どもの育ちを支援できる身近な存在となるためには、子どもの育ちや地域に対しての関心を興し、子どもの育ちや地域の現状とそれを阻害する要因を把握することが必要である。時が刻々と刻まれ、それと同時にそれぞれの状況も絶えず変化しているのであり、常時取組んでいくべきなのである。つまり、大人が地域において子どもたちに対して〈役〉を発揮するための基礎となる学習活動なのである。

そして、Dは子どもの活動を支援する大人を支援する人材の育成である。Cは子どもの学習の〝伴奏者〟を目指すものであるのに対し、Dはより一段ステップを高めた〝指導者〟を目指すものである。ここでいう指導者は、教員や社会教育主事・児童指導員・保育士といった専門職員だけではない。子ども会やスポーツ少年団をはじめ、子どもを対象に繰り広げられている活動をリードする指導者（主催者）も含む。増山が指摘した指導者の問題[*15]を克服することも含まれている。さらには、ここでの学習目標は、団体間のネットワークづくりや、子どもや大人の〈役〉が発揮できるような仕組みづくりなど、地域の子育て・子育ち支援の中核的存在の育成も視野に入っている。

＊15　増山前掲13　一〇〜一一頁。

子ども・大人・地域の〈役〉の創生をめざして

最後に、子どもが地域で発揮する力〈役〉について触れておきたい。子どもが地域において発揮できる力とは何か。いろいろ考えられるが、共通していえることは「元気にする力」であろう。公園で子どもたちの遊ぶ姿や小学生の遠足を見ると、その場が明るくなり、私たちもが元気になったような気がする。「子は鎹」ということわざがあるくらいである。家庭においても地域においても、子どもの持つ「元気にする力」は今も昔も変わらないもので、大人は子どものこの力に活かされてきたのである。地域の行事を子どもが担う理由は、子どもを「一人前」に育むだけでなく、地域の大人が元気になるからである。まさしく、家庭や地域において周りを元気にする力こそが、子どもが持つ基礎的な力といえるのではないだろうか。一般的にいわれている学力（学校の成績）や学ぶ力（好奇心や困難や課題に立ち向かう力）の根底には、「元気にする力」があるといえる。しかし、大人や社会が学力（学歴）を評価の重点におけば、土台となる部分はしぼみ続けていくのである。つまり、根底をしっかりさせるのも、揺るがすのも大人の責任ではないだろうか。

「地域を元気にする」が地域の子ども像であり、発揮するために子ども自身が自分にあった役割を見出し、担うことが地域での学力なのである。したがって、そのために大人は何ができるか、何をすべきかが、子どもを育むために地域で発揮する大人の〈役〉なのである。

〈役〉を発揮させるための社会教育の課題は次の三点が考えられる。第一に、学力や学歴に限定されない、もっと広い次元での子どもの力を認める雰囲気をつくる。そして、第二には、人にはそれぞれ得手・不得手がある。それぞれの個性や生活に応じて発揮できる多様な役を用意する。第三には、多様な役を発揮できる多様な「ハレの舞台」を設ける。

地域での子どもたちの生活をより豊かにするためには、子どもたちの〈役〉を豊かにしていき、そして、子どもたちの成長・発達の伴奏者である大人の〈役〉を豊かにすることにほかならない。それは、子ども同士、子どもと大人、そして大人同士が共に地域の「未来予想図」を描き、実現に向かって共に奏で合う「共奏」関係を創りあげていくのである。そのためには、私たち大人は、子どもがどれだけ地域を「元気」にしているのかを深く考えるべきであろう。

【深作拓郎　法政大学】

4　地域活動と子ども組織をめぐる今日的課題

(1)　子どもの育ちと地域生活

変わる子どもの成育環境

一九八〇年代後半からの「いじめ」事件の続発は、子どもの世界のかつてない異変を象徴する〝現象〟であった。いじめについては、これをもっぱら「心の問題」としたり、子ども相互の関係に矮小化したり、対処療法的な指導にとどめたりする対応もある。

しかしその一方で、国連・子どもの権利委員会の日本政府への勧告（一九九八年）にも見られるように、新たな競争と抑圧を強めつつあるわが国の教育制度そのものが子どもたちのなかにストレスと発達障害をもたらし、これがいじめや不登校、さらには学級崩壊をも引き起こしているのではないか、という構造的な問題のとらえ方もひろがりつつある。もちろん、今日の子ども問題の多くが、学校や教育の機能不全と合わせて、「便利さ」と「効率」を求めてやまない日本社会のゆがみを反映していることも忘れてはならないであろう。

便利さといえば、ここ二〇年ほどの間の子どもの成育環境の激変ぶりは、私たちの予測をはるかに超えている。テレビゲームの出現に戸惑い、その発達的影響の検討が叫ばれ始めた矢先、またたく間に携帯電話が中学生にまで浸透していった。IT化の波は、〝ルー

IT（information technology）　インターネットなどの情報通信技術のこと。現代のIT革命には、IT技術が社会に浸透し、ビジネスとして大きな市場を形成して行く側面である「ITの社会化」と、既存の社会システム自体がITの導入で、構造的に変容していく側面である「社会のIT化」という二つの側面があるとされる。また、コンピュータやインターネットを使う能力（コンピュータ・リテラシー）やその他種々の情報メディアを利用し、多様な情報を収集処理し活用する能力（情報活用能力、情報リテラシー）などのメディア・リテ

ルなき資本主義〟のもとで、モラルも教育的配慮も踏み越えて子どもたちを主要なターゲットにしてしまった。

衰えないプリクラ人気とケータイ、メールのやり取りの根っこに、子どもたちの「友だちがほしい」「誰かとつながっていたい」欲求があるのは間違いないが、しかしモノ（商品的媒介）に依存しなければ関係がもてなくさせられているという今日的ありようは、見過ごせない問題をはらんでいる。

「子どもの権利条約」と地域の居場所づくり

一九九〇年代後半に入ると、神戸市須磨区での小学生連続殺傷事件、佐賀のバスジャック事件をはじめ少年事件の多発が社会問題となる。また、学校で子どもが襲われる事件（大阪や京都）、九年にわたる少女監禁事件（新潟）など、衝撃的で特異な事件が相次いだ。

こうした事件のなかで、子どもたちの孤独の深さと、彼らを安全かつ豊かに育てることができなくなっている地域社会の〈共同性〉の欠如、機能不全問題に、私たちはあらためて直面することになったのである。児童虐待も若い親たちの子育てにおける不安と孤立が背景にあり、社会的サポートとネットワークの整備が急がれる。

いま見つめ直し、つくり直すべきは、まさに〈地域〉なのではないか。六〇年代の高度経済成長期から九〇年前後のバブル期、今日の不況時代までのすべての時代を通じて崩壊させられ、その価値が忘れられていた、人びとの暮らしを足元から支える〈地域〉――。それが、「まちおこし」といった経済活性化策を超えてよみがえる条件が、さまざまな困難の地下で蓄えられているように、私には思われてならない。

ラシーが、実生活において必要とされる基礎的能力として、新たな教育の課題ともなっている。一方、児童館などの地域子ども施設にもパソコンが普及し、指導を受けるまでもなく、遊んだり情報検索する子どもの姿をみかけることも多くなった。子どもたちの認識やコミュニケーションのあり方、遊び方など、子どもの育ちにどのような変化が生じてくるのか？　関心が高まっている。

居場所　特別な意味を伴った概念として用いられるようになったのは、一九九二年、文部省の学校不適応対策調査研究協力者会議がまとめた報告書『登校拒否（不登校）問題について―児童生徒の「心の居場所」づくりを目指して―』で、「心の居場所」という表現で登場したことが発端である。九〇年代前半は、主に、安心して過ごせ子どもに関しては、九四年に日本が批准した「子どもの権利条約」が指針とも追い風ともなって、いわゆる〈子どもの居場所づくり〉が各地で進んでいることが注目される。ホッと一息つける時間、ありのままの自分でいられる空間、語り合いのなかから何かが始まる仲間――それらが満たされる〈居場所〉は、けっして不登校の子どもだけの問題ではない。

子どもたち（とりわけ中高生）が地域に暮らす住民、主権をもった「小さな市民」としてまちづくりに参画し、自治の担い手となる取り組みが、杉並区の児童青少年センター「ゆう杉並」、町田市の「ばーん」、埼玉県鶴ヶ島市の大橋公民館、川崎市の「子ども夢パーク」、岩手県水沢市の「ホワイトキャンパス」など、全国的なひろがりをみせている。これは、自治体の少子化対策の一つという性格があるにせよ、歓迎すべき流れである。

少年事件を契機として、法の厳罰化と「非行防止ネットワーク」で取り締まろうとする傾向も強いが、こうした「安心ネットワーク」のひろがりこそが期待される。

る「場所」ないし「空間」のイメージで把握されていたが、不登校児の急増と対策を求める声の拡大で関心が高揚し、検討が進んだ。今日的には、「人間として安心と自信と自由を保障する人間関係とそれが培われる場や機会」という理解に集約されていると思われる。本質は「子育ちを促す望ましい発達環境」と言えよう。例えば、既存の地域子ども施設や学校は「居場所」として機能しているか？といった問いに示されるように、「居場所」の創造は現実に求められている焦眉の課題でもある。それだけに実践的な検討を積極的に展開することが期待されるのである。

(2) 問われる地域活動――何が重要か

教育政策の焦点としての〈地域〉

一九九〇年代末から二〇〇〇年代にかけての教育政策の特徴は、〈地域〉を焦点としている点である。不登校や学級崩壊などでゆき詰まった教育と学校の打開を「地域」の取り込みで乗り切ろうとしているようにも見える。

それは、七〇年代中教審路線下の社会教育審議会「在学青少年の社会教育」、青少年問題審議会「青少年の社会参加」や八〇年代臨時教育審議会「生涯学習体系への移行」の延長上にありながらも、学校の枠組みや機能の見直し、学校と地域の再編を含む相当に大胆なものである。学校（教育）と社会（教育）の協力関係を意味する従来の「学社連携」を超える理念として、「学社融合」が唱えられるようになったことに、この動きは端的にあらわれている。同じ時期、企業の側からも学校と社会との再編要求は、「学校から『合校』へ」という言葉で「提唱」された（九五年）。

さて、公立の学校週五日制の完全実施（二〇〇二年）に向けて打ち出されたのが、九九年度からの「緊急三ケ年戦略」――「全国子どもプラン」である。「地域で子どもを育てよう」というこの施策に、少子化・子育て不安・少年事件への対応も含め、一定の期待がひろがったのも事実だが、次のような問題点を指摘することができる。[*1]

第一は、このプランの〝目玉〟である「子どもセンター」（全国一千か所）も、けっして児童館的なものではなく、その内実は週末や休日のイベント情報誌への助成だということである。情報は大事だが、子どもや父母がいつまでも情報の受け手で満足するだろうか。

第二は、体験中心主義の問題である。学校外での「ふれあい交流」や自然体験・社会体験・生活体験で「生きる力」を、という取り組みがひろく推奨・推進されている。体験は重要だが、子どもたちの実態と要求を深くつかまず、子ども期の豊かな生活づくりを見通さないで、体験止まりになるなら、結果的には彼らを失望させることになりかねない。まして、「奉仕活動の強制・義務化」など論外である。

第三は、すべてを「教育」にしてしまう狭さ、もしくは誤りについてである。「体験学習」の強調が、地域の活動・生活を「学習」で塗りつぶすことがないように注意と警戒が

*1　山下雅彦「子どもと地域をめぐるこの一年――問われているのは子どもの居場所と地域生活」、日本子どもを守る会編『子ども白書』草土文化一九九九年版。

必要だと思う。

第四は、子どもが育つ地域とは何かの検討が弱いという点である。文部省（当時）は、「子どもセンター」が青少年団体・自治会から営利企業・JA・NPOまで種々の団体で構成される「協議会」をつくり、既存組織に〝間借り〟し、ボランティアが運営にあたり、社会教育主事や公民館主事が「コーディネーター」を務める、といった図式を示しているが、「地域」のとらえ方が形式的で一面的に過ぎる。

全体として、全国子どもプランは〈子どもぬき〉〈住民自治ぬき〉〈安上がり〉の施策で、「地域で子どもを育てる」には程遠いといわざるをえない。

学校五日制で「ゆとり」は生まれたか

二〇〇二年度から学校週五日制が完全実施された。いうまでもなく、五日制は十年前の九二年から月一回、九五年から月二回と段階的に導入されてきたものである。導入に際しては、「明治以来の画期的な教育改革制度」「子どもに『生きる力』と『ゆとり』を」「五日制は家庭・地域の二日制」「学校をスリム化する」等々、勇ましい表現で五日制の意義が語られたものだ。

しかし、家庭・地域の〝受け皿〟不足、児童館など社会教育施設の条件未整備、平日の授業へのしわ寄せ、部活動や塾通いのいっそうの過熱など、さまざまな懸念や問題点が当初から指摘されていたのである。にもかかわらず、国民的合意を得ることなく、文部省は〝見切り発車〟した。月二回実施に移行した頃には「定着した」と言われるようにもなったが、完全実施を目前にした〇一年あたりから、不安や疑問が再燃した。火種を残したままだったからである。

ここにきて特徴的なのは、五日制に対し、新教育課程の授業時間〝三割減〟との関係で、学力低下を理由に〝ケチ〟がつけられるようになっていることだ。「ゆとり教育」批判が、経済界とマスコミ、私立学校や世論の一部から出されるに至った。文部科学省がこうした声に動揺し、休日土曜の補習や宿題の推奨、塾や予備校への協力要請へと〝右旋回〟――実質的な方針転換――を図ったのは、ご存知の通りである。

日本の五日制最大の問題は、それがどこまでも学校と教育の枠内で論じられていることであろう。何よりも、「ゆとり」を「学力」に敵対する〝悪者〟と見なすのは、まったく狭い了見だと言わなくてはならない。両者は、子どもの発達と生活にとって、ほんらい両立しうるし、させなくてはならないものである。

それは、「学校完全五日制の論調」が学力低下、学校の公私間格差、教師の力量問題など、「学校・教育改革論議に帰納する結果になってしまってい」て、「相対的には固有の教育機能（形成、訓育）を持つ学校外の活動」の「必要」を深めるに至っていない、[*2]という指摘にも通ずる。

さて、日本の学校五日制が子どもの発達・生活の原理から検討されず、〝働き過ぎ社会〟日本への国際的批判をかわすための手段として導入されたこと、そして週休二日をレジャー産業の活性化など市場原理の舞台に乗せようとしたことに、そもそもの問題があった。動機が〝不純〟だったのである。不登校や学級崩壊など危機の根源に迫るような、真の改革がないことは不幸だった。

＊2　小木美代子「公立学校の完全学校週五日制をどうとらえ、どう活用するか」『月刊社会教育』国土社　二〇〇二年六月号。

その結果、完全実施後の今、たとえば公立高校における「土曜学校」の新設や「課外授業」の追加による受験教育の強化に見られるように、かえって子どもたちの多忙と過労がひろがっている。「ゆとり」はますます奪われつつあるといってよい。

さて、いささか学校五日制の〝陰〟の部分をあげつらい過ぎたかも知れない。多くの問題を積み残し矛盾だらけで出発したこの制度も、活かし方次第では、真に豊かな社会への転換を可能にする希望の〝光〟となることも強調しておくべきだろう。それは、家庭・教師・地域・自治体・企業等、それぞれの立場からすでに始まっている。[*3]

次節では、本来の五日制の趣旨にもそう地域活動と子ども組織のあり方を、具体的に論じることにしよう。

＊3　前掲2に同じ。

(3)　地域活動と子ども組織――その到達点と今日的課題をさぐる
地域に根づく子どもの仲間づくり――大阪・少年少女八尾センターの場合

ここでは、さまざまな困難を乗り越えながら、子どもの地域活動と仲間づくりに取り組んでいる一例として、大阪の「少年少女組織を育てる八尾センター」（略称「少年少女八尾センター」、以下「八尾センター」と略記）を紹介してみたい。

「ひとりぼっちの子どもをなくそう」「地域に子どもの仲間を回復しよう」「どこの町、どこの村にも、子ども組織をつくり、その自主的・創造的な活動をすすめるために、心ある人々が手をとりあおう」、そのための「連絡組織（地域センター）を確立しよう」と、「少年少女組織を育てる全国センター」（以下「全国センター」）が発足したのは一九七二年

全国子どもプラン　二〇〇二年度の完全学校週五日制の実施に向け、「生きる力」を持った子どもたちを育てることを目的として、文部科学省が一九九九年度から二〇〇一年度までの緊急三ヵ年戦略として策定したプラン。様々な中央省庁がかかわり、各々の特色を生かした体験学習の機会を子どもたちに提供するプログラムが多々盛り込まれた。また、地域で行

のことである。六〇年代の急激な経済成長がもたらした環境破壊と消費主義、中教審（七一年）が進める差別・選別と国家主義の教育に抗して、真に豊かな子どもの生活をつくり出そうとする大人たちの決意が背景にあった。

この呼びかけに応えて七四年に「青空学校」（後述）が開催されたのが、八尾における運動の始まりである。その後、大阪センターの支援を受けて、一九八〇年、八尾センターは結成された。青空学校から生まれた七つの少年団（ケン玉・オリオン・風の子・オーロラ・ひまわり・ドラえもん・ライトラビット）と、隣接する東大阪市の「青空」「青竹」の二つの少年団が、八尾センターのもとで刺激しあい共同しながら活動している。

第一回の青空学校を主催したのは指導員サークル「ちゃりんぼ」である。八尾のセンター運動は青年の手で始められた。[*4] 三〇年以上も存続している、この青年サークルの生命力は驚異としかいいようがない。

二〇〇二年三月の報告書によると、九つの少年団に属する子ども（小・中学生）は一八二人、指導員（高校生を含む）は八五人である。活動の特徴として、次のようなことが読み取れる。

① 「団会」（例会）が基本（月二回が六団、毎週が三団。活動日は土曜または日曜）。
② 団会の内容はSケン・カンケリ・かくれんぼ・ドッヂボール・キックベースなどのほか創作も交え、集団遊びが中心。
③ 年間行事として、総会・おさそいハイキング・田植え・キャンプ・青空学校・学習会・クリスマス会・もちつき・たこあげ・卒団式など、季節に合ったイベントが組ま

われる様々な子ども向けイベントや体験活動、家庭教育支援に関する事業の情報収集・提供を行う「子どもセンター」を全国の市・郡単位に千箇所程度設置することが目指された。二〇〇一年、文部科学省は後継施策として「新子どもプラン」を発表。二〇〇二年度からスタートした。「新子どもプラン」は、「子どもプラン」の成果を引き継ぎながら、地域社会を構成する人々により一層の協力を求める形で、子どもたちに様々な体験活動の場や機会を拡大することを目的としており、「子ども放課後・週末活動等支援事業」等が盛り込まれている。

*4　大庭富江「八尾に広がる子育ての輪」少年少女組織を育てる全国センター『子ども会少年団』一九九九年十二月。

れる。

④活動場所としては小学校・公園・公民館・図書館などさまざま。

⑤年少の子に気づかい、「ひとりぼっち」や「バラバラ」状態を放置せず、全員が参加し関係づくりができるよう、指導員が心をくだいている。

⑥意見が出しあえ、話し合いのできる団が目標。

⑦リーダー会や運営委員会があって、子どもの自治の確立に努めている。

⑧半数以上の団に「中学生サークル」があって、中学生独自の要求も大切にしている。

⑨指導員が指導員サークル「ちゃりんぼ」に結集して、子ども組織の意義を学んだり指導力量をつける場が保障されている。

⑩子育ての共同を進め、指導員を支えるための父母会がある。

こうした八尾における子ども組織の発展は、「地域の子育て運動の砦」としての八尾センターの存在と、毎年着実に取り組んできた青空学校ぬきにはなかったのではないか。

青空学校の役割

青空学校は、全国センターが七〇年代初頭に手がけ、府県センター・地域センターにひろがった「地域子ども学校」である。子どもたちに①学ぶ喜びと②仲間と共に生活する喜びを知らせ、③地域に子ども会・少年団をつくり育てる力を育てる、が目的とされてきた。八尾では、④人間好きの子どもを育てる、がもう一つ加わる（八六年）。これは八尾の運動を特徴づけるキーワードともなっており、第二九回「子どもの組織を育てる全国集会」（九九年）の基調報告は、「〝人間好きの子ども〟が明日を拓く」と題して八尾の運動と実践を分析している。

二〇〇一年の第二七回八尾青空学校は、八月の五日間、二〇〇人を超える子どもと青年が、市立体育館と同野外活動センターに集まって開かれた。その企画書によれば、さきほど紹介した少年団の基本型は、ほとんど青空学校のなかに見ることができる。

第一に、班活動を基礎集団とした、子どもの自治による生活づくりをめざしていることである。開校式・閉校式と全体会（総会）が、楽しさと意欲と緊張を生み出す場として重視される。それらをリードするのは、「子ども実行委員会」と「子ども運営委員会」である。

第二に、楽しい〈学び〉を共有するための、子どもの要求にあった豊かな内容があふれていることである。例えば、「コース別学習」には竹細工・パンづくり・染めもの・シャボン玉&スライム・クラフト・紙すき・ろうそくづくり・救急法の八コースが用意され、それぞれに、指導員とは異なる講師がつく。「中学生教室」は太鼓にチャレンジして十年になる。

第三は、子どもたちの自己表現と結びつき・友情を何よりも育てようとするねらいがある。キャンプファイヤーは、その点で最もインパクトを与えるヤマ場だ。子どもたちが心にたまった感情を歌や踊りで「出し切る」こと、「どれだけウケたか、段取りがよかったか」ではなく「どれだけみんなが楽しめたか」という視点がポイントとされる。最終日の「うどんづくり」は、味よりも班の団結が試される。

最盛期（八七年）には子どもだけで三百六十人集まった八尾青空学校は、子どもの生活の多忙化や冷たい市の対応による会場変更、人手不足などによってますます困難さを増している。しかし、青年・父母の輪に囲まれた八尾の子どもたちのなかに、〈誇り〉と〈つながり〉と〈やさしさ〉が育ち根づいていることは明らかだ。

地域に、子どもの権利としての〈居場所〉と〈生活〉を

全国センターは九二年に「子どもの地域生活を豊かにする提言」を発表した。ここで詳しく解説する余裕はなくなったが、①子育てにとって「地域」が不可欠、②大人の自治的な取り組みが子どもを育てる基礎、③子どもは「小さな住民」、④子どもの自主的・自治的な活動を育てる、⑤青年の役割に注目を、⑥「子どもの生活圏」づくり、⑦子育てネットワークと子育て政策づくり、⑧美しい自然と平和な社会を子どもたちに、の八条からなるこの提言は、十年後の今日も有効だ。一民間団体からの発信ではあるが、さまざまな地域活動が取り組まれている今、その実践を評価し方向性を見極めるモノサシとして、ひろく活用されてよいと思う。

子ども組織の今日的役割についていえば、①子ども時代にふさわしい生活、②楽しい子どもの世界、③住民の暮らしへの参加、をつくり出すことがポイントになるだろう。[*5]

さらに、私は「子どもたちに力と希望を与える得がたい居場所」としての地域子ども組織のあらたな意義に着目したが、[*6]それは第二八回「子どもの組織を育てる全国集会」（九八年）の基調報告[*7]では、「新しい〈子どもの居場所〉としての子ども会・少年団」という表現で理論的な解明が試みられた。その要素を①安心感と解放感のある「心のよりどころ」、②存在感と期待感のある「心のつながり」、③価値感と充実感のある「心のはり」と

＊5　岩橋能二「新・学校五日制　何が問題か？」、『子ども会少年団』二〇〇〇年八月。
＊6　山下雅彦「仲間ってすばらしい――子ども会・少年団がひろげる世界」『子ども会少年団』一九九八年六月。
＊7　少年少女組織を育て

と分析・整理しているところに新鮮さがある。

こうした見方が的外れでないのは、「(不登校だった時) ひとりぼっちで寂しいと思っていても、団活に行くことで、たくさんの人たちに会えて、一人じゃないと思えて安心でき、ただそれだけがうれしかった」、*8「みんなで力を合わせてすることが楽しいと思える、みんなでいることが楽しいと思えるキャンプ」「子ども一人一人が本当に満足できるキャンプ」を*9といった子どもたちの思いからも検証できよう。

本文を執筆中、超党派の国会議員で子どもの体験活動を支援するプロジェクトが発足したというニュースを耳にした。また、学校五日制で勢いづく熊本の塾のあるものは、地元の銀行と民放局の支援を得て別にNPOを設立、「夢探検隊」の名で年間を通して二九ものイベントからなる「自然体験・生活体験・社会体験」の企画を始めた。一方、長い実績をもつ「子ども劇場」がかかわった「忍者修業」や「プレイパーク」の取り組みには、地域再生をねがう住民たちの熱いまなざしが注がれている。

私たちは、こうした新たな動きも視野に入れ、小論で提起したように問題の本質にそって深みとひろがりある議論をする必要があるだろう。「深みとひろがり」とは、部分的でも表面的でもなく、子どもの発達の「構造的な危機」に対しては、子育て・教育の「構造的な改革」こそ、の意味であり、「批判と同時に創造を、要求とともに信頼回復と連携を」の意味に他ならない。*10

〈地域と子ども〉をめぐる理論と実践の再構築が、緊急に求められる。

【山下雅彦　九州東海大学】

る全国センター常任委員会「『荒れる子ども』・『いじめ』の広がりの中で今求められている、子どもの仲間と居場所づくり」『子ども会少年団』二〇〇二年三月(三〇周年記念号)所収。

*8　渡辺恵子「居心地のいい場所」『子ども会少年団』一九九九年四月。

*9　長谷川裕紀「みんな一人一人が満足できるキャンプに」『子ども会少年団』一九九九年六月。

*10　仲田陽一「現代日本の子育て・教育――子どもたちの危機と構造的改革の必要性」、熊本子育て教育文化運動交流会編『くまもとの子育て2002年』(創刊号)。

5 子どもの育ち と文化―読書活動を通して―

(1) 文化的生活と文化的参加

『子どもの文化権と文化的参加』[*1]の序章「共に生きることと文化を創ること」において佐藤一子は次のように述べている。「子どもにとって、文化的生活はけっして芸術的活動にとどまらない。自由で創造的でありうる時間・空間・関係のすべてが文化的生活を意味しているといえよう。その点で『子どもの権利条約』第三一条が、余暇・休息と遊び・レクリエーションと文化的・芸術的活動への参加という三つの活動を、子どもの自由時間の能動的行使として統一的にとらえていることは注目される」。また文化的参加について「〈文化的参加〉は創造的・探求的な関心や興味の共有、情緒的一体感などをつうじて個々人の精神的充足や人間関係の形成、心身の開放などが促進されるプロセスを重視し、文化を媒介とするより内面的な価値をもつ活動とその人らしい表現をつうじて個人が社会や集団とかかわる個性的方法に注目するとらえ方であるということができるであろう。現代の社会では大人も子どもも多忙をしいられながら巨大な情報伝達システムのなかに生きている。その人らしい考え方や他とのかかわりかたは実感や経験をともなった試行錯誤をへて熟成していく時間をまつ暇もなく捨象されがちである。ひとりひとりにとっての生活の充実感や、共にあることの喜びを実感しうる〈文化的参加〉の実践は、社会参加の意欲をささ

*1 佐藤一子・増山均編 第一書林 一九九五年。

え、その態度を確立していくために必要なチャージの時間と空間であり、個々人にそくした多様な関係づくりでもあるといえるのである」としている。

子どもたちの文化的生活、文化的参加を読書という切り口から概観したい。

(2)「子ども読書年」がもたらしたもの

一九九九年八月、西暦二〇〇〇年を「子ども読書年」とする国会決議がなされた。この「子ども読書年に関する決議」には「(略)政府は、読書の持つ計り知れない価値を認め、国立の国際子ども図書館が開館する平成一二年(西暦二〇〇〇年)を『子ども読書年』とし、国を挙げて、子どもたちの読書活動を支援する施策を集中的かつ総合的に講ずるべきである。」とあった。そして二〇〇〇年五月五日、国際子ども図書館が旧帝国図書館であった旧国立国会図書館支部上野図書館を改修し部分開館、二〇〇二年五月五日をもって全面開館がなされた。子どもが本を楽しめる「子どもの部屋」をはじめ各種の活動をおこなっているが、日本における児童書のナショナルセンターとして、アジアの児童書図書館の拠点としての位置づけも担っている。

「子ども読書年」を推進する「子ども読書年実行委員会」は政・官・民で構成されていたが、民の立場の「子ども読書年推進会議」により日本に紹介された「ブックスタート」が、二〇〇〇年一一月と二〇〇一年五月に東京都杉並区でパイロットスタディとして実施され、二〇〇二年一月には「NPOブックスタート支援センター」が設立された。この「ブックスタート」は一九九二年イギリスのバーミンガムで始まった活動で、識字率の低下や活字離れ等の社会問題に対処するため、親子に直接本を手渡しゼロ歳児から本を読むきっかけをつくろうとしたものであるが、保健センターでの検診時に図書館職員が保護者と赤ちゃんに直接向き合い本の大切さを説明しながら渡していくことにより、子どもの発達と本とのかかわりの理解や本に親しむ傾向が増大した等の結果が報告されている。現在日本での「ブックスタート」運動は各自治体の注目を大きく集め、地域の子育て支援ネットワークづくりの契機ともなっている。

さらに二〇〇一年四月より参議院文教科学委員会の審議を経て「子どもゆめ基金」が創設された。助成金交付の目的は「（略）青少年のうちおおむね一八歳以下の者（以下「子ども」という。）の自然体験活動の振興を図る活動等の民間の諸活動を支援し、子どもの健全な育成の一層の促進を図るものである」。交付の対象として、⑴子どもの自然体験活動、社会奉仕体験活動その他の体験活動の振興を図る活動、⑵子どもを対象とする読書会の開催その他の子どもの読書活動の振興を図る活動、⑶インターネットその他の高度情報通信ネットワークを通じて提供することができる子ども向けの教材の開発・普及を図る活動、とある。この国としての具体的な経済的支援に全国各地の団体からの申請が相次いでいる。ちなみに平成一四年度には二三億円が計上されている。

さてこれらの動きの総仕上げのように二〇〇一年一二月「子どもの読書活動の推進に関する法律」（法律第一五四号）が公布施行された。目的として第一条に次のようにうたわれている。「この法律は、子どもの読書活動の推進に関し、基本理念を定め、並びに国及び地方公共団体の責務等を明らかにするとともに、子どもの読書活動の推進に関する必要な事項を定めることにより、子どもの読書活動の推進に関する施策を総合的かつ計画的に推進し、もって子どもの健やかな成長に資することを目的とする。」この法律の第六条には、「父母その他の保護者は、子どもの読書活動の機会の充実及び読書活動の習慣化に積極的な役割を果たすものとする。」とあり、読書に関してそこまでの規定が必要かとの論議も呼んだ。付帯決議には、子どもの自主的な読書活動、行政は不当に干渉しない、学校図書館、公共図書館等の整備充実、図書の購入にあたっての自主性の尊重等、長年子どもたちと読書にかかわってきた者たちの基本的な考えが、政府が配慮すべきこととして載っている。

この法律の施行にともないユネスコの「World Book and Copyright Day」（世界本と著作権の日）と同じ四月二三日が「子ども読書の日」と定められ、二〇〇二年から全国各地で「子ども読書の日」の事業がおこなわれることとなった。また第九条にあるように各自治体は「都道府県子ども読書活動推進計画」及び「市町村子ども読書活動推進計画」の策定を義務づけられた。この推進計画が子どもたちの読書を楽しく育むものになってほしい、読書の枠組みを定めたり読書を強制するものとは決してならないようにと多くの人びとが強く願っている。

社団法人日本図書館協会は「子ども読書活動推進基本計画」への要望として二〇〇二年二月に次の項目をあげた。(1)公立図書館と学校図書館の充実、(2)公立図書館未設置の市町村の解消、(3)すべての学校図書館への専任・正規の専門的職員の配置、(4)すべての公立図書館への児童青少年担当の司書の配置、(5)学校図書館図書整備費の適切な執行、(6)政府補助金による公立図書館資料情報整備費、(7)公立図書館と学校図書館との連携の強化、(8)学校図書館資源共有型モデル地域事業の継続・拡大、(9)地域で読書活動を行っている団体等への支援、(10)障害をもつ子どもたちや在日外国人の子どもたちへのサービスの支援

総論での国の子どもの読書への思い入れは理解できるものの、まずは読書環境の基本的基盤整備をしてほしい、そしてそれが何よりの読書推進につながると確信している現場での焦燥感はかえってつのってもいる。

(3)　学校教育と読書

これらの動向に加え一九九九年七月より文部省は衛星通信を利用して全国に広く情報を提供する「教育情報衛星通信ネットワーク（エル・ネット）」の運用を開始し、ここでも読書に関する放送を積極的に取り上げている。学校の状況については他の筆者におまかせするが、二〇〇二年四月から新しい学習指導要領が全面実施されるのを受け一月には文部科学省より「確かな学力の向上のための二〇〇二アピール『学びのすすめ』」が出され、二月には中央教育審議会より「新しい時代における教養教育の在り方について（答申）」が出された。この答申で読書にかかわりのある項目を拾ってみると、幼・少年期における教養教育では、家庭での絵本や昔話の読み聞かせ、学校図書館の土日開放、国語教育における素読や暗唱、朗読など言葉のリズムや美しさを体で覚えさせるような指導や、「朝の十分間読書」等の読書指導等があげられており、青年期における教養教育のうち「(1)高等学校における教養教育」では、各高等学校で学校としての「必読図書二〇冊」選定等があがっ

ている。OECD（経済協力開発機構）の「生徒の学習到達度調査」（二〇〇一年一二月文部科学省発表）では、「毎月趣味として読書をしているか」の設問に日本の子どもたちの55％が「していない」と答え参加国のなかで最多であった。必読図書の前にぜひ幅広い図書との出会いが保証されてほしい。

そしてもちろん前提として生きる力をはぐくむ、自ら学び自ら考える力の育成、個性を生かす、総合的学習、調べる学習等々がある。二〇〇三年四月からの司書教諭の配置という大きな動きの行方も見逃せない。こう書き連ねているだけで筆者自身が疲労感を覚えてしまうほどこの間の国の動きはめざましい。これでやっと読書の基盤整備が果たせるのではといった期待感と、国から突然手を差し伸べられつい不安になってしまう気持ちとがない交ぜになってしまう。

(4) 子どもたちの文化的生活を支えるために

さて読書という切り口でこの間の動向を追ってきたが、全体にかかわるいくつかの特徴は理解できると思う。例えば国際子ども図書館は開館とともに、子どもたちの読書活動を支えるネットワークのなかでの役割がただちに期待されている。言いかえれば公立図書館や学校図書館、そして外国でBunko（文庫）という言葉ですでにつうじる歴史をもった日本独自の活動である家庭文庫や地域文庫での地道な働きがなされてきた基盤があってこそ、ネットワークでのはっきりとした役割が期待されているといえる。民が築き上げてきた子どもにかかわるネットワークは確実に力をつけてきている。

ブックスタートもさまざまな示唆を与えてくれる。各施設がそれぞれの時間割のなかでネットワークの相手を招き入れるということではなく、子どもが健やかに育つという目的のためにお互いの専門性を重ね合わせ地域のボランティアとも手を組んでゴールを定め、子どもを核に単なる連携を超えた活動が地域で展開され始めている。ネットワークの力を生かした柔軟な事業の可能性が論議される基盤ができてきたのだ。

子ども夢基金は、国が提供してくれるものをうまく使うために情報獲得の公平性や迅速性が必要であることも認識させてくれた。

「子どもの読書活動の推進に関する法律」は法律は黙っていては動いてくれないこと、現場という篩に常にかけてゆかなければ硬直化、権力化していくこと、そして法律の名のもとに何が為されていくかをしっかり見守っていかねばならないこと等々を教えてくれる。

学校をめぐる動きは各々は子どもに良かれと立てられた施策であっても、実際に実行されるためには教師集団の学校経営の力量が必要とされ、そうでなければ子どもたちは過大な要求にさらされ続けるであろうことが見えてくる。

これら子どもたちと文化にかかわる場で確かに構築してきたもの、さらに築いていかなければならない学びや関係を明らかにし、子どもたちの文化的生活を支える基盤を強固にしていきたい。そのため関連する人間や団体がこれまで以上の専門性の切磋琢磨は当然のこととして、方向を見定める力、運営していく力、柔軟にネットワークを構築していく力等々が必要となっている。それらの力が発揮されてゆくなら点ではなく面として子どもの文化生活を守り、国の方策と互角に組める力となっていく。

(5) 子どもたちの文化的参加とアニマシオン

一九九七年に『読書で遊ぼうアニマシオン――本が大好きになる二五のゲーム』*2が出され、アニマシオンという言葉が読書とのかかわりであちこちで見聞きされるようになった。さて「子どもの文化権とアニマシオン」(『子どもの文化権と文化的参加』より) のなかで日本でのアニマシオンの研究者として第一人者である増山均は次のように述べている。

「(略) 子どもの成長・発達のためには、栄養のある食物の摂取によって〈身体〉機能の発育が必須であり、科学的真理と人間的価値に裏づけられたすぐれた教材を学習することによって〈頭脳〉を発達させ、知識を獲得することが必要であると同時に、人間性豊かな文化・芸術に主体的に参加することにより〈精神〉を活性化させ、心 (魂＝アニマ) を踊らせ (イキイキ、ワクワク、ハラハラ、ドキドキ) ながら楽しむこと、すなわちアニマを活性化 (アニマシオン) させつつ生活を楽しむことが不可欠なのである。〈文化〉の領域は、人間の成長・発達と人間的生活にとって不可欠なアニマシオンを保障する領域であり、心 (魂＝アニマ) を活性化させつつ生活を楽しむことは、人間の基本的権利である。生きる力を根源から活性化させる文化権は、生存と生活の権利の内実を豊かにするとともに教育と学習の権利を確かにするための土台となる」とある。

アニマシオンという言葉が文化という概念を実によく象徴していることがわかる。さまざまな現場での活動をアニマシオンという言葉で照らしてみながら、子どもたちの心身が活性化される活動が新鮮になされているか否かを改めて問いなおすことも必要と思われる。

*2 モンセラット・サルト著 佐藤美智代・青柳啓子訳 柏書房 一九九七年。

(6) 子どもの文化権の保障——研究と専門性

一九八四年に『子ども時代を失った子どもたち』、[*3] 一九八五年に『子どもはもういない——教育と文化への警告』[*4]というアメリカで出版された二冊の本が翻訳された。前者では、「今や、子どもの要求に応じて当然与えられるべきだと考えられていたのんきな子ども時代は失われてしまった。しかし子どもの観点からすれば、早くから大人の世界に入る準備をして力をつければ、失われた子ども時代の埋め合わせができるかどうかは疑わしい」と書かれていた。この二冊の本が出版された時のとまどいも消えて二十年が経ってしまった。近年も『声の文化と文字の文化』、[*5]『本が死ぬところ暴力が生まれる——電子メディア時代における人間性の崩壊』、[*6] あるいは声に出して読むことが身体に活力を与えるとする『声に出して読みたい日本語』、[*7] 等興味深い本が出されている。

読書一つ取っても知りたいことは山のようにある。子ども時代の読書とは、声の文化・文字の文化とは、人間性と文字とのかかわりは等々。右にあげたように関連した本もたくさん出版されているのに、うまくかみ合わず知りたいことを知りえてゆけないもどかしさがある。杉並区でブックスタートが試行された際に発達心理学・学校心理学者である秋田喜代美が追跡調査をおこなった。このような研究者と現場との一層のかかわり合いがこれからますます必要ではないか。現場と研究者双方向の問題提起と研究を子どもと文化の視点からぜひおこない共に次のステップに立ってほしい。

さらに、これまで述べてきた子どもを育む文化について社会の認知を得てゆくためには、子どもたちが居る現場にすぐれた専門性を有する職員が置かれていなければならない。国

*3　マリー・ウィン著　平賀悦子訳　サイマル出版会　一九八四年。

*4　ニール・ポストマン著　小柴一訳　新樹社　一九八五年。

*5　W・J・オング著　桜井直文・林正寛・糟谷啓介訳　藤原書店　一九九一年。

*6　バリー・サンダース著　杉本卓訳　新曜社　一九九八年。

*7　齋藤孝　草思社　二〇〇一年。

の施策で読み取れない最大の課題が人の問題である。継続的に質量を高めていく仕事がなされるためには専門職としての職員の配置が必須の条件である。例えば学校での司書教諭の配置は本当に嬉しいが、司書教諭が司書教諭としての仕事をきちんとこなせる時間的、立場的保証がなければ学校図書館の活性化ははかれないし、司書教諭とともに学校司書が置かれてこそ充分な活動が期待される。そういった組織的な運営方針がはっきりしたところでボランティアの役割も明らかになってくる。現状のようにボランティアが先にありきでは根本のところが太ってはいかない。もちろん臨時的職員のなかには正規の職員以上の実力で現場を率いている職員がたくさんいることはだれもが承知しており、職員としての採用の道が開かれていくことを国や自治体に強く願うものである。

公共図書館の職員について言及するなら、『図書館年鑑二〇〇一』[*8]の「図書館職員の問題」の項目では二〇〇〇年のデータから次のように記されている。全専任職員のなかで司書・司書補の有資格者が占める割合（司書率）は五〇・〇二%、職員削減に加え司書率も毎年少しずつ下がっている。図書館職員全体に占める非常勤・臨時職員の割合は、公共図書館で三九・三%、大学図書館で三七・三%、短大・高専図書館で三〇・二%とこちらは年々増加をしている。委託化の問題はここではおくが、非常勤・臨時職員の割合はこれからもますます高くなってくるに違いない。この動向にどのような柔軟な対策が考えられるのか、どのような専門職の位置づけをおこないうるのかはとりわけ大きな課題である。

＊8　日本図書館協会

(7) 子どもたちと文化の幸せな出会いを願って

文化は平和に根ざしてこそ子どもたちと幸せな出会いを果たす。自国の子どもたちと文化について考えながら、地球規模での子どもたちと文化についても思いをめぐらせたい。さらに有事法制、個人情報保護法案・人権擁護法案・青少年有害社会環境対策基本法案のいわゆるメディア規制三法案の国会審議の行方にも文化のあり様は大きくかかわってくる。文化が常に政治と表裏一体であるという鋭い意識を併わせ持つことも子どもと文化にかかわる私たちの必要条件であろう。

読書という切り口からの概観のため、日ごろ子どもたちと優れて多様な文化活動を営んでいる各界の現状には触れられなかった。この本の各論でぜひ各界の動向についての認識を深めていただきたい。教育や福祉という概念に比べまだまだ柔らかくそれゆえのひ弱さと可能性を併せ持っている「文化」について、とりわけ「子どもの文化」について、新しい世紀らしい見識をみんなで創りあげてゆきたい。そしてアニマシオンを根底に置いた文化的生活と文化的参加をすべての子どもたちが享受できるよう、子どもたちの文化権の保障を、現場から元気を出して発信していってほしい。

【佐藤涼子・ＮＰＯ図書館の学校】

2 『子育ち学』の実践的・理論的課題

はじめに ―「子育ち学」誕生！―

教育にせよ、福祉にせよ、結局は人間の幸せを体現することが本質であるなら、子どもの育ちの原理的探求やビジョンの弄び、評論に終始することでは、育ちの難儀に直面する子どもたちにとって、何の福音にもならない。従来の学問と研究者のあり方の反省に立って、子育ち支援の実践に根ざした新たな学問体系を構築しようと、主に社会教育に足場を持つ筆者たちが「子育ち学」を唱えたのは、二〇〇〇年春のことであった。

社会教育の世界で、「子ども」と「社会教育」というコンセプトの相関が本格的に議論の俎上に上がったのは、一九七〇年代のことである。日本社会教育学会としての最初の研究総括は、『地域の子どもと学校外教育』（東洋館出版）として一九七八年に刊行された。それに先だって、一九七四年に、社会教育研究全国集会に「子ども分科会」が設けられた。双方を主導した顔ぶれは概ね重複していたが、社会教育を成人教育と捉える多くの研究者から理解は得られず、また、生涯教育論の台頭などで研究者の関心が移行し、一九八〇年代に学会での研究活動は下火になっていった。以降、この分野の開拓は、主として「子ども分科会」での実践と理論の検討と、子ども会少年団ほか、地域で子どもの健やかな育ちを支援しようと様々な実践に関わる人たちの運動に委ねられていくことになった。

一九九〇年代に入ると、児童館・学童保育の改革運動や子育て支援など、福祉の世界の動きや子どもの権利条約の理念を体現する運動などとも連動して検討が深められていった。

そして、後半に入ると、学会でも改めて研究プロジェクトを組織する状況ともなったのである。一九七〇年代から「子どもの学校外教育」と呼ばれたこの分野は、この間、子どもによる主体的な学びや活動の可能性を承認する立場が次第に強まり、「子どもの社会教育」の名称が一般化した。長く「子ども分科会」の世話人である本書の編集者たちは、こうした学史と運動の経験を背景に、教育や福祉の本質を体現する今後の研究のあり方を展望して、育ちの試行錯誤を繰り返している子どもたちの支援に、現実に寄与する実践と理論の体系を構想することの重要性を認識するに至り、「子どもの社会教育」の未来像として「子育ち学」の確立を提唱したのである。以来、二年を経過した時点で、構想の実現に向けた課題を整理してみたい。

(1) 「子育ち学」の自己紹介 ―性格と特色―

「子育ち学」の構想が最初に語られたのは、二〇〇〇年六月に刊行された『子育ち学へのアプローチ　社会教育・福祉・文化実践がおりなすプリズム』（エイデル研究所、以下、『子育ち学』）においてであった。ここで明らかにされた「子育ち学」の性格や特色は四つである。その後の研究成果とそこから明らかになった当面の研究課題をご紹介したい。

臨床学であること

例えば、臨床社会学、臨床教育学という立場がある。臨床とは、本来、「実際に患者を診察、治療する」という意味であるが、それが敷衍されて、「問題に即して」、「まず現状を踏まえて」、「実践の場における」、「問題解決指向的な」といった意味で学問上用いられるようになった。総じて、こうした立場に立つ科学を「臨床学」と呼ぶ。

子育ち学もまた、実際に、子どもたちが育ちの過程で直面している様々な問題を直視し、その本質や発生の背景を明らかにして、解決・改善、再発の予防を目指す臨床学である。問題は時代ごとに、また、子どもたちの生活圏である各々の地域が有する固有な特色を反映した違い＝地域性をしばしば有する。そこで、問題解決に迫る有効な手がかりを求めて、子育ち学では：

① 歴史的状況＝今、子どもたちはどんな時代を生きているか?
② 社会・文化的特色＝地域特性と共通性の双方に関心の目を向けながら、子どもたちを取り巻き、育ちの基盤となる家族や地域社会、学校、ボランティアサークルや子ども会などの任意所属団体、日常的に子どもたち自身が形づくる仲間集団のあり方
③ 家族や地域社会、学校、任意所属団体、仲間集団が伝承したり、創造しようとする文化の本質
④ 自然、建物などの人工物や情報といった子どもたちを取り巻く環境が子どもたちの育ちに与える影響
⑤ 子育ち支援の政策・施策動向やそれがもたらすと思われる状況

などに絶えず重大な関心を寄せ、それらの解明に当たろうとする。

本書第Ⅰ部第1章の構成、第Ⅱ部の実践事例が、全国各地から、また、子育ちと子育ての様々な分野から選ばれている背景は、子育ち学の臨床学としての性格にある。

実践学であること

実際に、子どもたちが育ちの過程で直面している様々な問題の本質や背景が解明され、解決へのビジョンが示されたとしても、それだけでは絵に描いた餅にすぎない。体現されて初めてビジョンは子どもたちに有益なものとなる。それは、ビジョンの実践に他ならない。子育ち学が真に臨床学であるためには、同時に実践学であることが必要なのである。

実践には、そのための場や機会、方法と担い手が求められる。また、それらが複数想定されるとすれば、各々が有する固有な特色や現状の課題、可能性を考察することが有益であろう。なお、担い手をめぐる見解は、『子育ち学』一三〜一四頁に提示した。本書では、その他の事項について後ほど検討するが、第Ⅱ部第3章は、子どもたちの生活圏である地域に位置し、取り分け重要な実践の場面として筆者らが想定する施設が、当面する主要な課題を解決したり、新たな可能性を開拓しようと取り組んだ実践の事例である。

学際学であること

例えば、親による虐待を被った子どもたちの育ちの支援や問題の解決を考えてみよう。負傷していれば、その手当ては医療関係者に委ねざるをえない。子どもたちが負った心の痛手を癒すには、カウンセラーや心理職の力が必要である。再発を防止し、親子が平穏に暮らせるようにするためには、親に対して責任を自覚させ、反省に導く働きかけが求められる。司法や教育が担う役割が明らかとなる。その一家が暮らす地域で、身近に様子を見守ったり、逐次相談や介入に当たる民生委員やボランティアの働きも期待されよう。何より、子どもたちの立ち直りや新たな人生の船出を支援する最終的な役割は、福祉や教育による長期計画的な取り組みに負うところが大きいと思われる。

このように子どもの健やかな育ちの支援は、本来、複数の専門学問領域が生み出した知見や技術をすべて巧みに投入、活用して、初めて有効に成り立つものと考える。従って、子育ち学は、自ずと学際学にならざるをえない。しかし、検討すべき課題は多い：

① 学際的に関係する学問領域とは具体的に何か？

② 各々の領域から活用すべき知見や技術とは何か？

③ 特に、子どもの発達段階の違いを考慮してそれらを有効に組み合わる方法とは？（図1参照）

といった点について、研究は多分に未開拓な状態のままである。関連する先行研究の成果にも学び、着実に検討を深めていきたいと思う。

なお、この点、社会教育の世界では、「教育福祉」の概念を想起される方も多いと思われる。一九七〇年代以降、この分野の開拓を主導してきた小川利夫によれば、「教育福祉は、今日の社会福祉とりわけ児童福祉サービスのなかに、実体的にはきわめて曖昧なままに放置され、結果的には軽視され剥奪されている子ども・青年さらに成人の学習・教育権保障の体系化をめざす概念である。」、「いわゆる保育一元化問題や障害者・夜間中学・被差別部落問題、さらに養護や教護の問題など、教育と福祉をめぐる問題は古くて新しい歴

図1 子育ち支援における学際的共同の理念的モデル

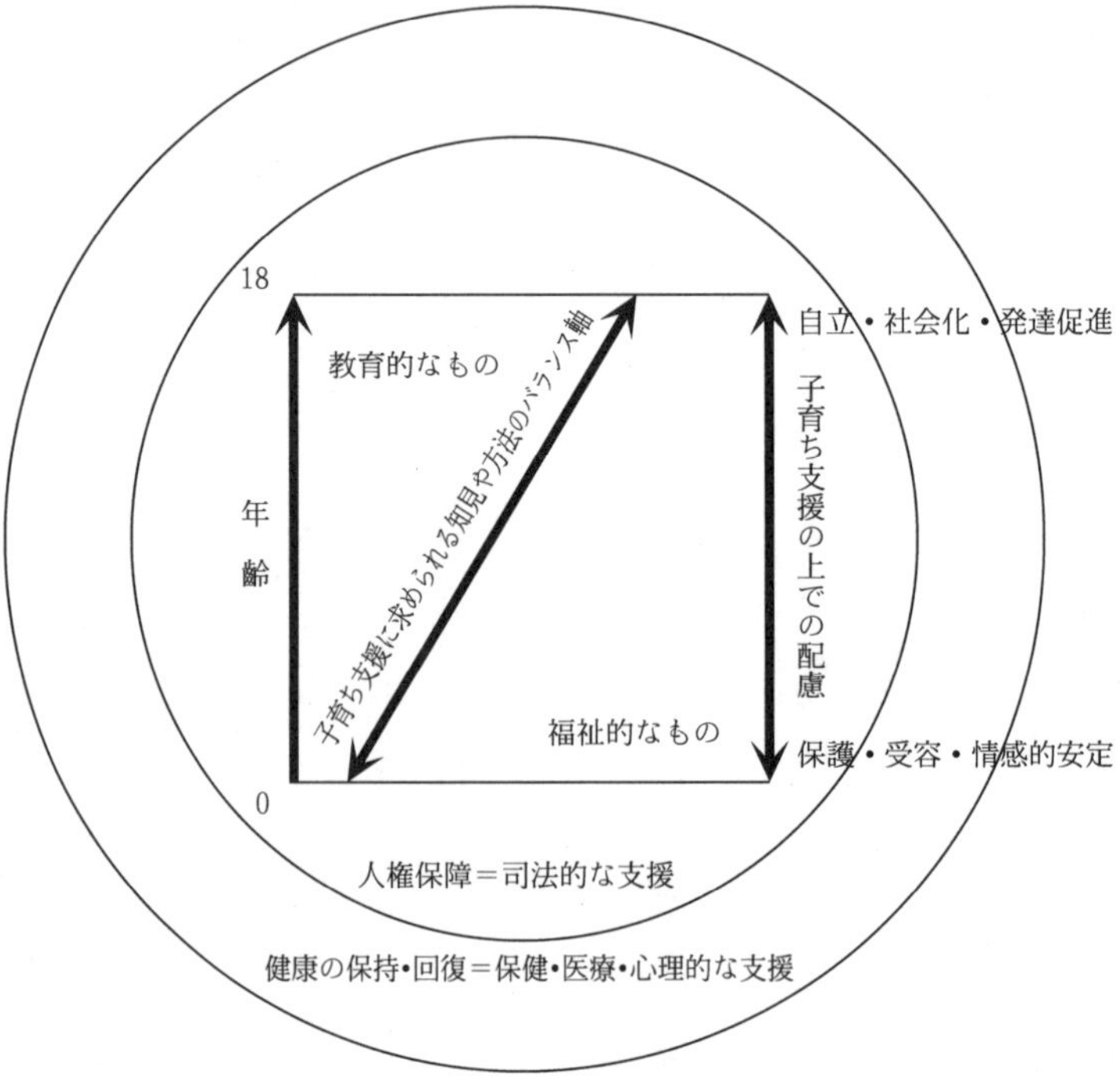

備考

① ここでは、便宜上、児童福祉法における「児童」の定義に基づいて、満18歳に満たない者を「子ども」として作図されている。
② 子育ちの大前提は、子どもが心身共に健康であることという認識が示されている。
③ 子育ちは、心身共に健康な子どもが人間として相応しい処遇を得て成り立つという認識が示されている。
④ 年齢が高くなるにつれ、子育ち支援の上での主たる配慮は、「保護・受容・情感的な安定」から、「自立・社会化・発達促進」に移行していくという認識が示されている。
⑤ ④を念頭に、子育ち支援に求められる知見や方法は、年齢が高くなるにつれ、次第に福祉的なものから教育的なものが占める割合が大きくなるという認識が示されている。
⑥ いかなる年齢の子どもの育ちにも、バランスの取り方に違いはあるが、教育と福祉双方からの支援が必要であるという認識が示されている。

史的課題である。…それらの諸問題が「教育福祉」問題として積極的にとらえられ、福祉と教育のとくに社会教育を貫く実践的・理論的課題として自覚的に位置づけられるようになったのは、一九六〇年代後半から七〇年代前半にかけての第二次高度成長時代に入ってからであるといえよう。」、「子どもを守るとは、子どもの人権としての福祉と教育の権利を守ることである。しかし、実際には福祉の名の下に子どもの学習・教育の権利は軽視され、教育の名の下に子どもの福祉は忘れさられている。いいかえるなら、今日なお一般に子どもの福祉と教育の権利は統一的にとらえられていないこと、そして、そのことが社会福祉とくに児童福祉のサービスの対象とされている要保護児童のうえに端的にあらわれていることが、改めて問題にされるようになった。したがってまた、そこでは〝子どもの問題はおとなの問題〟であるという見地から、親をはじめとするおとなの福祉と教育、とりわけ社会教育の権利の実現とその保障のあり方が問われている。」（小川利夫・高橋正教編著『教育福祉論入門』光生館　二〇〇一年　二～三頁）と、簡潔に説明されている。

これを踏まえて検討すると、「教育福祉」も「子育ち学」も、子どもの教育と福祉を統一的に把握しようとする点と、保護者ほか、子どもの育ちに大きな影響力を持つ大人を視野に置いて構想される点で共通すると思われる。本書の第5～6章を中心に、子どもたちの育ちの支援にあたる大人の学びやそれを踏まえた実践が多々掲載されているが、正にこのためである。

しかしながら、「子育ち学」における子どもたちとは、すなわち何らかの意味で「要保護児童」ではなく、こうした子どもたちを含むすべての子どもたちを対象としている点で違いがある。すべての子どもたちの健やかな育ちを促す上で、教育と福祉の協同が不可欠であるという認識である。編者たちの福祉観は、福祉＝保護・救済ではなく、必要に応じ、第一義的にそうした支援を行いながら、落ちこぼし無くすべての人々一人一人の自己実現、人生の充実に向けた自助努力を支援することに置かれているからである。さらに、例えば、裕福な家庭でもしばしば虐待や家庭崩壊が生じている事実、仮想現実のような認識をめぐる混乱、ひきこもりの増加などに端的なように、今日、物質的な豊かさ、利便さの中の矛盾として生じている子どもの育ちをめぐるトラブルは、いずれの子どもたちにも生じる危険性が指摘されている。すべての子どもたちの育ちに注目しなければならない時代を迎えているのである。さらには、子どもたちの健やかな育ちを促すための条件整備に向けた世界的な指針＝子どもの権利条約の理念もまた、すべての子どもたちを念頭に提起されているからである。

「教育福祉」と「子どもの学校外教育」・「子どもの社会教育」を経て構想された「子育ち学」の学説史的な位置関係と共通項を考慮すれば、「教育福祉」の先行研究の成果を積極的に取り込みながら、すべての子どもたちの健やかな育ちの支援に向けた教育と福祉の学際的な協同のあり方、さらに、その他の関係する専門学問領域を含めた協同のあり方を実践的に模索し、理論化することが、学際学である「子育ち学」を確立する上で、不可欠な研究課題と思われる。

発達論の視点に立つこと

人間は生涯発達する存在である。特に、子どもの発達は顕著であり、発達心理学の先行研究でも、人生の他の時期には見られない細かな発達の節目が認識されてきた。一口に「子ども」と言っても、一二歳の六年生の子どもと七歳の一年生の子どもでは、体力も知力も大きく異なり、できることや興味関心に明らかな違いがある。紛れもなく発達段階が異なるからである。

教育の一つの本質は、意図的に人間の発達を促す営為である。この点、少なくとも学校教育においては、小学校から大学に至るまで、異なった種類の学校や学年が年齢を基準に設けられ、相応に発達段階の違いが考慮されてきた。しかし、社会教育においては、この点で大きな疑問が残る。「子どもの社会教育」と言う場合の「子ども」とは、一体誰のことであろうか? 発達に関する知見を踏まえない子どもに対する働きかけは本来不合理である。子どもたちに無理を強いたり、興味関心をそぐことにもなりかねない。また、子どもは幼児から突然に高校生になるわけではなく、その間に幾つかの異なった特色を有する発達段階を経験して育つ。個々の発達の階段を一歩一歩順調に上っていけるような支援の方法を工夫する必要もあり、そのためにも発達に関する知見が不可欠なのである。例えば、高校生の現状のみに関心を集中しても、子どもの健やかな育ちを論ずることはできない。各発達段階の固有な特色を明らかにしたり、尊重しながら、相互の関係や影響を問う必要があるからである。

社会教育の主要な場面である地域や地域社会において、子どもたちの健やかな育ちを促すために、発達研究の成果を取り込んだ実践をどのように構想し、展開していくのか? 育ちの試行錯誤を繰り返している子どもたちの支援に、現実に寄与する実践的科学を目指す子育ち学にとって、不可避な研究課題がここにある。特に、子どもたちが地域で過ごす場合には、異年齢の子ども集団として活動することが多い。発達段階や性格の異なる複数の子どもたちから構成されていることになる。個々の子どもたちにみられるこうした違いを踏まえながら、集団として子どもたちを育むための有効な働きかけを検討しなければならない。おそらく臨床・実践の現場経験をお持ちの方なら直ちにおわかりなように、これは大変に難しい取り組みで、場数を踏んで積み上げた経験とそこから培われる感性に依存するところが大きいと思われる。本書第Ⅱ部には、概ね小学生から高校生まで、様々な年齢・発達段階の子どもたちの育ちの支援にかかわる実践が掲載されているが、第Ⅰ部の山下雅彦論文を参考に、各々の報告を通して見える子どもたちの発達の違いと、それを踏まえた子育ち支援の実践における創意工夫の意義を、繰り返し相互に比較、関連させながら読み解いていくことが大切であろう。

こうした認識に基づいて、編者らが発達心理学との最初の共同研究を組織したのは一九九九年末のことであった。その概要が『子育ち学へのアプローチ』第4～5章として紹介されたのである。以降、この分野の研究は、二〇〇一年度＝第四一回社会教育研究全国集会における子どもの権利保障と権利条例作りの意義や問題点を検討した「課題別分科会」、並びに「子ども分科会」において深められた。この間の成果と今後の課題は、概ね以下のように集約することができる。

① 発達心理学の多様な学説の要点と研究の到達点を概観した上で、特に、「生活主体発達論」に基づく実践と理論化の展望を確認したこと。

生活主体発達論とは、「自己実現を目指す生活を可能とするには、大人になった時に、主体的に社会参画し、社会形成に責任を持てる人格を形成する必要があるが、そのためには、子ども時代から自己実現を目指す生活を経験する必要がある。」という認識に基づいて、発達における個人差を積極的に承認する学説である。従って、ここからは、子どもたちが次の発達段階に進むまでに、一人一人違ったペースで十分に試行錯誤することを保障していくことが大切であるとの理解が導かれることになる（詳しくは『子育ち学へのアプローチ』七五〜八七頁を参照）。

よりわかりやすく言えば、子どもたち一人一人の人生ジグザグ行進に巧みに伴走する子育ち支援の方法を明らかにすることが研究課題ということである。

②　人類は社会的な動物である。いずれの社会にも属さず＝他者と何らのかかわりも持たずに生きている人間はこれまでのところ発見されていない。「社会性」とは、「社会を作って生活しようとする、人間が持っている根本的な性質。社会を維持していくために有効な資質、能力。集団になる＝群れたがる性質。」、「社会化」とは、「様々な知識や経験を身につけて、ある社会で一人前とされる人間になっていくプロセス。」といった意味であるが、「社会性」は「社会化」の過程で培われ、「社会化」は発達そのものである。従って、本来、子どもたちの発達もまた、他者とのかかわりにおいてどのように導かれるのか？他者とのどのようなかかわりが、どんな発達を促すのか？こうした点を積極的に考慮して考察される必要がある。

この点に関して、「課題別分科会」、並びに「子ども分科会」において得られた展望は二つであった。第一は、「生活主体発達論」との関係に加え、子どもの権利条約における最も重要な四つの一般原則として、「意見表明権」が盛り込まれていることが、今日、取り分けこの点の考察を重要なものとする背景になっているという認識である。意見表明権は、子どもの社会参画を実現する前提であり、「子どもに自由に意見表明する権利と同時に、子どもが表明した権利を適切に重視する大人の義務＝子どもの声に誠実に向き合い、対応すること」を規定するものだからである。子どもたちの主体的な社会参画や自己実現を促すために、大人の態度や社会のあり方をめぐって子どもたちが寄せる疑問や意見に、大人という他者がどのように対応するか？かかわるか？が問われていることになる。子どもたちの自己実現やさらなる発達を促すことに寄与する子どもと大人の関係調整・関係の質の改善をどのように進めていけばよいのか？

例えば、以前からよく知られたところでは、校則の不合理を教員に訴える生徒の声は典型である。しかし、児童館や学童保育などの地域子ども施設でも、施設内の決まりや開所時間、行事のあり方、指導員の態度などをめぐって要望が出されたり、公園で遊んでいる際に変質者による被害を受け、安全な町にしてほしいといった声が、小学生からも警察などに寄せられることがある。こうした場合、意見を寄せられた大人はどのように対応するのかが問われている。大人の態度や社会のあり方をめぐって子どもたちが疑問や意見を発する場面は、実は身近に、日常的に多々あることがわかる。それ故に、子育ち支援にかかわる大人たちにとって、子どもたちの発達や社会参画を念頭に、「意見表明権」に基づいて誠実に対応することは、直ちに実践的な課題であることが理解されるが、何故、どのように実践するのか？研究は甚だ未開拓な現状である。ヒントを求め、特に、本書第5章を学習していただければ幸いである。

この点と深く関係して得られた第二の展望は、「子どもは生まれた時から社会的存在である。」とし、「子どもと大人との関係は可変的なものである。」、「子どもの成長、発達に伴って、子どもに対する大人の働きかけ方は異なる。」ことを強調した発達心理学者＝L・S・ヴィゴツキーの学説を検討し、今日的な状況を考慮しながら積極的な咀嚼を進めようという認識である。教育や臨床心理の世界では、長く、J・ピアジェ、E・H・エリクソンなどの学説に基づく議論が多く、また、「子どもの学校外教育」論では、旧ソビエト連邦のD・B・エリコニンなどが注目された。近年、関係方面からヴィゴツキーを再評価する動きが高まっているが、地域における子育ち支援との関係でヴィゴツキー学説が十分に検討されたことはなく、新しい局面を開拓することが期待されるのである。

③ 人類はまた、文化を育む動物でもある。文化の核心は、人々に共有され、規範として人々の行動や思考、善悪の判断基準となるような価値観・世界観であると言われる。例えば、「社会を維持していくために有効な資質、能力」、「人間が一人前とされる基準」は文化によって異なるのである。「社会性」や「社会化」＝発達の背景に文化があることを見落とすわけにはいかない。どんな文化が子どもたちをどのような発達に導くのか？重大な注目点がここにある。子どもたちが身につけたり、培おうとしている価値観や世界観について、より一層精緻な検討が必要なのである。本書第1章で、子どもの育ちと

文化の相関が問われているのはこのためである。発達論を念頭に置きながら、改めて佐藤涼子論文を学習していただきたい。

(2) 子育ち学における実践と理論化の方法 ―アクションリサーチ―

ところで、子育ち学はどのように確立するのであろうか？科学とは、「客観合理的に説明できる真理を探究する」ものであるので、ある学問領域が○○学として「科学」と承認されるには：

① 新たな学説や概念が、まず仮説として、その学問領域の関係者にその時点までに共通に理解される概念や検証済みの理論を用いて合理的に提起されること。

② 提起された仮説が、実験など、誰でもが同様に用いることができる方法＝共通な尺度によって合理性を確かめたり、仮説によって存在が予想される物証や現象を確認するなどして、検証されること。

③ ①、②を踏まえて定説とされる学説が確立されること。

こうした手続きが常に行われている必要がある。通常、○○学は、それらに則った何等かの研究方法を確立している。子育ち学もまた例外ではありえない。

特に、子育ち学は臨床学・実践学であるため、子どもの育ちと関わって生起する何等かの具体的な問題＝子育ち支援の課題とコミットし、実際にその解決に役立つ理論や技術が求められることになる。これが真理判定の基準でもある。従って、子育ち学におけるすべての理論や技術は、まず子どもが育つ環境において、子育ち支援の課題の「発見」に始まり、その「分析」とそれを踏まえて提起される作業仮説に基づく試行錯誤を「実践」する中から得られた経験知の集約として、帰納的に導かれることになる。さらに、科学であるために、再び「実践」の場や機会での有効性の確認＝「評価」に付されねばならない。万一、ここで矛盾が「発見」された場合は、その「分析」を行ない、新たな作業仮説の提起以下、既述の段取りで真理検証を繰り返すことになる。

こうした問題や課題の「発見」と試行錯誤の「実践」に始まり、経験知に基づく理論を再び「実践」によって真理検証するプロセスを繰り返す手法を、科学の世界一般に、「アクションリサーチ」と呼ぶ。科学を目指す子育ち学にふさわしい方法と言えよう。

例えば、達人と呼ばれる人がまとめたレシピ通りに作ったカクテルやブレンドコーヒーが必ずしもおいしいとは限らない。口にする人のその時の体調や気分、その場の雰囲気などに味わいが左右されるからである。ある人にとって最高の味を提供するには、レシピを応用する能力が求められるのである。人間を直接相手にして働きかける仕事の難しさはこの点にある。筆者の臨床経験に照らして考えると、対象となる人間が置かれている状態を的確に把握し、原理原則を瞬時にして臨機応変に変えて用いる巧みな技は、臨床の場数を踏んで研ぎ澄まされた感性によってのみ可能となる。

学際学である子育ち学の立場からは、臨床の場での実践として、目の前の子どもたちの育ちを支援するのに、今、個々の子どもに対して必要、有効な知見や方法は、例えば教育的なものか? 福祉的なものか? はたまた医療的なものか? など、絶えず瞬時に判断して活用することになる。しかし、図1の理念的モデルよろしく現実が展開することは稀である。

また、子どもの育ちにかかわる問題は多種多様であり、子育ち支援にあたるすべての実践者が同様にそれらに関与できるわけでもない。アクションリサーチにより、一人一人の実践者が培った貴重な経験知を関係者が共同で適時検証し、そこから汲み取られた真理を、知的財産として共有していくことが大切なのである。

(3) 子育ち学のフィールド（現場）―子どもが育つ環境と子育ち支援の展望―

最後に、子育ち学の研究が展開する場面＝前提となる臨床・実践の場や機会について検討する。それは、子どもがどんな環境の下に、どのように育つのかを問うことに等しい。本書の前身である『子どもの地域生活と社会教育』（学文社、一九九六年）において、それは、家族・家庭、学校、地域という三つの次元において、相互の関係を考慮しつつも個別、対等に把握されていたと思われる。各々の今日的特色は第1章に記述のとおりであるが、以来六年を経過した今日、三者の位相と比重は大きく異なってきている。

子どもが育つ環境の変化

図2は、近世から今日に至る子どもが育つ環境の変化を模式化したものである。第一期は、明治政府によって一八七二年に「学制」が発布されるまでの時期である。寺子屋という学校の前身はあったが、現代につながる学校教育は未だ成立していなかった。当然に学校という子どもが育つ環境は存在しなかったことになる。農業、漁業を中心に、第一次産業に基づいて人々の生活が営まれ、近隣の互助協同が日常的に展開していた。家族・親族が身近に暮らし、地域社会が紛れもなく共同体（ムラ）であった時代である。家族を含む

親族集団と地域社会という二つの社会が、多分に重なり合う関係にあった。子どもたちは生まれたムラで育ち、やがてその自治の担い手となることが期待されていた。このため、年長者との関わりを伴う様々な年中行事などの形で社会化を促す契機が設けられたり、そのために一緒に試行錯誤を繰り返したり励まし合う仲間集団が、例えば、若者組、子ども組の名の下にムラである地域社会の一部として形成され、若者宿や寝宿、小屋などを拠点に機能していたのであった。

今日、地域における中高校生の「居場所」作りが何かと話題になるが、民俗学や社会人類学などの先行研究が繰り返し明らかにしてきたように、一面で規範の尊守を求めつつ、

＊1　本来は地理学的概念。日常的に徒歩で行き来できる程度の地理的・空間的範囲。今日的には、概ね、「字・大字」や小・中学校区域に相当する。自然環境、先人たちが残した建造物などの歴史的環境、そこに暮らす人間たちそのものである社会的環境が主要な構成要素となる。社会的環境とは、地域社会そのものである。

図2　子どもが育つ環境の変化

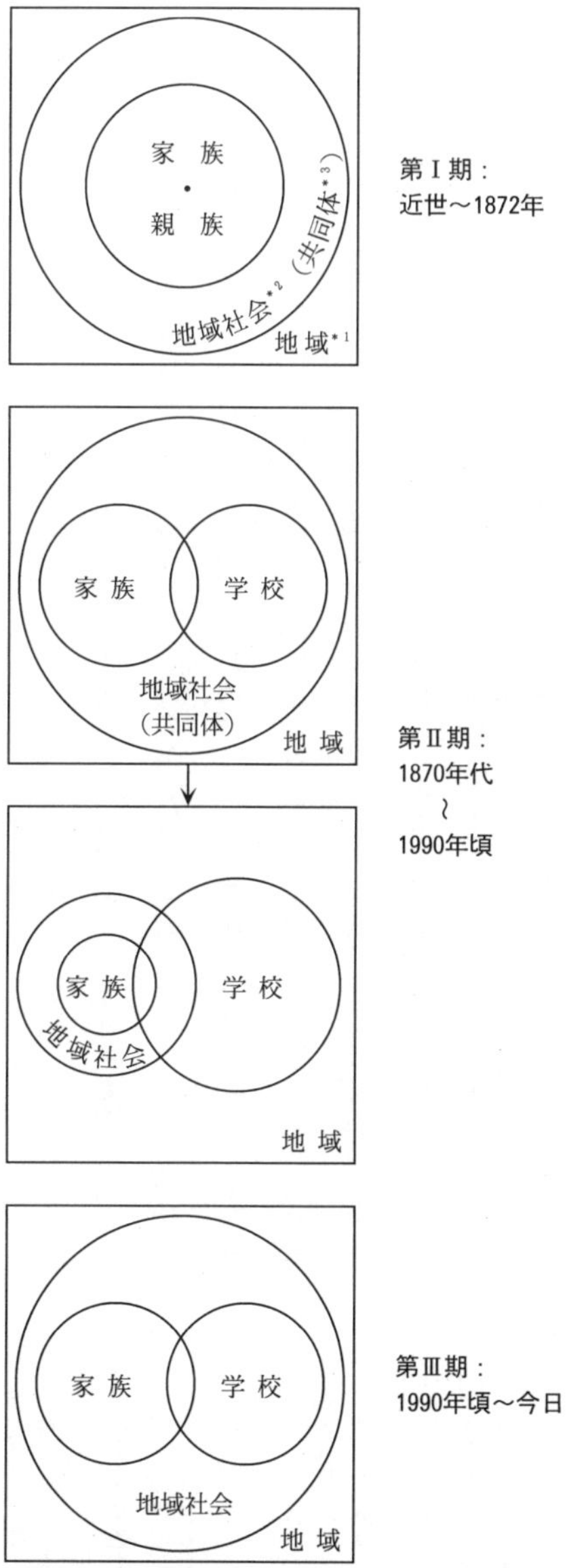

子どもたちに一定の安心と自信を保障する人間関係とそれを培う場や機会が、共同体であった地域社会には伝統的に存在したのである。

　第二期は、概ね一八七〇年代から一九九〇年頃までの時期である。子どもが育つ環境の一部として、次第に学校に対する期待が高くなり、やがて学校崩壊と言われるまでの制度疲労を起こすに至る役割の増大を続けた時期である。一方、産業化とそこに起因する都市化・過疎化といった社会変化を経験し、この間、地域社会は次第に共同体としての性格や機能を喪失していった。当然、そこに伴っていた子どもたちの社会化を促す巧妙なからくりや「居場所」も姿を消していったのである。同様に、家族は産業化に伴う労働力の広域移動の激化や、特に戦後、直系家族制に代わる夫婦家族制理念が普及したことなどを背景に、一九六〇～七〇年代を中心に急速な核家族化を経験した。女性の社会進出も顕著になっていった。文化の伝承と地域社会での協同の子育てが困難になり、自らも養育・教育する力を低下させた家族は、その代替えを学校や保育園などに求めるようになった。

　第三期は、概ね一九九〇年代以降である。学校の制度疲労が誰の目にも明らかになり、改革提言として経済界が合校論を提示したり、愛想が尽きた子どもたちの多くが不登校という形で学校を見限る姿勢を明確にし始めたのは、一九九〇年代前半のことである。やがて学校五日制の拡大とも絡んで、子どもたちが地域で過ごす時間が長くなることや、学校評議員制度の導入、地域をフィールドに、または地域社会の人々との協同で行う体験学習の奨励、コミュニティスクールなど、住民参画型の新しい学校作りの模索などが次第に顕著になり、地域社会の積極的な支援や参画を得た学校改革の動きが大きな潮流を形成する

＊2　本来は社会学的概念。地域に暮らす人々に寄って形成される社会。日本では、近隣による互助協同の機会が増える特色を有する生業である農業によって長く人々の暮らしが支えられてきたため、その影響を受けて、地域社会は多分に共同体としての性格を有してきた。
　また、農業は不動産である耕地を必要とするため、耕地を財産分与して設けられる分家は、本家の近隣に独立するのが普通であった。このため、日本の地域社会には、親族に当たる者同士が多々含まれていたのである。

＊3　地域社会を構成する人々が、日常的に様々な互助協同を繰り返しながら長期にわたって付き合い続ける結果もたらされる地域社会の性格。またはそうした性格を伴った地域社会のこと。日本では、「ムラ」と呼ばれてきた。特に、農業を生業とする人々から構成される地域社会の場合、土地を離れることができない

ため、子々孫々に及んでの付き合いとなることが多く、人々の間に同じ地域に暮らす人間同士としての仲間意識や連帯感、大変親密な感情的結びつきが形成される。それが、地域で培われた文化が保持される重要な背景ともなってきたのである。

ようになった。

この間、家族の養育・教育力の低下もまた、看過できない事態となってきていた。一九八九年の「1・57ショック」以降、国は本格的な少子化時代を認識するようになり、危機感を高めて、特に市町村を舞台に展開する子育て支援策の策定・推進に乗りだした。子どもを生み育てやすい様々な条件を積極的に整備することや、家庭教育支援策が打ち出されるようになった。地域子育て支援センターやファミリーサポート制度の新設、保育園などでの育児相談の充実、公民館などでの家庭教育学級の開催など、政策理念や個々の施策の評価をめぐっては多々意見のあるところであるが、家族における子育てに何らかの積極的な社会的支援が必要と判断する点では、大方の賛同が得られる時代を迎えていると思われる。また、幼児の母親を中心とした自主的な子育てサークルや子育て支援ＮＰＯの増大なども見逃せない。地域を活動拠点とする互助協力的な社会的支援活動の拡大とみられよう。

このように、今日、家族も学校も、多分に地域社会からの積極的な支援を必要としており、子どもが育つ三つの主要な環境の位相は、地域とそこに形成される地域社会を共通の基盤として、その中に家族と学校が位置付く構造によって示されよう。形の上では、近世の状態に近いものに変わってきているが、地域社会の本質は異なる。子育てや子育ち支援を含む様々な互助協同が日常的に繰り返されたり、そこから築かれる人々の強い連帯感やその地域に対する愛着の共有、それを踏まえた自治の創造といった状態にはなお距離があるのではなかろうか？　二一世紀初頭における日本の地域社会の多くは共同体ではない。

「地域支援」―子育ち支援のあり方を展望する新たなコンセプト―

すると、子どもが育つ環境は、常に地域と地域社会を背景に捉えられねばならないことになる。家族と学校を包み込んだ地域と地域社会。正にこれが子育ち学のフィールドである。家族や学校という環境における固有な育ちとの連関を常に考慮しながら、地域と地域社会における子どもの育ちとその支援策を明らかにすることがこれからの子育ち学の課題と考えられよう。

一九七〇年代のオイルショックで経済構造は一変し、物質的な豊かさを競う価値観は転換期を迎えた。ボランティア活動や生涯学習の取り組みなどに支えられながら、営利を目的としない自己実現に第一義的な重きを置く価値観や生き方が、一九八〇年代以降次第に育まれ、それを踏まえた公益活動を地域で相互に提供し合おうとする自主的な動きが一九九〇年代に開花し始めた。財政破綻で動きのとれない行政を後目に、その役割を見直し、住民の多様な互助協同を基本に据えた新しい自治の仕組みを築こうとする動きが各地で活発になってきているのである。地方分権や自治体合併の動きなども連動して、さらに促進されていくことであろう。これは正に、現代的な状況に見合った新たな共同体を創造する試みと言えるのではなかろうか。各地の地域社会に共通に見られる今日的特色はこの点に求められる。

子育ち学は実践学であるが、実践には方向性が求められる。家族と学校を包み込んだ地域と地域社会が子育ち学のフィールドであり、地域社会の目指すものが新たな共同体の創造であるとすれば、子育ち支援の実践もまた、こうした動きと軌を一にして展開されることが期待されよう。そもそも子どもたちの「居場所」は、共同体である地域社会の一部として存在したのであり、そこでの他者との協同や試行錯誤の経験を踏まえて社会化を遂げていたことを同時に想起しておきたい。この方向性が示唆するものは一段と重い。

編者らは、「新たな共同体の創造を念頭に」、家族と学校を包み込んだ地域と地域社会を舞台に展開する子育ち支援の様々な実践を総称して「地域支援」と呼び、今後の子育ち支援のあり方を検討してみたいと思う。「地域支援」における「地域」という言葉には、「地域における」という意味の他に：

①「地域社会に対する」＝ある地域社会を構成する人々が、子育ち支援のために取り組む様々な互助協同やそれを目指す試行錯誤を第三者が支援すること。

②「地域社会の中で」＝ある地域社会を構成する人々が、子育ち支援のために取り組む様々な互助協同やそれを目指す試行錯誤そのもの（自助努力）。

という意味が含まれている。新たな仮説の提示であり、子どもたちの育ちと「地域支援」の内実を豊かなものにしていくために、これまたアクションリサーチによる検証が不可欠である。積極的に取り組んでいきたい。

【立柳　聡　福島県立医科大学】

第Ⅱ部

3 地域の子ども施設の新しい動き

1 中高校生と児童館・バンド活動と世代間交流

中学・高校生（以下、中高生）を取り巻く社会環境はさまざまな問題を抱えており、犯罪の凶悪化・粗暴化、薬物の乱用、性非行、最近ではインターネット・携帯電話等を利用した犯罪などテレビ・新聞等で連日報道されています。

現場で働く私たちも、中高生の様子を通して、例えば自己中心的、規範意識（モラル）の低下、我慢ができない、自尊意識の欠如、自己解決能力の未熟さなどを感じているのではないでしょうか。

その時代背景には、物質的な豊かさ、人間関係の希薄化、地域教育力の低下などがあるように思えてなりません。

一方で、児童館を利用する中高生のなかには、高い目的意識をもった自主的・主体的な活動をおこなっている者も大勢います。特に、ボランティア意識の高さには、目を見張る

意見表明権（子どもの権利条約一二条） 子どもの権利条約が明らかにした意見表明をめぐる子どもの権利とは、「子どもが自由に意見を表明する権利と、表明された意見を適切に重要視する大人の義務」であった。大切なのは後段であり、社会の現状に対して疑問や新たな要求を持った子どもは、それを大人に対して訴えることになるが、それに誠実に向き合うことが大人に求められているのである。子どもと大人が主体的な交流を踏まえ、社会のあ

ものがあります。

本稿では、私が二〇〇二年三月まで勤務していた品川区立八潮児童センターでの取り組みを紹介しながら、「中高生の居場所」のひとつにあげられている児童館活動の可能性を考えてみたいと思います。

(1) 八潮児童センターの概要と特徴

東京湾に程近い、運河に囲まれた八潮団地は六九棟にも及ぶ高・低層団地です。小学校三校・中学校二校、合計約一三〇〇人の小中学生を含め、約五五〇〇世帯、約一万四六〇〇人が生活しています。

団地内の中心に位置する当センターは、公共施設（地域センター・図書館・小中学校・保育園等）が集中し、大型ショッピングセンター、公園等が近くにあるという立地条件の良さなどから、幅広い年齢層の利用があります。

一般的な児童館の利用者の大半は小学生です。その小学生も中学生になると児童館から足が遠のいてしまいます。施設の構造上、中高生の居場所、あそび場等の確保ができないなどの理由で、児童館事業の中身を主に小学生を対象にしているところが多くあります。その他にもさまざまな要因はありますが、「児童館は小学生が行くところ」と中高生はいつのまにか顔を出さなくなってしまう傾向があるようです。

しかしながら、当センターでは約一七〇〇㎡と品川区内の平均的な児童センターにくらべ約三〜四倍の広さを持ち、バスケットボールをはじめとする、スポーツ全般が楽しめる

り方をめぐって両者の間に横たわる矛盾を解消していくこと＝子どもと大人の間の関係の質の改善を「意見表明権」は求めているのである。校則や施設内の決まりの不合理や、公共施設を利用する大人のマナーの悪さを訴える声など、社会の現状をめぐって子どもが疑問や要望を声にする機会は、実は日常に多々存在する。子どもと大人の共同で社会のあり方を改革する＝子どもの社会参画が体現される状況そのものと言えよう。「意見表明権」は子どもの社会参画の前提でもある。

ミニ体育館から、防音設備が施されている音楽室があるなど、中高生が十分に過ごせる空間が確保されています。

(2) 八潮児童センターがめざしていること

児童館は学校、学年、年齢、性別、子ども、大人にかかわりなく交流できる貴重な場のひとつです。

当センターが意識的におこなっていることに、「小学生と中高生・大学生等の異年齢の交流」があげられます。子どもたちの現状は、少子化の進行をはじめ、異年齢によるあそびの減少、人間関係が希薄で居場所が見つからない子もいます。こうした状況を踏まえて、地域のなかで子どもが育っていくには、年の近い中高生・大学生等の存在が不可欠と考え、異年齢による交流を意識的に創出しています。さまざまな活動（あそび）を通して、人間関係のルール作りや相手を思いやる気持ちなどを身近に見せるお手本となってもらいたいと考えているからです。

また、ここで期待できるのは、年下の子から「カッコいい！あんなお兄さん、お姉さんになりたい」といった憧れの存在となることが、児童館に長期的に通いつづける動機付けになることです。

お兄さん、お姉さんに「やさしくされて育ったこどもは、大きくなった時に年下の子にやさしくできる」といった、とても大切な循環をめざしています。

先に述べた、当センターの特徴を生かし、めざしていることを具現化しようと、中高生事業として、以下の目標をあげて取り組んでいます。

（平成一三年度　八潮児童センター「中高生事業」運営目標）

・利用しやすい環境整備　・興味に応じた事業の充実
・ボランティアの育成　・自主的な音楽、表現活動の援助
・地域の大人との交流　・地域行事への参加

(3) 実践からみる中高生の活動

バンド（音楽）活動のはじまり

当センターでは、一九九八年度より音楽室を利用したバンド活動を軸に中高生による自主的・主体的な活動を援助しています。当時の様子を振り返ると、中高生の利用は多くありましたが、過ごし方としては体を動かすあそびが中心でした。

音楽室の改装を契機に、バンド活動の援助に力を入れることになりました。音楽室の利用は登録制にし、約二年間で概ね六〇バンドの登録があり、年数回のコンサートを通じて、バンド活動は中高生や地域へ浸透していきました。しかし、音響機材の取り扱いが悪く故障が相次いだり、音楽室の使用についてのルールが守られなかったりと、絶えず問題が起きていました。

「八潮中高生の活動を支援する会」の発足

そんなおり、一九九九年七月におこなったコンサートで、バンド活動をしている子の親に対して、当センターから「中高生の活動をサポートしてほしい」と声をかけました。そ

れは単に職員と中高生という関係にとどまらず、広く地域の親（大人）とともに活動をおこないたいと思ったからです。それに応えてくれた八人の親を中心に「中高生の活動をサポートする準備会（仮称）」がコンサート終了後に発足したのです。

その時に参加した親からの発言をいくつか紹介します。

・「子どもの知らない一面をみた。コンサートを通じて縦のつながり、先輩から後輩への伝え合いがあった。」

・「コンサートがあることを一週間前に知った。情報が少ないと大人から誤解を受ける。親はこどもに直接的ではなく、間接的なサポートが必要だ。管理的なシステムになる前にみんなで話し合おう。」

・「何か問題が起こった時に、やめるのはおかしい。何も起こらないことを目標にしたら、子どもの力は育たない。親以外の大人が地域の子を見ることも大事だ。」

・「中高生のたむろ等、悪いところばかりが目につく。しかし、実は大人は子どもの顔を見ていない。顔が見られる取組を通して、声かけができるようになるのではないか。」

以上のように、こどもの活動に親、地域の大人が何らかの形でかかわっていくことが必要ではないかという意見が親自身からだされたのです。

それ以降、中高生を対象とした事業を地域の親（大人）が参画しながらすすめていくことになりました。

一九九九年度、地域の大人（親以外に地域で音楽活動をしている人、プロの音楽家）を加えながら、数回の話し合いがもたれ、以下のことが確認されました。

・会の名称を「八潮中高生の活動を支援する会（略、支援する会）」とする。
・中高生の活動（音楽に限らない）を広くサポートできる内容の会にしていく。
・さまざまな機会を通じて支援する会の活動をアピールしていく。

二〇〇〇年度に入ってからも、七〜八名で不定期ながら一、二カ月に一度のペースで話し合いがもたれ、「支援する会」の活動内容がまとまっていきました。

支援する会　活動内容

中高生事業の企画／バンド活動の運営補助／バンド活動の技術指導／ホームページの開設／コンサート、ライブの企画、実施／その他、中高生事業の活動を広くサポートしていく

バンド活動の基本的な考え方

「支援する会」との取組は、①中高生と支援する会の交流、②中高生と地域との交流、が期待できるものとして、位置づけていきました。

並行して、当センターは中高生との対話の必要性を重視し、バンド活動の主旨、それは「音楽室は無料の貸しスタジオではなく、音楽活動を通じて、さまざまな活動（ボランティア等）の幅を広げ、当センターが目指している、異年齢の交流をとおして年下の世代に良い影響を与えてほしい」ということ伝え続けました。また、音楽活動を続けていくための環境を自らが整えていくことの必要性、それは「音楽室を利用する際のルールの徹底、時間・約束を守ること、ミュージシャンとしてのマナー（音響機材の扱い等）や礼儀を大事

にしてほしい。また、地域に出たときでも社会性やモラルを意識して行動すること」を理解してもらうために、地道にバンド登録者の一人一人と話しをして、信頼関係を積み上げていきました。

地域行事「八潮区民まつり」

支援する会のサポートを受けておこなった中高生事業のひとつに、二〇〇〇年七月におこなわれた「八潮区民まつり」があります。各自治会が模擬店をだし、盆踊りや花火大会等、こどもから高齢者までが楽しみにしている、八潮団地最大のお祭りです。

当センターでは、中高生の活動を地域の方々に知ってもらういい機会であると考え、ステージ部門（バンド演奏）を担わせてもらい、以下の三点をめざして取り組みました。

① 八潮地域に在住の中高生に参加を呼びかけることにより、八潮地域の一員としての帰属意識とふるさと意識の醸成を図る。そうしたなかで、まつりの盛り上げの一翼を担う。

② 「自分自身を表現する場」として参加を呼びかけつつ、「自分たちのやりたいことだけをやる」のではなく、まつりの構成員としての責任を負うことも体験させる。

③ 多様、多感な年齢の子どもたちがもつ「力」を、広く地域の方々にも見聞してもらうと同時に、いまどきの若者気質を知るうえでの一助にしてもらう。

中高生とともに何度か打ち合わせの会議をもち、まず、まつりに参加するにあたって、一、まつりを担う一員として責任と自覚をもって行動すること、二、準備から片付けまで、出演者やスタッフ（出演はできないが、裏方としてかかわり、音楽やステージを違う角度からみてみたいと申し出た子ども）を含め、自分たちでやりきることを確認しました。

当日は音響機材の故障など、多少のトラブルはありましたが、支援する会のサポートを得ながら、みんなよく動き汗をかき、自分たちのステージを見事にやり遂げました。

まつり終了後、ステージ関係者の反省会のコメントをいくつか紹介します。

◇出演者より

・この機会を与えてくれたことに感謝したい。
・裏方で支えてくれたスタッフに感謝したい。
・支援する会の方々にお礼を言いたい。いい音をセッティングしてくれました。

◇スタッフより

・裏方の仕事の大変さがわかった。
・準備、本番、片付けと一生懸命みんなでできて良かった。
・出演者もスタッフもよく働いていた。
・機材をもっと大切にして、怒られた内容を忘れないでほしい。
・刺激しあって、いいものをつかんでほしい。
・バンドマン、ミュージシャンとしてのマナー、礼儀を忘れないでほしい。

◇支援する会のメンバーより

この取組によって、中高生の様子が少し変わってきました。反省会の時、支援する会のメンバーの声を聞きもらさないように耳を傾けていた中高生たち。反省の内容も、かつては自己満足的な発言が多かったのですが、「サポートしてもらった支援する会やスタッフに感謝する気持ち」や「スタッフとして違った視点で見ることによって視野が広がった」など、今までにない発言が多くを占めました。まつりを通して支援する会との距離が近づき、交流の深まりが実感できるものとなりました。

その後、まつりでがんばった中高生に対して、地域の方々から「励まし」や「労い」の言葉など、プラスの反応をたくさんいただきました（まつりへの参加は、翌年にもつながり、さらに中高生、大学生、社会人等を巻き込んだ取組に発展していきました）。

このまつりの取組を通して、自信をつけた子どもたちは、一〇月に行われた、『やしおじどうセンター　こどもまつり』ではステージを担当し、一二月のバンド登録メンバー企画・運営による『ミレニアム　スーパー　ライブ』においては、機材の搬入・搬出、装飾、ポスター、プログラム、音響機材のセッティング、本番の準備、司会、音響、照明、片付けに至るまで自分たちでやりきるまで力をつけてきました。並行して、個々に自主的なライブを企画し、スタッフを集め実行する高校生も出てきました。

その他音楽に限らず、日常的に小学生のお世話を自発的にする者や、当センターのイベントのスタッフ・ボランティアとして活躍する中高生も出てきました。これは、二〇〇一年度の活動に、より引き継がれていきました。

（平成13年度　八潮児童センター「中高生事業」実施一覧）

日付	内容	日付	内容
4/23	バンド登録更新（前期）	12/ 8	ＣＤ製作（登録メンバー講師）
4/28	支援する会主催ライブ参加	12/ 8	ボイストレーニング（音楽講座）
5/12	東中延児童センターライブ参加	12/15	東中延児童センターライブ参加
5/16	バンド会議（年間計画）	12/19	ボランティア基礎講座参加（S•S事業）
6/ 2	バンド登録　写真撮影会	12/25	自主ライブ
7/13	バンド会議（音楽講座の年間計画）	1/ 5	支援する会主催ライブ参加
7/14	ドラム講座（登録メンバー講師）	1/18	ダンス（ヒップホップ）講座
8/24	ダイエット講座	1/19	ネイチャーレクレーション講座（S•S事業）
8/25	バンド交流会	1/24	ダンス（ヒップホップ）講座
9/ 7	バンド・スタッフ会議（八潮区民まつりにむけて）	1/26	ボイストレーニング（音楽講座）
9/22	浴衣の着付け講座	2/ 2	『やしお鍋』（児童センター行事）ボランティア
9/22　23	八潮区民まつり参加	2/ 9	ボイストレーニング（音楽講座）
10/ 7	地域イベント『夢桟橋』参加	2/15	ダンス（ヒップホップ）講座
10/26	バンド会議（こどもまつりにむけて）	2/23	『風の子ひろば』（児童センター行事）出演・ボランティア
10/27	アレンジ講座(音楽講座)	2/27	バンド会議（ライブにむけて）
11/ 1	バンド登録更新（後期）	3/ 2	音楽理論講座（音楽講座）
11/ 4	東京都児童会館ステージ参加	3/ 3	第二回八潮音楽祭参加
11/10	こどもまつり参加	3/ 6	バンド会議（ライブにむけて）
11/14	バンド会議（後期の活動計画）	3/13	バンド会議（ライブにむけて）
11/28〜30	中高生スポーツ大会	3/16	自主ライブ
12/ 1	パソコン年賀状作り	3/20	バンド会議（ライブにむけて）
12/ 1	第一回八潮音楽祭参加	3/23	ファイナル・フラッシュライブ

中高生と支援する会

地域の子どもと大人が接点をもつことは、その子の成長を見守る「親以外の大人」として、『ほめ、励まし、支えて』くれます。時には親に代わって『叱る』、そんな大人を地域に増やしていくことになります。また、子どもの問題行動に対し、複数の暖かい目が「早期発見・早期解決」の役割を担うこともあります。

バンド活動の中高生と支援する会のメンバーの関係は、まさしく音楽を通して世代を越えた交流に発展していきました。イベントのみの交流から、今日では日常的に連絡を取り合い、音楽の技術的な指導はもちろん、ともに音楽を楽しむ関係になっています。それは、「中高生と職員」の関係から「中高生と職員と地域の大人」の三者に発展し、そして今では、「中高生と地域の大人」といった職員を飛び越えた、うれしい関係ができあがっているのです。

バンド活動の広がり

当センターがめざしている「音楽活動を通じて、様々な活動（ボランティア等）の幅を広げ、異年齢の交流

ファイナル　フラッシュ～卒業・旅立ちライブ～　バンド会議の様子

をとおして年下の世代に良い影響を与えてほしい……」を中高生はさまざまな形で具現化し、活動の広がりを見せてくれています。

二〇〇一年度のバンド活動で特出すべき点は、ライブの企画・運営・実施はもちろんのこと、バンド登録メンバーによる、『自らが学ぶ場を企画』した点です。

① 音楽講座の年間計画の立案と実施

小学生から高校生までがかかわった講座には、当センターが用意したものではなく、自らが「学びたい」という意志が積極性や前向きな姿勢として現れました。それゆえに、支援する会のメンバー（プロミュージシャン）が、仕事で付き合いがある音楽関係者を巻き込んで、ボランティア同然で講師を快く引き受けてくれました。

② メンバー自らが講師になり、学びあう場の創出

一八歳になるメンバーが、自らが培った技術や知識を後輩に伝えたいと、実現したものです。このような動きは後輩に良いメッセージとして受け継がれてもらいたいと願っています。

ファイナル　フラッシュ～卒業・旅立ちライブ～　記念撮影

その他、音楽に限らず当センターの各イベントのスタッフ・ボランティアとして、時には小学生を引っ張っていくリーダーとして、またはサポートする立場で活躍する中高生が大勢でてきました。

また、よりボランティア活動に深くかかわりたいと、当センターを拠点に活躍しているボランティアサークル『八潮さわやかネット』（構成員は大学生を中心とした、社会人から中学生）に所属する中高生もでてきています。

(5)　八潮児童センターの新たな試み

日常、そして主要なイベントには必ず顔を出し、なくてはならない存在となっている中高生に、今後も職員が「自発的な」活動を保障し、また、活動の「継続性」を求めていくのであれば、彼（彼女）等に高い動機付け、すなわち活動意欲をかきたてる工夫・努力が必要となります。

当センターは二〇〇一年度より「スタッフ・ステーション事業」（以下、S・S事業）〈注釈1〉に着手し、地域の大人とともに、青年ボランティアを核とした事業に取りかかっています。

〈注釈1〉「S・S事業」とは
八潮児童センターに関わる団体
・児童センターを中心にボランティア活動をする若者（ex：八潮さわやかネット）
・若者たちの活動を支え、応援する層（ex：支援する会）

・自己完結、自己目的をもって活動する層（ex. 母親ストレッチクラブ）
　を中心に、①若者を中心にボランティア活動の推進やあそびのリーダーの育成
　　②若者を支える、大人の協力体制の確立
　　③団体同士の交流と情報交換
　を目指した事業です。

(1)　活動内容

・「S・S事業」実施にともなう打ち合わせを月に一度実施
　活動内容について／団体の活動紹介／S・Sルームの活用について（改築中）

(2)　事業の実施

・『ボランティア基礎講座&食事交流会』二〇〇一年一二月一九日
・『ネイチャーレクリエーション講座』二〇〇二年一月一二日
・『ニュースポーツ講座〜キンボール〜』二〇〇二年二月九日

中高生を含めた、若者層が活動意欲を持ちつづけ、児童センターの運営に地域の大人を含め参画していけるようにしていくことが、今後さらに、S・S事業に求められていきます。

(6)　中高生事業の課題

地域のなかに脈々と受け継がれる児童館活動の担い手は、主に子どもたちと地域の大人です。中高生との活動で当センターが常に意識をしていることでもあります。職員の入れ

替わりがあっても、影響を受けない、しっかりと根を張った活動です。
それでは、職員が意識することや果たす役割は何でしょうか。実はそれこそ、突き詰めるとわれわれ職員の課題ともいえるのではないでしょうか。

中高生との関係から

①　利用しやすい環境整備

「居場所」としてのサロン的な空間の確保が求められています。バンド活動やスポーツをするといった目的をもった中高生以外に、ふらっときても居られる空間を可能な限り整備できたらと思います。

②　興味に応じた事業の充実

中高生の世代には中途半端な知識や技能の提供では、なかなか納得してはもらえません。本物を提供していくことに、とことんこだわっていく必要があります。

③　後輩の育成

核になっていく世代がいるなかで、つねに次の世代を育成する視点を忘れないように意識する必要があります。

④　一八歳以上とのかかわり

活動をすすめていくと、一八歳を超える世代が必然的にでてきます。前もって、その世代の位置付けを明確にしておき、準備をすすめていく必要があります。そのまま児童館から去っていくのではなく、しっかりとした役割を用意し、ＯＢ、ＯＧとしても個々の活動に経験を生かしてもらうように継続した関係を築くことが大切ではないでしょうか。

⑤　コミュニケーション

中高生を受け入れる側の姿勢として、中高生を館全体で歓迎する雰囲気を作り出すことがまず大事ではないでしょうか。また、職員自身が魅力的でいることが、中高生を引き付けることにもなります。そして、日々のコミュニケーションを通して、思いが通じ合う関係を築くことがあわせて大切ではないでしょうか。

⑥　ほめる

多様・多感な世代である中高生には、画一的な対応はまず通用しません。個々の性格を可能な限りつかみ、接することが必要です。職員の姿勢としては、いけないことをしたときは毅然とした態度で対応し、逆に些細なことでも「ほめる」ことを最優先して対応していくことが大切だと思います。

地域の大人との関係から

①　地域の大人の発掘

日頃より、力になってくれる大人を見つけ出すようアンテナを張っていくことが、われわれ職員に必要ではないでしょうか。

②　コンセプトの明確化

今、児童センターが考えていること、めざしていること、やろうとしていることはなんなのかを明確にしておくことが大切ではないでしょうか。

③　コミュニケーション

日常的にコミュニケーションを絶えずとりながら意見交流し、地域の活動として根付くように働きかけることが大切ではないでしょうか。

④　地域に理解を求める動き

児童センター事業に直接はかかわらない層が多いなか、先述したように、今児童センターが考えていること、めざしていること、やろうとしていることはなんなのかを、さまざまな機会を通して情報発信していくことが大切です。

(7)　おわりに

以上の取り組みのように、中高生の活動の場を学校と限定せずに、児童館や地域の果たす役割も非常に大きいということを認識し、地道な活動を展開していく必要があるのではないでしょうか。

中高生の活動の可能性は、①地域の大人との交流、②異年齢の交流をとおして飛躍的に高まります。時には先頭に立ち、時には一歩ひいた立場で、『人と人とをつなぎ合わせる』コーディネーターとしてかかわることが児童館の役割であると考えています。

【柳町祐介　東京都品川区立大原児童センター】

正式名称　東京都品川区立八潮児童センター
所 在 地　〒140－0003　東京都品川区八潮五－一〇－二七
連 絡 先　TEL　〇三（三七九九）三〇〇〇　FAX　〇三（三七九九）三〇七四
E-mail:jyashio@city.shinagawa.tokyo.jp

2 学童保育実践—子どもの育ちと保護者の参画—

私たちの所沢市学童クラブの会は、公設民営の市内二五の学童クラブの運営を、一つにしてまる三年、NPO法人として二年半を経ました。私たちは、保護者参加・市民参画を学童保育の内容と運営の基軸に据えています。

ミッション（社会的使命＝目的）
「所沢の子どもたちの放課後の生活・学童の充実をはかることで市民による協働の子育て運動をすすめる」
ビジョン（構想＝目標）
「子どもたちに安全で安心なより豊かな放課後を」
「必要なだれもが利用できる学童クラブに」
「学童クラブを市民みんなの財産に」

小学校教諭の鳥山敏子さんの「学校は子どものためにある」の言葉を借りれば、学童保育は、「働く親のために▲子どものためにある▲」施設といえるでしょうか。

機能的に類似する児童館との比較で見た場合、どちらも子どもための施設にほかなりませんが、児童館は「行く行かない」を子どもが選べることに比べ、学童保育は、何より働く保護者の都合で「行かなければならない」前提であること。そして、そのことが継続的

NPO・NGO NPOは、あらゆる分野における営利を目的としない民間組織のことを指す。日本では、財団法人などのように、官庁の許可や認可によって設立され、その監督下にあるものも、民間性を意識して活動していればNPOに含めてよい。主に国内で活動している。「非営利」は営利よりも社会的使命を優先し、有償の活動によって利益が上がっても、その利益を私用せず、次の活動に用いることをいう。NGOは、非政府非営利組織のことで、主に国際的な活動を展開している。NPOとNGOは、営利を追求しないことを強調するか、政府の立場ではないことを強調するかの違いはあるが、国際的にはほぼ同じような意味で用いられている。多様化する社会

に機能するためには、学童保育が「行きたいところ・生活の場＝居場所」といった「子どもの都合・要求」へ転化することが必要な点に特色があります。裏返していえば、「いやいや行っている」状態が続くことは、子どもにとって不幸であり働く親にとっても不安である点で、ズル休みや退所につながるような結果的に学童保育の機能を果たせないことになります。

私たちは、学童保育の指導指針として以下の柱を立てて、所沢の指導員の仕事の目安としています（この柱立ての下に具体的な指導の目安や留意点をかかげています）。

A　子どもの健康・安全管理（おやつ・外出も含めて）
B　一人一人の子どもへの援助と子ども集団（放課後の生活内容・生活文化の問題として子どもの中へどのように組み立てていくか）
C　遊び、取り組み、文化行事などの生活を通じての成長援助（自分のすることを決めて自分で実行していく自由がなければならない）
D　家庭とのかかわり重視（学童の中だけで子どもを見ていくのではなく子どもの生活全般をとらえるために）
E　学校、地域との連携
F　障害児や異なった文化・習慣で育った子どもへの対応の基本
G　事業の維持に必要な実務

以上、『指導指針』は、冒頭の「子どもたちに安全で安心なより豊かな放課後を」というビジョン（目標）の一に達するための方法にかかわることがらです。

そして、続く二つのビジョン、「必要なだれもが利用できる学童クラブに」「学童クラブ

的ニーズと従来からの行政サービスの仕組みとの間に大きな齟齬が生じてきており、「公」と「私」の狭間に立って柔軟に行動し、公益サービスを提供するNPOやNGOの活動と役割が注目を集めるようになった。日本では、一九九八年に、「特定非営利活動促進法」（通称・NPO法）が成立し、法人格を伴ったNPOの設立と活動に対する支援が本格化した。NPO法では、他の公益法人との住み分けを図るため、NPO法人による活動対象を一二の分野に限定している。この中に、「子どもの健全育成を図る活動」、「保健、医療または福祉の増進を図る活動」、「社会教育の推進を図る活動」、「男女共同参画社会の形成の促進を図る活動」等、子育ち支援そのもの、または深く関係するものが多々含まれている。このため、NPO法人格を取得して、積極的な子育ち支援に乗り出す人々が増え始めた。一般に、「子育ち・子育て支援NPO」等と呼ばれているが、

を市民みんなの財産に」には、保護者が参画する共同保育の良さを発揮しつつ、公的事業として門戸を広げていき、子どもが育つ地域の社会資本としたいというねがいがあります。私たちが、公設民営のもとでＮＰＯ法人の『市民事業』として進めている理由です。

(1) 保護者の参画あっての「子どものための実践」

私たちの法人運営のもとでは、指導員（職員）の人事、財政、運営管理の責任は理事会にあります。

しかし、もっとも重要なことは、利用者である保護者のクラブ運営への参画であり、保護者会の活発な活動です。保護者会は、指導員といっしょに日常運営を支える側面もありますが、このことは、『共同運営』として保護者の参加・協力が必要という意味にとどまりません。「子どもの権利」にそくした〝子どものためにある〟学童保育を実現するために、公立、民営といった運営形態を問わず欠かせない要件と考えます。

保護者が、わが子の放課後生活＝保育活動を中心にクラブ運営を理解しかかわることで、教師に対する親の評価が子どもの評価に投影するように、指導員の実践への理解と協力を得られ、そのことが相互的・循環的に子どもたちの豊かな放課後生活につながるからです。

児童館活動にも共通することですが、施設内に限られた活動で、指導員・職員だけで子どもの豊かで自由な活動を保障することは困難です。もともと子どもの育ち・子育ては、直接的、間接的にいろんな大人のかかわりがあって豊かになるものです。外出やキャンプなどの施設外の活動一つ考えても、ケガや事故の心配は付き物ですが、指導員との信頼関

どんな影響をもたらすか？　期待と関心が高まっている。

全児童対策　子どもたちが思いきり遊べる安全な環境をどう保障して行くのかという観点から打ち出された、遊びを通じた交流を目的とする事業で、児童館が少ない大阪市、横浜市、名古屋市等を先駆に、世田谷区、川崎市等いくつかの自治体で既に行われている。全国的に拡大傾向にある。いずれも、教育委員会が所轄する事業で、学校施設を活用し、一～六年生の希望するすべての児童を対象としている。学童保育、児童館とは設置目的、役割や仕事内容が違うにもかかわらず、これらを同じ物として扱う動きが出てきている。特に、専門職の配置の有無といった職員体制に大きな違いがあり、有意義

係やボランタリーで保護者にも同行してもらったり、保護者会に協力してもらうなどの条件があって取り組めるものだからです。

また、所沢の学童クラブの半数近くの施設には、障害をもった子どもたちも共に生活しています。障害児クラスのある校区など多いところは七～一〇名の仲間も過ごしています。施設的・人的には不充分ななかにあって保護者会の理解と協力によって成り立っているのです。

さらには、保護者の地域的な共同・協働関係へ発展することで、子どもの育ちと子育てを見守る地域社会の形成に寄与することが期待できるからです。そのことは、九六年刊行の『子どもの地域生活と社会教育』（白井愼・小木美代子・姥貝荘一編著　学文社）でも「……ただ、現行の施設内だけの学童クラブ運営に留まるべきではないと考える。（略）子どもとともに、地域での生活体験を豊かにし、子育ての悩みや喜びを共有できる地域共同の子育てがあってこそ、『子どものための社会教育』としての学童保育が生まれてくるのではないかと思う」[*1]とされています。

繰り返しますが、施設内での「保育」「健全育成」にとどまるのなら、学齢期の子どもの要求にそくした活動は、どうしても制限されてしまいます。

先に上げたように、私たちは、子どもの生活の場として施設としての学童クラブがよりよく機能するためにも、保護者・地域との共同関係の形成は欠かせないと考えます。

地域に抽象的な「子ども」という存在はありません。家がお店をやっている○○君やひとり親家庭の○○チャンや習い事が忙しい□□君など、すべて固有名詞で語られるべき存

な子育ち支援策としての質が問われている。

＊1　「子どもの地域生活と社会教育」学文社　一九九六年　一四〇頁。

在です。そのなかでも学童保育に来ている子には、保護者が働いていることで昼間家庭にだれもいないという事実（いわゆる「保育に欠ける」状態）、その子どもが放課後生活をすごす居場所の確保と保護が必要であることや、「さびしさ」というメンタリティへの配慮が必要です。学童保育は、それを必要とする子どもにとって、物理的にも精神的にもまず「拠り所」として機能しなければならないのです。しかも、保護と同時に子どもの生理的欲求や生活要求に応えなくてはなりません。

また、保護者への働きかけでは、児童館でも先駆的な所は、地域の「子育て支援センター」機能が前面に押し出されてきています。しかし、それらが児童館の新たな可能性として期待されていることに比べ、学童保育には本来的に、働く保護者のケアや子育ての相談・援助など、共働きやひとり親世帯の生活を側面から支えることが機能として要請されています。あったほうがよい機能ではなく、なければならない機能なのです。

(2)　保護者の参画と職員の役割

これらのことは、施設のくくりで見たとき、施設職員だけで実現できるのでしょうか。学童保育も児童館も、ベースには利用者である保護者・子どもたちから信頼が寄せられる職員の存在が欠かせませんし、そのためには専門的な技量が必要なことはいうまでもありません。でも、任せられる「職員」の存在だけで、保護者の子育てを援助し、子どもが健やかに育つ環境になるでしょうか。

少ない職員で、個別の子ども、保護者への継続的でていねいなサポートはなかなかできるものではありません。そのためにも、指導員と保護者のいい関係・信頼関係づくりを土台として、保護者どうしのつながりに発展させていくことが欠かせません。保護者・市民相互による「地域の教育力」を耕すことなくして子育ちと子育ての援助は不可能です。

しかしこれも、保護者の参加姿勢を待つのではなく、基本は指導員の、プロ（専門家）としての姿勢、行動に起因するものなのです。一見矛盾することですが、専門家然とした完ぺき主義に走らない。つまり、プロフェッショナルとして意図的に働きかけ、利用者・保護者に「お任せ」状態にさせない、利用者として「安住」させない＝「参画」をはかることです。

こういった保護者と保護者会への働きかけについて、指導員のしごとの一つとして正面から受け止めた例を紹介します。少々

中央のお姉さんが金井朝子指導員

長くなりますが、所沢市の学童クラブ指導員である金井朝子さんの実践記録から引用したいと思います。

学童保育は保育だけでなく、保護者とのかかわりの深い職場です。指導員二年目を迎え、私は日々の保育やクラブ運営のために、保護者との協力しあえる関係づくりや、活発な保護者会づくりについて考えるようになりました。そう考えた理由は多々ありますが、最大の動機は保護者会の出席の少なさを指導員としてどう捉えたらいいのか、という課題にぶつかったことでした。……（略）

学童の保護者会の様子

・保護者の一部は仲が良い。しかし保護者全体が、仲が良く保護者会が活発だとはいえない。

・「保護者会」は月に一度やっていこうとしているが、保護者会主催の餅つきやバーベキュー（保護者の親睦が主な目的）を保護者会の代わりに設定しているため毎月ではない。（略）

・保護者会の参加世帯数は行事前は四〇パーセント弱。行事後などは特に少なくなる。この傾向は昔から。（略）みんなが来れる保護者会にしたいと保護者会会長はじめ、役員、指導員もあれこれと考えている。

保護者とのかかわりを通して実践し考えたこと

私は現在の学童に着任して数カ月、前任クラブ同様保護者会の出席が少ないことに不安を感じていた。そして、これから予定されているクラブのキャンプでは、保護者に対し何か意図をもった働きかけをしたいと思った。

毎回の保護者会は出席する人が決まってきている傾向があったが、キャンプには普段お迎えに来れないお父さんや、顔をあわせることのない保護者とも長い時間共に過ごす年に一度の機会でもある。

キャンプは保育的な意義やそこに向けての取り組みの集大成という意味もあるが、参加する保護者にも学童のキャンプを楽しんでもらい、「楽しかった」「いろんな人とかかわれる学童っておもしろい」と感じてもらえる機会にしたいと思った。

役員や実行委員の保護者も、キャンプでの夜の懇親会は、保護者同士の親睦を深める絶好の機会と、懇親会の準備に力を入れてくれていた。

私はキャンプファイヤーで大人も子どもも楽しめることをと考え、キャンプファイヤーでスタンツをやることを提案した。例年ファイヤーでは歌や子どもの出しもの、ダンスやクイズ、大人の出しもの（その年によっては親がギターや民俗楽器を演奏したことも）といった多様な内容だったそうだ。しかし、ファイヤーの輪に入らず親同士語りに入っている人もいたらしく、ファイヤーリーダーを引き受けた私はみんなが参加する内容のプログラムを考えた。

ファイヤーのねらいは、みんなが楽しめること。保護者もファイヤーに楽しんで入れること。キャンプは私の指導員人生で初めて保護者のことも意識して取り組んだ行事だった。

キャンプのファイヤースタンツを通じて～保護者に対する指導員の役割を意識する～

（略）そして当日、キャンプファイヤーが始まった。大人たちはいきなりハイテンションにはなれないが、徐々にスタンツの輪に入ってくれた。

そして一番盛り上がったのは「海・山歌合戦」というスタンツ。これは二手に分かれて、コールが大きかったほうの勝ちというゲーム。歌にあわせて「うみ、うみ、うみ、うみ」「やま、やま、やま、やま」と叫ぶ（オリジナルは両者のコールの後「どっちもいーちばん」で終わるが、勝敗を競うバージョンでやった）。勝敗の判定はキャンプ実行委員のお母さんにお願いした。大人チーム対子どもチームに分け、お題を「ビール対ジュース」にすると、子どもチームはがぜん勝負に燃えはじめ、顔を真赤にしてどなった。大人チームはスタンツの輪から離れ立ち話している人も引き寄せないと勝てない状況になり、ファイヤーリーダーの私は「ここで大人が負けたら懇親会のビールはナシですよー！」「一人でもいないと負けますよー！」と大人チームにはっぱをかけた。大人チームも焦り、お互い声を掛け合い全員参加で「ビール！　ビール！」と声を張り上げてくれた。

子どもチームをあおり、大人チームを盛り上げ、私は恥を捨てて飛んだり跳ねたりした。

そのときの判定は、「悲壮感が感じられて、大人の勝ち！」で、勝負を制した大人たちは、たいそう喜びをあらわにしていた。

五〇分ほどのファイヤーが終わり解散になると、「いやー金ちゃん、やっとビールが飲めるよ」「勝って良かったなあ」と大人たちもいささか興奮気味であった。

「今年のキャンプファイヤーは楽しかったよ」とお誉めの言葉までいただくことができた。保護者も全員参加で楽しいファイヤーという当初のねらいがおおよそ達成でき、私自身にとってもよい経験となった。（略）

私はキャンプを通して次のようなことに気づいた。

- 指導員は保護者会の運営主体ではないが、（保護者会はあくまで保護者主体の団体）
- 保護者会がどんなふうにあってほしいかというビジョンを持ち、（円滑なクラブ運営のためにも指導員の思いと余りに食い違う保護者会というのは子どもにとっても不幸）
- そのために指導員は保護者にどんな関わり・働きかけをしていくかを考え、（あらゆる方法・手段を練る）
- 実践する…

これらのことを指導員の仕事の一つと捉えたほうが良いと思う。

また、ある出来事から、指導員が意図的に保護者同士を繋げていく役割も担っていると考えるようになった。

お餅つき会を通じて～親同士の繋がりがないという現実と指導員の思い～

学童の保護者会主催行事にお餅つきがある。三人の保護者が実行委員になってくれた。三人は同じ保育園出身。一年生の親二人と三年生の親一人だ。しかし、三人の親は面識がない。

行事が近づいたある日、二人の親がお迎えの時居合わせたので、指導員から「実行委員で集まって打ち合わせをする日を決めませんか」と声を掛けた。するとと、「私その人知らないんですよ。先生、いつがいいか聞いてもらえない？」という。

私は保育園や学年が一緒でも話したことがないということもさることながら、保護者同士の打ち合わせの伝達まで指導員に頼むことに正直驚いた。

「電話で話したらいいじゃないですか。同じ保育園だったんでしょう？」と聞くと「先生お願い、顔を合わせたら仲良くするからさ」との返事。

言われるがまま私がもう一人の親に電話をし、打ち合わせの日が決まった。

保護者会は同じように働く親の集まりであっても、知っている人が居ない、話しかけられる人がいない、という状況があることを現実のこととして知った一件であった。

指導員側では、お餅つき会で親子が一緒に参加し遊べるものをと考え、クラブのほとんどの子が出来ることもあり、「コマ大会」を開いた。

ベーゴマを回せるように練習したお母さんや、ベーゴマについてインターネットで調べ上げたお父さんもいた。当日になって大人たちも「えっ、〇〇君のお母さん、コマ出るの？　私も出ようかな」と、子どもやまわりに乗せられ、いろんな人が出場してくれた。親同士がひもの巻き方を教えあったり、技を伝授したり、こちらが思いもしなかった親同士のかかわりが見られた。

お餅つき会を通して私は、「親同士の繋がりが弱いのは今の傾向。指導員として、人と人を繋げていくかかわりや、働きかけをしていかなくては」と思った。「知っている人がいない」「話が出来る人がいない」ことは保護者会にも足が向きにくくなる一因ではないだろうか。（略）

保護者会は学童を運営する上で片方の車輪である。保護者会の活動と日々の保育とが両輪となって運営の維持やダイナミックな保育や活動ができる。（略）

そして一人一人の保護者の顔を思い返すと、学童のことに「何かしらかかわってくれている」ことに気づいた私たち指導員は、保護者会に出られない保護者たちの思いや大変さも受けとめ、他のことで協力できる道も用意していくべきだろう。

なんらかの形で学童にかかわれたことで、親自身が「保護者会」の一員であると意識をもつことができるのではないかと思う。（略）

シングル世帯や就労時間の多様化など、「保護者会」に参加することが物理的に難しい保護者が増えてきています。……私は、このレポート作成を通して自分のクラブの現状を縦から横から斜めから見たうえで、指導員として「今の保護者をどう理解し、どう働きかけたらいいのか」を模索してきました。その目的は、保護者会の活性化をいかにはかるかであり、保護者と手を組まなければならぬ学童保育指導員の役割を探るためで

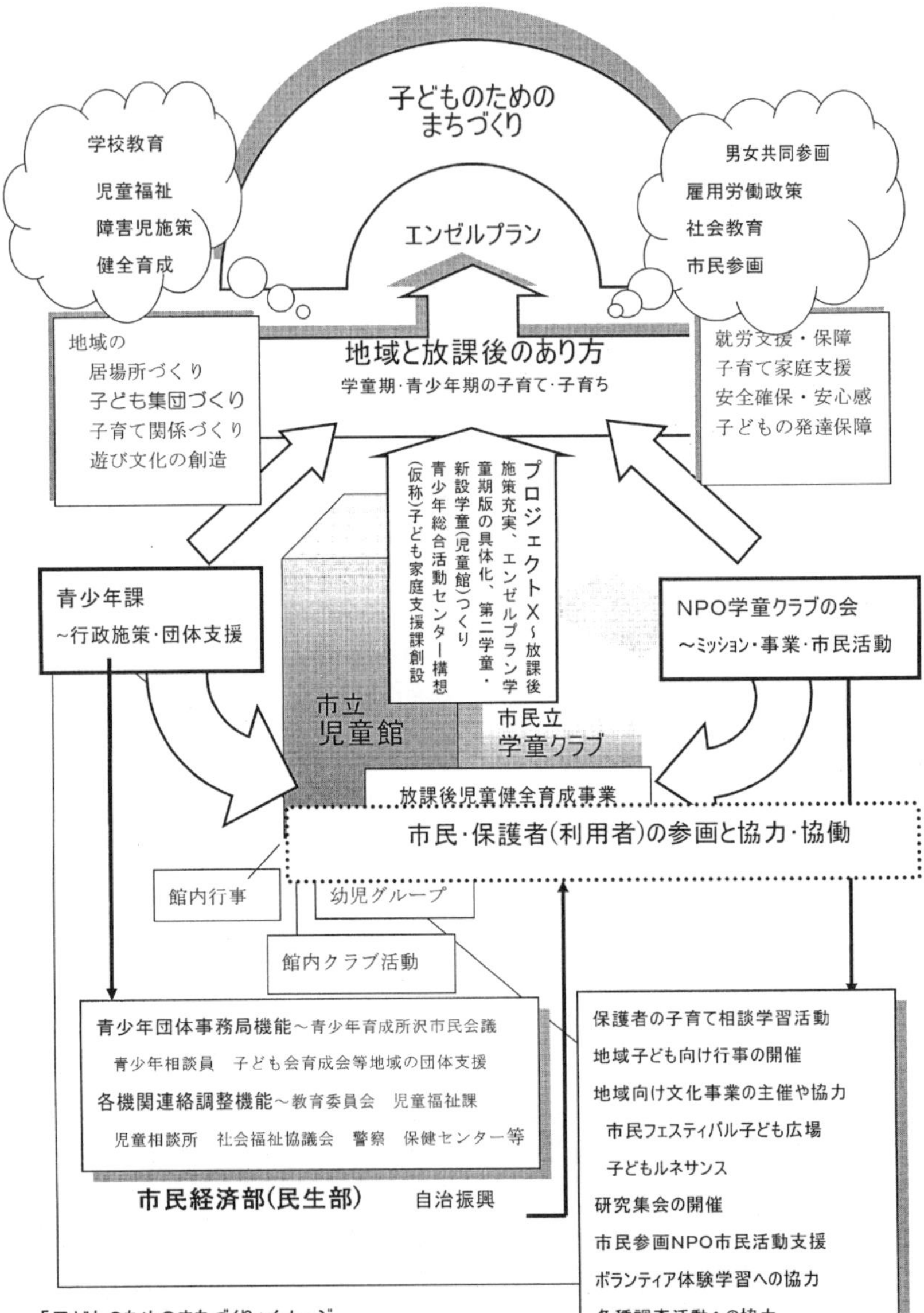

子どものための
まちづくり
学校教育
児童福祉
障害児施策
健全育成
男女共同参画
雇用労働政策
社会教育
市民参画
エンゼルプラン
地域と放課後のあり方
学童期・青少年期の子育て・子育ち
地域の
居場所づくり
子ども集団づくり
子育て関係づくり
遊び文化の創造
就労支援・保障
子育て家庭支援
安全確保・安心感
子どもの発達保障
プロジェクトX～放課後施策充実、エンゼルプラン学童期版の具体化、第二学童・新設学童(児童館)つくり
青少年総合活動センター構想
(仮称)子ども家庭支援課創設
青少年課
～行政施策・団体支援
NPO学童クラブの会
～ミッション・事業・市民活動
市立
児童館
市民立
学童クラブ
放課後児童健全育成事業
市民・保護者(利用者)の参画と協力・協働
館内行事
幼児グループ
館内クラブ活動
青少年団体事務局機能～青少年育成所沢市民会議
青少年相談員　子ども会育成会等地域の団体支援
各機関連絡調整機能～教育委員会　児童福祉課
児童相談所　社会福祉協議会　警察　保健センター等
市民経済部(民生部)
自治振興
保護者の子育て相談学習活動
地域子ども向け行事の開催
地域向け文化事業の主催や協力
市民フェスティバル子ども広場
子どもルネサンス
研究集会の開催
市民参画NPO市民活動支援
ボランティア体験学習への協力
各種調査活動への協力

「子どものためのまちづくり」イメージ
＝学童や児童館等に関わる市民参画による施策の構想＝

した。（略）

指導員歴は二年目でまだまだ未熟者ですが、「保護者会」においても同じように、指導員として何ができるか考えることは指導員の仕事の一つだと確信をもっています。

この実践からうかがえるのは、そのきっかけ・働きかけがあれば保護者の参画が可能だということです。そのポイントは「楽しかった」「いろんな人とかかわれる学童っておもしろい」と感じられることであり、子どものためにかかわる必然性です。ちょうど、子どもにとって「行かなければならない」から「行きたい・居場所がある」への転化が求められる学童保育の特質と同じようなことがいえます。

金井さんは、二年目の若い指導員ですが、このレポートをめぐって論議したとき、「保護者への働きかけは、ＮＰＯ学童の指導員に要請される高度で複雑な仕事」と自分の実践を振りかえっていました。学童保育で、社会教育的な保護者の参画をめざすのなら、それはやはり「高度で複雑な仕事」といえるのかもしれません。なぜなら、利用者（保護者・子ども）の信頼に足る専門性の発露が求められるいっぽうで、保護者が、自分が子育ての主体（主権者）である、自分が一肌脱がなくては、という参画を促しその仕掛けをつくるファシリテーター（促進者）たらねばならないからです。

(3)　子どものためのまちづくり

私たちの会のビジョン（目標）「市民みんなの財産」になるということは、ただ利用施設（ハード）としての学童保育ではなく、地域において、子どもが育ち、大人も保護者として市民として育っていく（ソフトとしての）社会資本となることをめざしています。

そのための長期計画として「子どものためにまちをつくりかえる」五カ年計画も立てています。ここで私たちが構想するのは、大人が子どもを追いたて一方的に育てようとする地域社会ではありません。これからの難しい時代、大人も子どもも同時代人として、人間らしい生活と地域で育ち合うコミュニティを作ることが理想です。風呂敷の広げ過ぎといわれるかも知れませんが、二五施設で入所児童千三百名という大所帯にもかかわらず、職員の創意に満ちた活動や、「お客さん」にとどまらない保護者の参画と、いろんな場面においてきたんない議論が交わされていることに、その可能性への確信をもっています。

【春口　類　NPO所沢市学童クラブの会事務局】

正式名称　NPO法人　所沢市学童クラブの会

所在地　（事務所）〒359-0044　埼玉県所沢市松葉町二〇―二〇煉瓦館六八地下一階

連絡先　代表者　久保英夫（事務局窓口　春口　類）
TEL　〇四二（九九四）六七五三　FAX　〇四二（九九八）一三二四
e-mai:tokogaku@mail.goo.ne.jp（いずれも事務所）

主な活動　二五施設（公設）、常勤職員六九名で小学一～六年生約一三〇〇名の学童クラブの開設と運営

一言PR　九九年春、二五の自主運営学童を統一、同年秋特定非営利活動法人に。NPO法人学童のかたちは、保護者と指導員が「学童」を自分たちの域にとどめず、地域、市民の財産であるように、これからの子育ち、子育ても構想しながら、市民・保護者の参画をすすめてきた活動の成果です。事業の主体は市民、生活の主人公は子どもです。

　わが子が毎日すすんで通う「学童」であることが、働く保護者の安心に欠かせません。指導員は、子どもが心も体もほっとでき、一人ひとりの成長の願いに応えられる生活の場であるように心をくだいています。

3 自由な風土が育む〝こどもの図書館〟

年齢も職業も立場もそれぞれ違うのに、三十年も前から集まっては本を読んだり、しゃべったり食べたりする何人かの仲間がいました。その仲間を結び合わせていたものは言うなれば「本」であったり、「子ども」や「文化」「未来」「人」「図書館」「街の風景」「環境」などであったでしょうか。

学んで遊んで親しくなったその実りのひとつが「高知こどもの図書館」であったと思います。

最初に設立に向けて立ち上がったのは、わずか五人でしたが、たちまちその輪は三千、四千、五千とひろがりました。つまり、子どもや読書、その未来、そして子どもが育つ街のありように関心をもつ人は多かったのです。それをより良くするために自分の知恵も力も技も役立てようという市民は大勢いたのです。

さらに行政が新しいことにひるまない柔軟さと、先見性をもっていたことが運動を進める力となりました。

自由民権運動発祥の地、土佐では「自由は土佐の山間より」という言葉をよく目にします。三十数年を土佐に暮らしたとはいえ、ここで生まれ育っていない私は、この地の風土がもつ解放感というものを非常に心地よく感じていますが、日本で初めてのＮＰＯ図書館をすんなり受け容れるのは、やはりこの自由の精神だと思います。

しかし運営に困難がないわけではもちろんありません。以下、運動の経過と開館後二年余りを経た現在の情況、そして課題を順を追って述べたいと思います。

(1)　その発端と土佐の土壌

一九九四年秋、いつものように高知県立図書館の「子どもの本の読書会」へ行くと、そこで県立図書館は手狭になったので移転・新築するということが話題になっていました。その時点で、もうそれは噂などではなく具体的なものであるように思えましたが、県立図書館は当時私の住んでいた家から歩いて三分、ここを利用することは生活の一部であり楽しみでしたのでとても驚きました。新しい図書館が建つということは嬉しかったけれどもこの場所の図書館を惜しむ気持ちも大きかったのです。

そう思った人は多かったのか、県立図書館の移転ばなしはまたたく間にあちこちへひろがりました。

そしていつの間にか移転後の図書館の建物を子どもの本専門の図書館として使うことはできないだろうかという話へ発展していったのです。当時、誰が口火を切ったのか今となってはわかりません。しかし丸ノ内という街の中心地の図書館が郊外へ移転するということは人の波が郊外へと動いていた時期にまたひとつ中心地の灯を消すに等しいことでもありました。まして行動範囲の狭い子どものための図書館はたくさんあるほど利用しやすいのです。ポストの数ほど図書館を、というくらいなのですから。

九五年二月、親しい仲間五人が事務局となって「高知こどもの図書館をつくる会」（以下、「つくる会」）を発足させました。五人はそれぞれ一九六〇年代から七〇年代の児童文学の黄金時代に、文庫を始めたり、子どもの文化にかかわることを仕事としたり子育てをしてきており、そのおもしろさを十分に味わってきた者ばかりです。子どもの本のもつ魅力、子どもが本のある環境のなかで育つことの意味――そんな話ならばみんな夢中で語り合うし、子どもと本の出会いを手助けしたいという気持ちも十分にもち合わせていたが〝図書館をつくる〟となると話は全く別です。結論から言うと「素人だから決断することが出来た」ともいえるのですが、とにかく図書館について勉強を始めました。

「つくる会」への賛同者を募りながら、一方で賛同者と共に学習会をしました。〝どんな図書館をつくりたいか〟〝学校図書館はどうあるべきか〟〝これからの図書館〟などなど、それぞれ専門家をお招きしてシンポジウムや講演会を開いたのです。

ところで、当初から図書館の蔵書については見通しがありました。「つくる会」の事務局長でもあった地域文庫の主宰者が三十年をかけて集めた絵本や読み物、研究書などを寄贈してくださるとのこと、それを核として数人から約二万冊の本の寄贈が決まっていたのです。本の内容についてはお互いによくわかっており納得のできるものばかりでした。

三十年前のものから現在までの基本的な本が揃うということは非常に大きな力となりました。「本」と「人」、これをもとに基本構想をつくり知事や教育長、担当部長へ届けました。

また機会あるごとに各地の図書館の見学をしたり、見学をした人の話を聞く会を開きました。まさに日本各地、特に九州に次々と素晴らしい図書館がつくられていた時期です。

しかし、順調に進んでいるかに見えた運動に大きな転機が訪れました。九七年のことです。

九九年には完成、開館予定といわれていた県立図書館の建設が凍結されました。地方自治体の財政は予想以上に厳しくなっていたのです。

当然「つくる会」の運動も、中止するか方向転換するかの選択をしなければならなくなりました。が、この時、議論をした記憶が私にはありません。おそらく誰も中止しようとは言わなかったのでしょう。五千人の賛同者もいます。

これまでの運動に加えて「こどもの図書館」を開く「場所」もさがし始めました。

知事には常に経過報告し、何度かお会いしましたが、知事も一緒に考えてくださっているように思え、その対応に誠意を感じていたところ、果して九八年四月、健康福祉部長より「こどもの図書館」の場所を県が提供してもよいという話がありました。三カ所の提示があり、広さと立地条件を考えて現在のこの建物を選びました。当時、高知県消費生活センターでしたが、すでに移転が決まっていたのです。

(2)　九八年　大きなうねり

知人の好意で広い部屋を借りて少しずつ本の整理にとりかかりました。

一方で、県有の施設を借りるにあたって、行政の窓口となる健康福祉部の「こども課」(九八年四月に新設、直接の担当は〝ゆめ企画班〟)と話し合いを始めました。子どもへの直接支援をしたいという知事の意向から創設されたばかりの「こども課」でしたが、最初の仕事のひとつは、ちょっと勝手の違うものであったようです。

健康福祉部という名称の通り、子育て支援を中心に考える行政と、あくまでこどもの図書館をつくりたいという私たちとの意識の違いは大きかったのです。しかし、子どもに本を手渡していくこと、人と人とのふれあい——それこそが子育て支援であるという私たちの主張に行政の方たちが精一杯耳を傾けてくれました。そこには市民と行政とが対等で創りあげていこうという姿勢がありました。粘り強く話し合いを続けてくれた当時の部長、課長、班長の各氏にあらためて感謝いたします。

こうして官民協働の形が生まれました。

しかし、この時点ではどのように運営していくかというその方法について具体的な案がなく誰もが模索していました。

(3)　ＮＰＯ法人化へ

九八年一二月、特定非営利活動（ＮＰＯ）法が施行されました。阪神淡路大地震をきっかけにして生まれた法律は、私たちにとっても救世主でした。県有施設を借りるにはどうしても法人化が必要です。迷うことなくＮＰＯ法人を取得する道を選びました。

九九年二月　建物の改修費と備品費、約四千万円が県議会で認められました。

三月　高知県へＮＰＯ法人の申請。

四月　高知こどもの図書館をつくる会から高知こどもの図書館準備室へ。一二月の開館を目指して本格的準備を始める。
・運営体制を整えること
・本の分類、装備（ボランティアと共に）
・財源の確保（賛助会員を募る、ＰＲ活動）
・行政（こども課、建築課）との話し合い
七月　ＮＰＯ法人として認証される。
九月～一一月　建物の改装、備品の選定。
一二月一一日　開館をよろこびあう会。
一二月一二日　開館。

(4) 開館　一九九九年一二月一二日一〇時

テープカットなどではなく、もっと別の方法でうれしい気持ちを表したい――そこで図書館の扉を絵本の一ページに見立てた大がかりな仕掛けをつくりました。子どもたちがテープを引っ張ると扉と同じ大きさの絵本のページは次々と開いて一瞬、図書館の前は歓声に包まれました。

　実験台やガス台や水道がいっぱいついていて細かく仕切られていた元消費生活センターの建物は明るいこどもの図書館として甦りました。それは設計から施工の業者の方たち、またさま

表1　施設概要

延床面積	670㎡（3階建てビルの1、2階）
改修・備品費	約4000万円（県消費生活センターを改修）
施設構成	絵本、低学年よみものコーナー、ヤングアダルトコーナー、書庫、事務室（1階） 研究資料室、多目的スペース、会議室、作業室（2階）
蔵書数	21,200冊
利用者	無料（幼児、小、中、高校生、大学生、大人）
開館時間	10時～18時
休館日	火曜日、木曜日（館内整理、会議のため）、祝日の翌日、年末年始

図1　運営体制

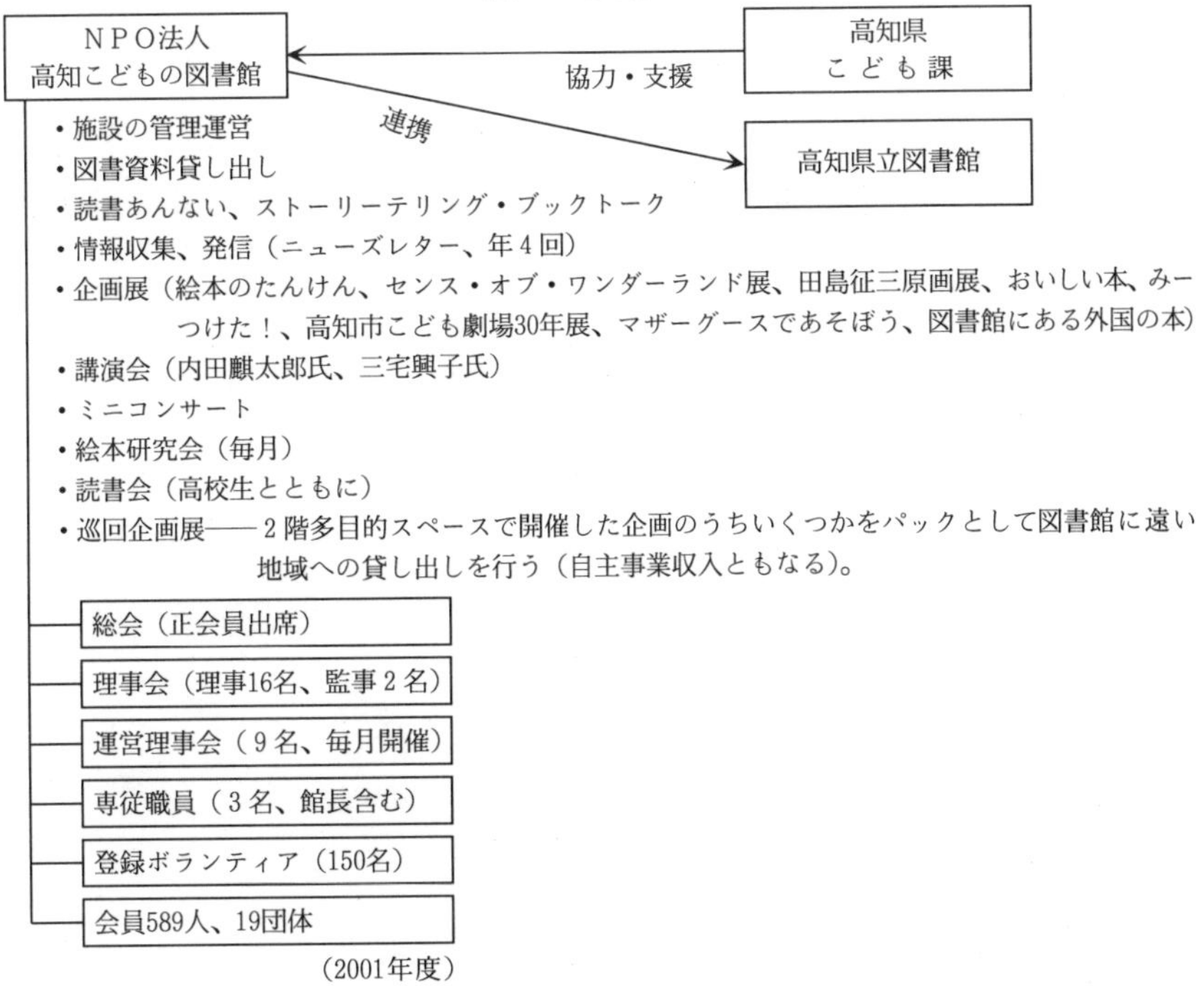

ざまな形で参加をしてくれた大勢の人たちの誠意と工夫のたまものです。その優しさと熱意が木の香りがしてホッとくつろげる場所をつくり上げました。

ピカピカではないかもしれないし、最新機器もそろえてはいないけれど、心をこめてあえて古いやり方で本を手渡していこうと、強い決意でスタートしました。

開架した本は約一万五千冊、低い書架におさまり、子どもが自分で選びやすい冊数です。こどもの図書館の施設概要は表1に、運営体制は図1に記しました。

建物こそ古い三階建ビルの一・二階ですが立地条件は最高です。高知市の中心にあり、商店街にも官公庁にも近く、辺りには小学校、中学校、高校もあります。高知城をふくむ大きな公園もすぐ前にあり緑にも恵まれています。駐車スペースは狭いけれども徒歩でも自転車でも比較的安全に往来できます。

利用については、やはり幼児、小学生が圧倒的に多く(表2)、休日にはお父さんが子どもを連れて来館する姿も随分見かけるようになりました。

中学生、高校生の利用が少ないのが当初からの課題であ

表2　利用状況

	2001年度		2年3カ月（開館以来）	
貸し出し冊数	幼児・小学生	18646	50856	
	中学・高校生	1006	2339	
	一般	12310	31455	
	合計	31962	84650	
登録者数	幼児・小学生		2132人	
	中学・高校生		195人	
	一般		1435人	総数　3762人

り一年を過ぎたころから積極的に働きかけを始めました。ひとつは、毎月、高校生と一緒に読書会をもつこと、これはまだ少人数で地味ですが職員も楽しんで続けています。またひとつは、「大人になる前に読みたい本」という企画展を予定していることです。高校の図書部にアンケートを依頼したり、彼等を巻きこんだ展示にしたいと準備を進めています。

ヤングアダルトといわれる世代の本は、私たちが読んでも大変おもしろく、こどもの図書館でも充実している分野です。幼い時の絵本もそれは大切だと思いますが、このおとなに近い人たちの読書は後の人生をどんなに豊かにすることか、と考えればしっかりと取り組まなければと思います。

二階の多目的スペースは、このようにさまざまな企画展をしたり、おはなし会やミニコンサート、講演会、原画展などに一年中使われていて、学校ぐるみまたは一学年だけというように授業のなかで見学に来てくれます。

開催した企画展のなかで特に評判の良かったもの——例えば「マザーグースの不思議な世界」「愛・性・命を考える」四十年の絵本の歴史をたどった「なつかしい本、つたえたい本」「図書館にある外国の本」などを、キャプションも付けて「巡回企画展」として図書館に遠い地域へ貸し出す取り組みもこの一年おこなってきました。これは貸出料もいただいてNPO図書館が自主事業収入にもしているものです。

ご想像の通り、NPO図書館の最大の課題は財源の確保です。この二年四カ月、厳しくなかった時はありません。図2に示す通り最低必要な年間千四百万という

図2　財政（2001年度）

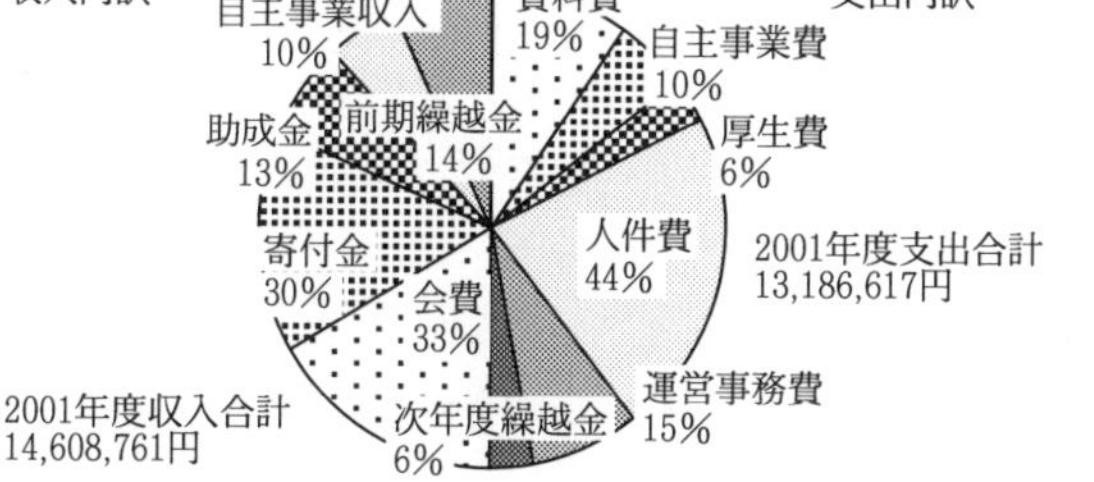

経費の、せめて半分は会費で賄いたいと思いますが会員の拡大が個人、団体ともに大変むずかしいのです。社会全体の経済状況を映してもいるでしょう。幸い今はまだ深刻な状態には直面していないとはいうものの、市民の支持と共感が得られなければ、その時から図書館は存続不可能になります。

また、ボランティアに支えられている図書館であるにもかかわらず、この方たちに何の保障もできていません。一日平均二人のボランティアが作業にあたっていますが、交通費さえ出すことができないのが実情です。

しかし、今、子どもたちは目の前にいます。地域のおとなが手を貸さなければならない現実もあります。この子どもたちの未来をより良いものにするために本のある環境を身近に用意するという活動を、私たちは力の限り続けていきます。

公共の施設の新しい試みとして全国の自治体が注目した高知こどもの図書館は、これからもしっかり歩み続けるでしょう。この活動こそＮＰＯの精神であろうし、何より誇り高い土佐人なのですから。

【浜垣昌子　ＮＰＯ高知こどもの図書館】

正式名称　ＮＰＯ法人　高知こどもの図書館
所在地　〒780－0844　高知市永国寺町六－一六
ＴＥＬ　〇八八（八二〇）八二五〇　ＦＡＸ　〇八八（八二〇）八二五一
連絡先　執筆者自宅
〒769－2902　香川県大川郡引田町馬宿一六一
ＴＥＬ　〇八七九（三三）三一七八（ＦＡＸ共通）
主な活動　高知こどもの図書館ならば大原寿美（館長）へ
・本の貸し出し、おはなし会、ブックトーク、情報収集・発信、読書あんない、絵本研究会、読書会、講演会等
機関紙　ニューズレター

4 公民館と子育て支援

(1) 貝塚の公民館活動で大切にしてきたこと

貝塚市立公民館は一九五三年五月に文化活動を軸とした九百席のホールをもつ公会堂と併設した貝塚公民館が創設されました。ホール事業と一体化した公民館活動は、多くの市民の関心を呼び、企画した事業すべてが順調な滑り出しをみせました。婦人、青年、成人各層対象の「教室」や商工業、趣味、実技等の生活に即した「講座」、文化活動を中心とした自主活動としての「クラブ活動」、ホールを生かした「文化事業」等を開催してきました。

また、こういったさまざまな事業や活動の活発化、連絡、連携を促す都市型公民館活動の典型として、創設以来今日まで多様な事業展開をおこなってきました。

① 平和と民主主義、基本的人権を柱に文化ホールをもつ公民館活動の展開
② 部落問題からの再出発（一九七〇年代）→権利としての学びの視点
③ 開館以来歴代専門職的職員（一九八五）が存在、市民の立場に立ち、市民の学びを支援してきた

・市民の悩み・疑問・希望・要望など共通する問題を引き出す
・市民自身で話し合い、理解し合い、学び、実践し、まとめ、書き、伝える

・公民館にきていない人、これない人のこと（社会的弱者）を考える
・自立した人間、市民の育成（自治能力）講座（個人）からグループへ連絡会、協議会等ネットワーク化、まちづくりへの参画等々。

来年度二〇〇三年は、貝塚公民館創設満五〇周年を迎えるにあたり、公民館が大切にしてきた歴史と伝統を尊重しながら、貝塚市の生涯学習推進の中核を担う公民館活動の振興を図るため、蓄積している課題克服に向け、住民と行政の新たなパートナーシップでもって『公民館発・生涯学習のまちづくり』をめざしています。

(2)　子育て支援のはじまり

貝塚公民館が大切にしてきた観点が、女性の学びの場の保障と子育て支援へ一歩一歩前進してくるまで、いろいろな課題や偏見を乗り越えて事業展開をおこなってきました。

一九六〇年代後半、公民館講座「婦人教室」に幼い子どもを連れて参加する人たちが増えるなか、参加者は子どもの絵本などを持参し「静かにしときや」と言い聞かせて、かたわらに子どもを座らせて講座に参加しました。当時子どもを連れて参加した母親は「私にとって公民館は、近くで子どもを連れていろいろなことが学べる場でした」と語っていますが、職員間では「一人二人と子ども連れで参加する人が出てきました。放っておいたら階段は危ないし、うろちょろするしで、子どもは講座担当職員が見るしか仕方がないという状況でした」と職員のなかでも、子どもを連れてまで学ぶこと、ましてや、その子どもたちを公民館、職員で受け止めることは否定的な状況でした。しかし、「いつでも、だれ

でも、どこででも」の言葉が示すように、学習機会の少なかった女性や乳幼児をもつ母親の学習機会の提供の在り方をめぐって、先進的に実践している東京の国立公民館や大阪の枚方市の実践を職員間で研修論議し、貝塚市において、はじめて保育付き講座「おやこ教室」が開設されたのが一九七五年の四月でした。おやこ教室付設の保育は、会議室を臨時の保育室として、クラブ活動をしているリーダーや婦人学級の人たちに保育をお願いするということでスタートしました。当時の保育にかかわったある人によると「保育ボランティアの話が、職員さんからあったとき、自身は子育てから遠ざかっていたので少し不安があったが、週に一回、二時間若いお母さん方が勉強したいという意欲を大切にしてあげたいという気持ちで始めた。自分も子どもたちと同じように寝転がって肌を寄せ合い仲良くするのはいいことだと感じた」と振り返ります。職員による住民要求の掘り起こし、それに応える市民（公民館利用者）のボランティアによって、保育付き講座はやっとその産声を上げたのです。貝塚公民館の子育て支援のまず一歩、始まりでもあります。

保育付き講座「おや子教室」開設（一九七五）

以後、「おや子教室」は、乳幼児をもつ母親の学びの場、母親と子どもの仲間づくりの場となっていきました。

また、公民館の主催講座のなかでも子どもの教育やしつけ、さらに女性の生き方などをテーマにした女性対象の講座も多くもたれてくるようになります。しかし、これらの講座は保育付きではなく、講座では幼児連れの参加もあったことから「全講座にわたって保育をしていくことが課題」となり、一九八〇年、住民要求の高まりもあって、文部省の「明日の親のための学級」の補助金を受けて「子育て講座」を開設し、子育てと女性の生き方等、講座内容に女性問題の視点を盛り込み「おや子教室」「子育て講座」が保育付き講座として定着しました。こういった女性の学びを支えてきたのは、保育であり、住民ボランティア（後にボランティア登録制度）の人たちの頑張りがあったからです。保育も学びとして考える『保育ボランティア研修会』を開催したのもこの時期でした。

子育てネットワークの会（一九八八）の発足と育成

貝塚公民館は、全国的にも早い時期に保育付き講座を開設してきました。八〇年代半ばには講座「おや子教室」修了者相互による、自主グループがいくつも誕生しましたが、長続きせず生まれたり消えたりを繰り返していました。

地域の教育力を高め合うために親同士が手をつなぎ合うという「子育てネットワーク」の必要性を痛感していた公民館職員はグループ同士をつなげ、お互いに交流することで地域の教育力を高め各グループが危機を乗り越えられないものかと常々考えていました。まだ「子育てサークル」という言葉が耳慣れない一九八八年、公民館創立三五周年事業の一つとして、市内の子育てサークルや保母、保健婦、親子劇場（現在の貝塚ファミリー劇場）のメンバーに映画「アリサ」を合同でみようと呼びかけ事業を実施し交流を図ったのが「子育てネットワークの会」のはじまりです。最初は公民館主導で運営されており、親たちはなぜネットワークが必要なのかがわからず、活動していました。しかし、年七回の講座や月一回発行しているニュース作り、もちつき大会などの事業や行事をこなしているうちに「この人たちとならこの街で何かができるのではないか」という思いが生まれ、しだいに親主導のネットワークの会に発展していきました。発足当時は、乳幼児部会・小学生部会・中高生部会の三部会でしたが、乳幼児部会と小学生部会のパイプ役として、一九九七年に幼稚園部会が誕生し、現在四部会に分かれて、ネットワークの会と公民館との共催で、それぞれに学習会や座談会、レクリエーションなどの活動をおこなっています。少子・高齢化といわれている時代ですが、子どもの年齢に応じて部会に所属でき、すべての部会に参加する子だくさんの方もいます。当然、親の年齢層も幅広く、二〇代から五〇代まで、まさに「茶髪から白髪まで」縦のつながりがあり、交流を深め合うなかで、「子育てに見通しが持て、安心して子育てができる」とか、乳幼児部会に所属する母親からは「なんだか産みたくなっちゃうのね」と三人目四人目を出産されるケースもあります。また、発足当時からの課題であった父親の子育て参加も、運動会やもちつき大会等の行事で父親の出番を作ることにより、子育てに目を向けるようになってきています。父親同士で飲み会をしたりサッカーチームをつくったり、また、子ども会やPTA行事など、学校や地域でも活躍することが多くなってきました。

子育てネットワークの会　レクリエーション

一方、小学生をもつ親のなかから、子どもの遊びの未熟さと遊び場不足が問題となり「何とかできないものか」と担当職員に相談があり、さっそく東京の羽根木で実施されいてるプレイパーク事業の見学をおこない、児童課と公民館、ネットワークの会共催で貝塚の地で一九九四年から年四回のプレーイパーク事業を開設しました。同時に中高生が活躍できる場として、プレイリーダー育成を試み、中学校や高等学校にも呼びかけ、ひろくリーダー募集をおこないました。現在では、プレーイパークと並行して常設の遊び場をめざし、市有地を利用して週に一度のペースで放課後の遊び場づくりをおこなっています。「公民館から産まれたネットワークの会。今では地域の中で活動することも増え、子育てしやすい街から住んでいてよかったと思える街へと思いをふくらませながら活動を続けていています」と、貝塚子育てネットワークの会代表の中川氏が語るように、貝塚公民館がめざす「公民館発・生涯学習のまちづくり」に向け、住民と行政の協働作業のなか、子育て支援の

子育てネットワークの会　つるかめ大学

取り組みも一歩一歩前進してきています。

また、二〇〇二年度四月から実施されている公立の完全学校週五日制に対応し、子どもから高齢者まで地域で老若男女がふれあい、地域連帯意識を高める世代間交流を図るため、公民館高齢者講座「つるかめ大学」熟年グループあそび隊と子育てネットワークの会との連携をも深めながら、人々が学びながら共に生きていくための地域コミュニティづくり「すこやかネット」への参画をもおこなっていきます。

(3) 貝塚市立中央公民館での家庭教育支援に関する活動

① 家庭教育に関する主催講座・事業
・おやこ教室・まちづくり教育セミナー
② 家庭教育に関する共催講座・事業
◇子育てネットワーク（四部会）との共催
・子育てひろば（乳幼児部会）
・子ども時代を考える（幼稚園部会）
・学童期と生きる力を考える（小学生部会）
・子どもの進路を考える（中高生部会）
③ 子育てネットワークの会の活動支援
座談会、合同研修会、運動会、もちつき大会、中学校の選択事業「幼児を知ろう」プレイパーク、子育て支援ブックの作成

④　ファミリー劇場の活動支援

映画・演劇など文化活動を通じて学校や他団体と共同の取り組み

⑤　学習グループ連絡会の活動支援

⑥　貝塚少年少女合唱団の育成

⑦　地域（校区）ふれあい事業への協力

⑧　貝塚市子ども広場の開設

⑨　支え合い助け合いの地域社会を語るつどい

④　今、家庭教育支援に関して公民館活動でめざしていること

貝塚公民館での、子育て支援、家庭教育支援事業の歴史も古いが、大切にしてきたことは、「子育ては親。女性問題は女性。高齢者問題は高齢者。等」でなく、老若男女が共に考え、知恵を出し合い問題解決に向け試行錯誤しながらも、他府県の実践に学びながら各事業を展開してきました。すなわち、それぞれがナンバーワンでなく、それぞれの個性を出し、それぞれの持ち味を出し合い、そこにしかない「炊き込みご飯」オンリーワンをめざして「しんどいけど、やってよかった。つながった。楽しかった」といえる『ホッと（心を癒し熱くなれる）できる公民館』を利用者と職員とのパートナーシップ、チームとして事業展開してきたものです。

①　つながりのなかで、物事を考え、生き方を考える

・生涯、歴史、地球、生態系等つながりのなかで子育てや自分を見る。

・人間として豊かに生きるための学びやグループ・ネットワークや地域活動の意味を考える。

② 地域ぐるみの子育て（地域ぐるみで育ちあい、まちづくりに参画）

・一人で悩まない（悩みを共有、自分のことがしゃべられる居場所をつくる）

・子どもを中心にした活動と親の人生（発達の道筋、親の楽しみ）

・父親（男性）とともに

・学んだことを生活や地域に生かす、実践（試行錯誤・体験の大切さ）

・子どもと大人、乳幼児からお年寄りまで世代間交流（子育てネット～熟年ネット）

・親子とも人との関係のなかで育ち合う

大人が知恵や力をあわせ、汗を出し、笑い、泣き、苦難をのりこえて賢明に、楽しく生きる姿をみせる。学ぶことの楽しさ。人間として、生きることの素晴らしさ

・子育ては親の学び

うちの子、よその子、みんなの子

③ 行政と市民の新たなパートナーシップ《協働の活動》

・公民館、職員の役割（リーダー育成、コーディネーターの役割大きい）

・財源、施設・設備、人材等限られたなかでの有効活用と協働関係

・学校との協働

・生涯学習推進のなかで関係機関との協働

・公民館関係団体と地域団体との協働（地域コミュニティづくりと新たなネットワーク

化）

【碓井義一・貝塚市立中央公民館】

正式名称　貝塚市立中央公民館

所 在 地　〒597－0072　大阪府貝塚市畠中一－一八－一

連 絡 先　ＴＥＬ　〇七二四（二三）五二一八
ＦＡＸ　〇七二四（二三）二八三六
館長：植田年明
公民館主事：碓井義一

主な活動　・主催事業・講座の開設≪人権・福祉・環境・教育・文化・趣味等≫・育成支援共催（子育て支援等）事業☆貝塚市合唱連合唱連盟（少年少女含む）☆貝塚市民踊連盟☆子育てネットワークの会☆貝塚市日本民謡連合会☆学習グループ連絡会☆文化団体連絡会☆軽音楽連盟☆クラシック音楽家連盟☆美術協会等

一言ＰＲ　いつでも、誰でも気軽に来られる公民館。ナンバーワンでなくオンリーワンをめざした、行政と住民とのパートナーシップを大切にしながら。

正式名称　貝塚子育てネットワークの会

所 在 地　〒597－0072　大阪府貝塚市畠中一－一八－一

連 絡 先　代表者：沼野伸子・馬澄良美
事務局：大野幸子（中央公民館職員）

主な活動　乳幼児から青年期までを見通した子育てを大切にしながら、子どもたちの居場所（とくに中高生）や、親の課題地域課題を克服していける内容を追及し、まちづくりにつなげていく活動の実施

一言ＰＲ　一人ぼっちの親や子どもをつくらないネットワークをめざしている。

5　子どもの居場所をつくろう、森と風のがっこう

ほんとうの学びの場って何なのでしょう。どこに行けばそういう場所があるのか高校の頃からずっと探してきました。高校を三回代わり右往左往しましたが、そのような場所もテレビの青春ドラマに出てくるような教師も存在しませんでした。多くの先生はどこかで借りてきた知識は教えてくれても、その人の人生の深さを問うものではありませんでした。四〇歳を目前にして、どこにもないのなら自分で創るしかないと思い、これまでの東京での仕事を全部捨てて家族で岩手県東山町にきました。

(1)　田舎には子どもたちがぼーっとできる場がない

移住したばかりの頃、小学生だった娘が家に帰ってきて私に聞いてきました。「お父さん、クラスの子はぜんぜん寄り道しないでまっすぐ帰るんだよ」「家でファミコンばかりやってるんだって」と不思議そうに言います。東京育ちの私には圧倒的に豊かな自然に溢れた岩手で、どうしてなのか？わからず、「へえーそうなの」と頷くしかありませんでした。でもよく考えてみると確かに都会の子どもは、草っ原はなくても、まだコンビニを探検したり、人混みのなかに姿を消したりという意味での、少なくとも気分転換や自分を開放できる場があります。しかし、田舎の場合は、どこに行っても何をやっても顔がわかっ

てしまいます（これはもちろんいい意味でもあるけれど）。たまには息ぬきがしたいと思うのは何もおとなだけのことではありません。自然のなかへの入り方を知らない子どもたちは家のなかで自閉するばかりです。人的な密集過多のストレスはないけれども、息抜きの場のないストレスは実は田舎の方がはるかに大きいように私には思えるのです。都会では児童館のような遊び場が当たり前のように存在するのですが、五感でもって自由に遊びを創造していく雰囲気（子どもは一瞬にして鋭くここは自分たちの居場所かどうか嗅ぎ分ける！）をもつ施設は意外なことに田舎にはほとんどありません。体育館や公民館といった既存の施設は十分すぎるほどあるのに。子どもたちが何をやってもいいということを保証する〈場〉が田舎であるからこそ必要なのではないかと私はだんだん思い始めました。

(2)　いま賢治が生きていたとしたら

東山町は賢治が晩年、石灰肥料工場の技師として精魂を傾けた土地です。不思議なご縁でこの町の役場職員となって、この工場跡を保存し周囲のフィールドを整備し、その中核にささやかなミュージアムを作る仕事に私は全力で取り組みました。私を駆り立てたのは子どもたちのための居場所となるミュージアムを創り出すことができたら、という思いでした。

いま賢治が生きていたとしたら、いったい何をやっているでしょう。今でも私が激しく揺さぶられるのは、宮沢賢治の「あすこの田はねえ」という詩です。『…これからのほんとうのべんきょうはねえ、テニスをしながら商売の先生から義理で教はることでないんだ…』

大変な苦労もしましたが、ちょっと風変わりなミュージアムができあがりました。子どもが乗れるように木道にトロッコを復元したり、音具や万華鏡、そして世界中の不思議な鉱石を集めました。開館してみると「おんちゃーん。いる?」玄関から子どもたちの元気な声がかかります。地元の子どもたちが毎日やってきました。顔見せ興業よろしく顔だけ見せて帰る子、ひとりであそんでる子、事務所にちゃっかり居着いてる子、などなど。入場券のもぎりまでいつのまにかやってくれてたり…。子どもたちが勝手に張り出した私の机のうしろの壁はあっという間に自分たちの絵でいっぱいになってしまいました。日頃おとなには見せないのびのびとしたくつろぎを子どもたちはここでは見せてくれます。みんな忙しすぎるもんな。ここではいい子を演じなくていいぞと心のなかで呟いている私。毎月、昔遊びの会という行事が恒例になりました。紙芝居をやったり、みんなでお弁当をもってきていっしょに食べたりしてよく遊びました（みんなが大好きだったのは、どこでお弁当を食べるか、毎回いっしょに捜し回ることだったことを私は今も憶えています）。子どもたちと直でつきあえる夢のように楽しい日々でした。

(3)　廃校をさがして

企画構想段階から取り組んだ「石と賢治のミュージアム・太陽と風の家」[*1]の仕事にも終わりがきました。東山を離れることは私にとっては身を切られるように辛いことでしたが、その後の運営を幸いともに歩んできた地元のボランティアガイドの方々に引き継ぐことができました。地元の人に引継ぐことでミュージアムは風土に根づいていきます。白紙

＊1　宮沢賢治が晩年最後の仕事をした石灰肥料工場跡と隣に作られた施設「太陽と風の家」がある。賢治の精神を、見て、聞いて、触れて、感じるこ

に戻った私は、自分の身の振り方をどうすべきか迷いました。今さら東京に戻りたくないし、どうすればよいか。全力で四年間走り続けたなかで溜まった疲れを癒しながら考えました。私の内にもくもくと湧いてきたのが「廃校再利用」という言葉でした。子どもたちの居場所を保証するのは大人の責任なのではないかという思いがミュージアムを実際に作って子どもたちと毎日接するなかで、そして娘を連れて行った北欧視察の旅から戻ってみて、ますます強くなっていました。実際にこの岩手の地に子どもたちが自由に、自発的に遊びながら学べる場所を何もないところから地域の人々とともに創り出してみたいと思いました。それが私にとって廃校という場所でした。県内外の各地の廃校を半年をかけて訪ねてまわりました。調べていくうちに、実は岩手県は北海道とともに多廃校県であることがわかってきました。岩手県では入り組んだ中山間地が多い自然地理条件や少子化から、学校の統廃合が加速度的に進むなかにあって、次々と廃校が出ています。その多くは取り壊し整地することが多いのです。子どもたちを取り巻く状況も厳しくなるばかりです。川や山に入ってはダメ、寄り道もしない、外で野遊びはしない、と子どもたちのからだと心は規則でがんじがらめになっています。それならば子どもたちの居場所として廃校を活かす道はないかと考えました。今は地域のお父さん、お母さんたちが学んだ学校ではなくなっていても、廃校には目に見えない記憶が汗や涙とともに地域の人々の心のなかにしっかり刻み込まれています。まぎれもなく地域の人々が支えてきたセンターだったところなのです。あらたな施設をつくることをしなくても、かつて地域の結節点だった廃校を再利用しお金をかけないでも「あらたなまなびの場」を創り出すことはできないものか。身の丈にそぐ

とのできる次の世代の子どもたちの施設。

子ども博物館　子ども博物館とは従来の博物館とは違い、ハンズオン(Hands-on)という、見るだけではなく、自由に触って遊んで楽しめる展示形態をとっている。実際に触れることから、様々な知識を身につけることができる。言わば、「体験学習」を基本とする博物館である。ボストン子ども博物館などアメリカを中心に各国に作られているが、日本ではまだまだ新しい動きであり、それほど体系的に研究が進められている分野ではない。「子ども博物館」を意識して作られた施設もあれば、大型児童館や廃校を転用した施設が、展示やワークショップ等を積極的に取り入れて、実質的に「子ども博物館」として機能している例もあるなど、施設の形態は様々である。

わない多額な補助金とハードを作れば終わりの建築コンサルタントによる無駄な施設づくりが今なお各地で続くなかにあってそう考え続けてきました。

(4)　森と風のがっこうの誕生

廃校を探して訪ね歩いていたある日、葛巻町を訪ねました。葛巻町は盛岡からさらに北へ入った、北上高地に在する人口八千人の「ミルクとワインとクリーンエネルギーのまち」です。役場で伺うと廃校はなんと五か所もあるといいます。さっそく現地へ向かいました。幹線道路を離れぐんぐん標高を増していくと林道という感じで人家もなくなって、迷ったかなと微かに不安が頭をもたげてきます。長いトンネルを抜けると、突然、山々に囲まれた小さな集落が目に入ってきました。道端に、列車の車掌車が見える。と思うと、まもなく小さな分教場の廃校が姿をあらわしました。まるで銀河鉄道の夜に登場してくるような青い色の車掌車に入ってみると、小さなオルガンと本棚が置かれていました。学校だった頃図書室がわりに使っていたことは後で伺って知りました。どういう経緯かはわからないけれど、わざわざお金をかけてもここまで車掌車を移動させて置こうとしたＰＴＡの方々と先生の熱意がきっとどこかにあったのです。その思いのようなものを引き継ぎたい、と思いました。ここだ、と直感的に決めました。半年探して見つからなかった廃校が、一瞬で見つかりました。つくづく、縁なのだなと思います。東山町に入ったのも、賢治が取り持つ不思議な縁でした。今回もそうでした。役場のご担当の方にすぐに電話すると、そうでしょうとまるで決まっていたかのように声がやさしかったことを今も覚えています。それからは、教育長さん、町長さん、そして地区長さんと話をつなげていただきました。あっという間に本当に「森と風のがっこう」[*2]は現実化してしまいました。わずか一カ月足らずでＯＫし、今も陰に日に応援していただいている葛巻町はただものではありません。役場の窓口となってくれた方が、地域のお母さんたちとこだわりのそば屋を起こした方で、地域づくりの喜びも苦しみもよくわかった方でした。その方の存在が私たちにとってはどんなに幸いとなったかわからないと今も深く感謝しています。

*2　標高七百Ｍの山麓に位置する岩手県葛巻町旧上外川分校跡に、町の協力を得て岩手子ども環境研究所が昨春から開校したエコスクール拠点。自然エネルギーの力も生かした楽しみながらの露天風呂づくりが目下の目標。

(5)　動けばカタチが変わる

何からはじめるか。まずは掃除プロジェクトだ、とたまたま集まった大学生や若者たちと泊まり込みで掃除を始めました。屋根の上からトイレや教室まで噴霧器でＥＭを撒いていると、道端を通りかかった隣のお爺さんが、何か甘酸っぱいいい匂いがするねえと立ち寄ってくれました。そう、リンゴのようないい匂いがします。掃除をしていたら、今度は職員室の本棚やベンチにペンキを塗ってみたくなってきました。翌週、からだに安全といわれるエコペンキで塗ると、モスグリーン色のいい本棚に再生しました。元職員室には気持ちの良い布や絵がかけられ、本棚も少しずつ本が持ち寄られていきます。動けばカタチが変わる、とかかわった誰もが実感できるのがここの良い点かもしれません。すべてを用意しない。プログラムもあるようでない。動くべきことは、ここに居ることで自然と見えてくるのです。草むしりに飽きたら、気持ちの良い初夏の風に吹かれてお昼寝をします。携帯電話あっという間に一日が過ぎていくという感想を残していく学生も実際多いです。

が通じないというのもここは何かに守られているという気がします。

(5) 子どもオープンデイが始まったよ

二〇〇二年度四月から小学校で始まった週休二日制に対応して、月一回土曜日に子どもたちと遊ぶ「子どもオープンデイ」を大学生や若者たちといっしょに始めました。「いわゆる勉強は一切やらないことにしよう。ここは学校ではないからね」私が一番はじめに言ったのはそれだけだったと思います。もうひとつのカタチの「がっこう」なのだから何をやってみたいか、まずは個々の思いありきです。楽しいことにしか人は動かないとつくづく自分を見つめてきて思います。やらされていること、本意ではないけどとりあえずやっていること、テストが評価してくれるからやっているということが、学校教育のなかではあまりに多すぎます。せめて、ここは学校ではないのだから、自分ですべてを決めて動き出す場でありたいという願いをどんな場でも貫きたい

自然エネルギー寺子屋参加者。後方車掌車には太陽光パネルを取り付けた

と思います。というわけで、石釜でピザを焼こうとか、ヒコーキ投げ選手権だ、カンけりだ、手づかみで雑魚取りだ、秘密基地をつくろうぜ、と次々とやりたいことが出てきて止まりません。おとなも子どももやらされることが多すぎるのかもしれません。だから、何でもやっていいとなると緊張がほどけたように湯水のようにやりたいことが流れ出してくるのです。

自分自身がここで何がやりたいのかを自問自答し、こうあったらいいなという夢や思いをもとに幾つもの図や言葉にあらわし、話し合ってきました。その過程のなかから、「自然エネルギー寺子屋講座」がぐんぐんと流れるように前に進んでいきました。

自然エネルギー推進市民フォーラム代表の都筑建さんがチラシに書いてくれた言葉を私は今も気に入っているので紹介してみましょう。

「…自然を生かすこと。自然といっしょに生きること。自然のエネルギーを慈しむこと。廃校再利用のプロセスにこれからの豊かな地域がよみがえる…」

問われているのは、自然を慈しむという謙虚さ、言い換えれば私たちの自然観そのものなのだと思います。昨年連続開催した自然エネルギー寺子屋は今年も第Ⅱ期を準備しています。ペットボトル温水器や露天風呂、教材を作ったりする予定です。生徒として寺子屋に参加してくれた松井ご兄弟（齢七〇を超えて今なお青年の意気高し）は、揚水水車やペレットストーブまで廃品利用で作り上げてしまいました。もう今では私たちの大切な先生です。小学生からお年を召された方々まで、遠方からわざわざ通ってくる人あり、初めて出会う人々ありと実にさまざまな人種、経歴の人々が廃校に寝起きして夜遅くまで熱く語り合い、太陽光パネルを背にかつぎ、風力発電を取り付ける廃電柱を探し、見様見真似で若者たちや中高年の人々が集落の人々とともに配線します。小さな灯火がともった瞬間、どこからともなくあがった歓声は、やればできることへの確信から出たものなのだと思います。世にいうところの持続可能な未来、持続可能な地域は、このようなそれぞれの個々の確信、感覚の積み重ねにおいてしかその姿をあらわさないと私は本当に思います。

ここは子どもたちだけのフリースクールでもありません。老若男女みんながなぜかいて、犬もいて猫までいて、混沌があるだけです。ひとりでぼーっとしてる子もいます。それが自然なのだと思います。ひとりひとりが自分のなかの自然を見つめて、自分にしたがえばいいのです。何かが始まることも、始まらないこともあっていいのです。

私や研究所のスタッフ、そして参加者はここ葛巻町で、自然の圧倒的な力や、この土地の移りゆく気候風土を肌身で感じることができます。よそ者の私

地元の人びとといっしょに風力発電の組み立て

たちは、葛巻町の人々が受け継いできたこの土地の生活の知恵にただ感動し、驚嘆の声をあげることしかできません。それでも、この森と風のがっこうをステーションとして、自然エネルギー、エコライフ、子どもの居場所づくりを同時にひとつのものとしてつないでいく流れを少しずつ進めてみたいと思います。宮澤賢治はかつて羅須地人協会を岩手に拓きました。私やここに集う人々の力はまだ微力だが、子どももおとなも集える遊びと学びの実学の場を、森と風のがっこうとしてこれからも拓いていきたいと願っています。

　欧米ではエコステーションと呼ばれる子どもたちの環境教育拠点が数多くあります。お勉強などとかしこまらなくても、本当の学びはいつも私たちの周りに満ち溢れています。さあ、さあ、森へ出ましょう。お楽しみはこれからです。

【吉成信夫　森と風のがっこう】

正式名称　森と風のがっこう

所在地　〒028-5403　岩手県岩手郡葛巻町江刈四二地割一七番地

TEL・FAX　〇一九五（六六）〇六四六（開講中のみ）

連絡先　代表　吉成信夫

〒020-0126　岩手県盛岡市安倍館町九―二五　岩手子ども環境研究所

TEL・FAX　〇一九（六四五）九六六〇

主な活動　自然エネルギーがっこう・子どもオープンデー・全国廃校再利用フォーラム

一言PR　～次の世代のブドリとネリのために～

岩手から廃校利用のネットワークを作り出そう

6 自由のなかから生きることを学んだ子どもたち

(1) 香川県で初の民間フリースクール

ヒューマン・ハーバーは一九九六年九月一六日に民間のフリースクールとして香川で初めて誕生しました。教育県として全国でも有名な香川は公立高校へ行くことが一つのステータスであり、公立へ行くことができなかった学生が私立へ…という土壌のなかで、「フリースクールって何」「フリースクールなんて…」という人間としての尊厳さえ損なわれそうな価値が支配する社会で、子どもが育ち成長する姿を示すことにより「子どもの学ぶ権利」の体現として居場所を確立してまいりました。ヒューマン・ハーバーをスタートさせるにあたり、それぞれのカラーが違うアメリカのオルタナティブスクールを五校見学したのですが、そこでの子どもは、自治と、自由と、自己責任のなかで、子どもらしく生き生きと育ち、自己の内なる才能を限りなく発揮している姿を目の当たりにすることで香川県という閉鎖的な土地には、子どもの居場所が必要だと確信に至りました。

オープンした当時、広報活動をするわけでもなく、ネットワークももたない状況で、子どもたちはこの場にくるのだろうかとも思っていたのですが、本当に必要な場なら地域に根ざしていくだろうと、とりあえず居場所としてアパートを借り、開放しました。九月一六日に一人の女の子がきて、「こんな場所が本当に欲しかった。今日から入会したい」と

フリースクール・フリースペース　フリースクールは、本来、子どもの自由と自主性を尊重することを理念とする学び舎のこと。教師と生徒の信頼関係に基づいて、学校生活の規則も授業への出席も、すべて生徒の責任と自主性にゆだねられる。フランスのフレネ学校、ドイツのシュタイナー学校、アメリカのクロンララ・スクールなどは世界的に著名なフリースクールの先駆である。日本で八〇年代以降増加したフリースクールやフリースペースの多くは、不登校等の具体的な悩みを共有することから生まれたセルフ・ヘルプ・グループ（自助団体）としての色彩が濃い。九〇年代に急増ぶりが目立ったフリースペースは、学校とい

すごくうれしそうに言い入会しました。その日から彼女と二人で徹底して遊ぶ毎日でしたが、二〜三日すると一人…また一人…と人伝てに子どもたちが集まってきました。三〜四人集まった時、何もない場所を自分たちでどうしたらいいのか話し合い、自分たちにとって居心地のいい場を少しずつ作りあげていきました。しかし、二人でも三人でも人の集まるところは、自分たちでルールを作らないと無法地帯となり、誰かにとっては居心地が良いところでも、他の人にとってはとても居心地の悪い場所になるので、週一回ずつのミーティングを機能させ、ルール作りから始めることにしました。日本のフリースクールは、諸外国のオルタナティブスクールのように親と子どもがそこで学ぶことを選択するというより、いじめやその他の理由により学校に行けなくなった子が、やむを得ずくる場所という気持ちがありますので、ミーティングでしゃべったり、自分の気持ちを言葉にして表わすことはとても苦手な子たちばかりでした。しかし主宰者である私がリーダーシップを取ると学校と同じように大人に何かをやらされるという感覚になるので、子どもからの自発的な意見が出るまで、全体の様子を見ながらひたすら待ちつづけていると、子どもたちは「自分たちのことだから自分たちで何とかしなければ…。」という意識を持ち、苦手なミーティングにも少しずつ参加していくようになったのです。

うよりも、子どもを含めた比較的多様な人々の「居場所」である。生活様式の変化と教育問題の深刻化が進む一方、既存の地域子ども施設などが「居場所」として機能できないもどかしさも手伝って、フリースクールやフリースペースへの関心が高まりつつある。

(2)　ミーティングを基本に、活動をつくる

ミーティングはヒューマン・ハーバーの中心的な行事で、そこでは日々の活動を決めたり、仲間との関係で不都合なことが生じた時、問題と思うことを出し、フェアーな情況の

なかで、自分の不満、怒り等を出すようにしてきました。大人社会でも、学校でも、人のことを陰でコソコソ言っている間に相手は反論もできず「いじめ」の構図が出来上がっていくと思うのですが、そんな体験をし、一度傷ついた子どもたちが、再びフリースクールというコミュニティーのなかで傷つくことがあっては立ち直ることが難しいと思うのです。ですから、相手が反論したり、誤解を解くための時間を作ることは民主的なコミュニティーを作るうえでとても重要だと思います。人と人がかかわるところで、けんかや思い通りにいかないことは沢山あります。しかし自分の気持ちを伝えるスキルを少しでも培うことは、最終的に社会に出ていく子どもたちにとって必要なことだと思っています。月に一度のヒューマン・ウォークという行事も、目的地をミーティングで決め、五㎞位を目安にみんなで歩きます。世間では、フリースクールに行くような子どもたちは「精神がたるんでいる」とか「わがまま」とかあまりいい評価はされていないようですが、私から見ると、とても個性的で豊かな感性の持ち主であるがゆえに、枠のなかにおさまるのは難しいと思います。ですから、五㎞ウォークの話をすると「精神を鍛えるのが目的ですね」と言われますが、決してそうではありません。小学校一・二年生~高三の年代の子たちが、同じ目的地に向かって歩く時、体の大きい子が小さい子の様子を見るとか、仲間を慈しむ心を育てるとか、季節を感じるとか、とても多くのことを学びます。これは学校教育で少しずつ失われてきている部分だと思います。歩いた先が、山や公園だった場合、これもヒューマン・ハーバーの月間行事であるヒューマン・メディテーションを行ないます。一時間という決められた時間内に、少し意識して自分の心と語り合ったり、内面を見つめ直したり、季節の香りを膚に感じたり、風や小川のせせらぎの音を聴く等自分の五感に響くものを感じ取ります。子どもと接して強く思うのは、子どもは五感が豊かに育つとどんどん自分のなかに秘められた能力が発揮され始めるようです。学校に行っている子どもは、学校行事に追われ家に帰ってもゆっくりする間もなく、塾に行ったり日々の勉強・受験勉強に時間を忙殺され、感覚を豊かに育てることをすっかり忘れてしまっているように感じます。

ヒューマン・ハーバーではその他にもミーティングでみんながやりたいことを話し合うのですが、バンド活動、農作業、老人ホームでのボランティア活動等があります。農作業はヒューマン・ハーバーから一時間位車で行ったところで、自然農法を営んでいらっしゃる農家で体験しています。ニワトリが二〇〇羽位と犬やネコがいて、とても広々とした環境のなか、心身ともに解放感を味わうことができます。スーパーに行くと年間通してどんな野菜でも手に入る現在、夏には夏野菜、寒い冬には土地の手入れ等野菜を作る方が毎日愛情をかけて育てていらっしゃる姿を見て、偉大な自然の厳しさや、大地の暖かさを感じ、自然と人間が一体にならないと体にいい、おいしい野菜は育たないのだということがわかります。そんなことから「自然に優しい生活をするにはどうしたらいいのか？」「自分に出来ることは何か」に気づき、子どもたちは知らず知らずのうちに環境問題も考えるようになってきました。

老人ホームを訪問することも、子どもにとっては大きな意味があるようです。少子化や核家族が問題化されてかなりの年月が経ちますが、子ども社会から何が失われたのでしょう。兄弟が減ることで、人とのかかわり方が苦手になってきたのも事実でしょう。兄弟ゲンカをしながら、どこまでしてもいいのか、どこで人と折り合いをつけることが必要か等を自然に学ぶことができたはずですが、現在はそんなことを学ぶチャンスも少し減ってきたようです。また核家族になり、家族全体も小じんまりしてくると、ますます親子関係にも閉塞感が出てきます。口うるさいと思っていたおじいちゃん・おばあちゃんたちは生きる知恵袋を沢山もっていて、生活のなかで必要なことはいろいろな機会に話してくれたり、地域のなかで、子育てのサポートもしてくれるシステムがあったはずなのに、だんだん子育てはお母さん一人にまかされ、相談相手の少ないお母さんが孤立してしまうような悪循環が生み出されてきたのではないでしょうか。そんな現在、老人ホームの訪問は、ボランティアで何かをしてあげるのではなく、自分たちにできることを捜してお手伝いしたり、時には自分たちより長く生きてこられたお年寄りから、多くのことを学ぶいいチャンスだと思います。年を取ることは目が見えなくなったり、耳が聞こえにくくなったり自分の足で歩けなくなったり、若く健康な時には当たり前だったことを、一つ一つ捨てながら身軽になって、神様のところへ行くのでしょう。やっぱり老いることの淋しさというものを、老人ホームに伺ってお手伝いさせていただきながら痛感します。子どもたちは一体何を感じるのでしょうか?　一日でも長く生きてこられた方々に尊敬の念をもち、なかなか開いて下さらない心を開いて下さった時には、多くのよろこびをいただきます。そして自分の両親が年老いていく時、どのように接したらよいのかも教えていただきます。子どもにとって今したいと思うこと、今していることは、どれひとつ無駄なことってないのです。もちろん大人にとっても同じことが言えますが…。

(3) アメリカ体験旅行―異文化に触れて学んだこと―

ヒューマン・ハーバーの月例行事以外にも、いろいろなことがありました。オープンして二年後の一九九八年六月にアメリカ体験旅行をしました。この時一番年が若かったのは、小学校一年生の男の子です。あと、中学校・高校年代の子どもたちと、私とスタッフを含めた一三名の旅でした。

まず資金作りから考えました。アメリカ旅行のためチャリティーパーティーを企画し、毎月のようにランチ・パーティー、ディナー・パーティー、クリスマス・パーティーと続けました。まず料理はどんなものにするのか、フランス料理、スペイン料理、日本料理等々と案が出て、それにあわせて料理を教えていただき、テーブルセッティングやサービスについては、アメリカから高松に来ていた人に教えてもらいました。そしてパーティー券を買っていただき、食事のあとは自分たちの二つのバンド「リメンバー」「ギャランドゥ」の演奏を楽しんでいただくというものでした。第一回目は七〇人位の人が集まり、不慣れなこともあって、テンヤワンヤしましたが、子どもたちと親の会の皆さんが協力して、満足した一日となったのです。後片付けが終わったのは夜中の一時過ぎだったかと思いますが、大仕事を協力して仕上げた充実感で、体力的にはボロボロに疲れていたのに、とても輝いた顔で「お疲れ様、またあしたね」とお互いに声をかけあって帰ったのを覚えています。はじめから「恐いもの知らず」でとても大きなイベントを次々にこなしたせいか、今や企画・運営する力がついてきて、ハーバーの子どもたちにまかせておけば大丈夫と言われるようになってきました。

心の教育・生きる力・体験学習　中央教育審議会は一九九六年から九八年にかけて幾つかの答申を発表したが、ほぼ共通に訴えられたことは、「心の教育」の推進であり、それは、「生きる力」を養うこととされた。「生きる力」とは、①自分で課題を見つけ、自ら学び、自ら考え、他人とともに協調し、他人を思いやる心や感動する心＝豊かな人間性、②たくましく生きるための健康や体力と説明されている。この「生きる力」を育む上で注目されたのが、「体験学習」である。それは、特に対象への直接的な働きかけの過程で、対象自体についての認識や対象間あるいは働きかけ方自体について学ぶという学習形態である点に特色がある。積極的に政策的な導入が図られるようになったが、その後の各地での展開を見ると、実態は、変・稀・珍なる一過性の体験の機会を大人が子どもたちにプロデュースすることに終始するものが多く、「体験学習」

そして、自分たちで作った資金と、不足分は親御さんに助けていただき、二週間の体験旅行に出かけたのですが、アメリカに到着した日から三日間インディアン・テント（ティーピーテント）でのキャンプ生活になりました。自然のなかで馬に乗り、山道をかけめぐる乗馬や、カヤックというカヌーに乗り、二人一組で急流を下る途中、木の枝に引っ掛かって川に転落するなど日本では考えられないワイルドな体験をしました。そこで出会ったキャンプディレクターの青年は今でも私たちの心に残っています。もう一度希望する人に会わせてもらえるチャンスがあるとしたら、彼に会いたいと思っています。彼との出会いが、自分の人生の指針になったハーバーの女の子については、後程紹介したいと思います。

その当時のハーバーのメンバーはまだまだ自信もなく人の目が気になって、電車に乗ることさえ怖がっていたのですが、日本と全く違う文化をもつアメリカという土地で心が解放され、とても生き生きとした表情をしていました。そして街を歩くアメリカの人々はとても明るく、目があうとニコッとあいさつをしてくれたり、見るもの全て目新しく好奇心のかたまりの子どもたちは、旅の二週間、今までに見たことのない顔を見せてくれました。アメリカ旅行の話が出た時、親御さんの一部からは「そんな贅沢なこと…」という意見もありましたが、目的をもって

の中身の充実や方法の精緻な検討が求められる状況となっている。

自分たちで働き、お金を得ることの大切さを学んだり、文化の違いを膚で感じることの重要性を理解してもらい、未知の世界へ出発したのですが、それぞれ違う多くのおみやげを心のなかに持って帰ったように思います。

(4)　沖縄自転車旅行――自信と信頼を培った四二日間――

そして二〇〇〇年三月一六日には四二日間の沖縄自転車旅行へ出発しましたが、この旅も子どもには貴重な体験となりました。なぜこんな途方もない計画が出たのかと思われるでしょうが、出発の一年程前にボランティアスタッフの実家がある徳島へ行った帰りの車のなかで計画は始まりました。「どこかへ旅行したいねェ」「北海道か沖縄はどうかな」「北海道は寒いから沖縄がいいね」「でもお金がないから自転車で行ってみたい」というとりとめない会話をしていました。なかなか具体的にはならなかったのですが、しばらくしてまた話が持ち上がり、「それじゃどうやって資金作りするの?」ということで、アメリカ旅行の時以上にフリーマーケットに出店したり等と目標額を決めて、張り切っていました。

そしてメンバーのなかではコミュニケーションスキルは低いが情報収集能力のすばらしい男の子が沖縄までの地図を拡大し、ルートをグリーンのペンで書き込み、危険地帯には赤丸をつけて持ってきました。子どもたちは、このようなものが目の前に出てくると思考回路が動き始め、具体的に何をいつまでにすればいいのかというような計画性が出てきました。

そして全く素人の自分たちが一六人で自転車旅行するには、知識豊かなサイクリング部の人にアドバイスしていただきたいとインターネットで声をかけたり、沖縄までの道中、宿を提供して下さる方などにも呼びかけが始まりました。幸いなことに大学のサイクリング部のキャプテンから連絡が入り、旅行に必要なテントのこと、足となる自転車の購入、食事に必要なことについての情報をいただき、備品の購入から三グループに分かれてアップ・ダウンの練習、二ヶ月近くの荷物をサイドバックに詰め込み本格的な装備をしての走行練習、雨の日に走る練習、テントを張る練習をしたうえで、最後には小豆島の寒霞渓まで一泊の旅をして練習は終了しました。

いよいよ出発という日、私には一つの課題がありました。二年近く閉じこもっていた少年が、ハーバーに見学に来たいと母親から数回連絡があったのですが、当人はハーバーの子どもたち全員がスポーツをしている時に見学に来たり、そのあと自転車旅行に参加の意志があるということだけ聞いていました。「数回の走

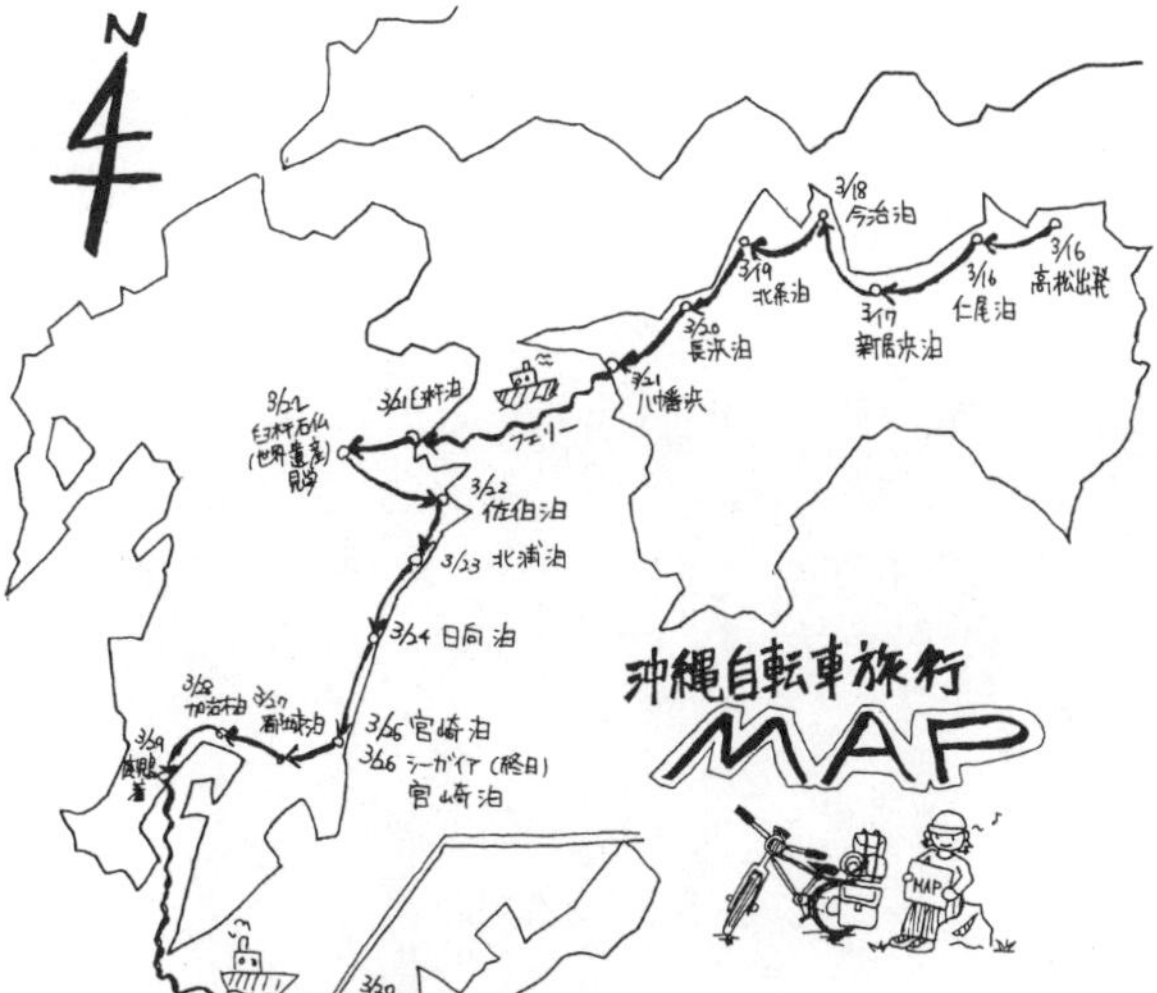

行練習の時には必ず参加して下さい」と伝えていたのですが、どうしても無理だったようで「最後の寒霞渓一泊旅行には、是非参加して下さい」と強く念を押し、親御さんからは「必ず参加させます」という返事をいただきながら当日フェリー乗り場に行ってみると、本人から「全ての準備ができているのにフェリー乗り場まで来ることができない」という伝言がありました。そんな経緯があったので、まさか一カ月以上の旅に参加するとは思えず、出発当日も彼が参加した場合のメンバー表と、不参加の場合と二通り用意していました。

そして当日はあいにくの雨。こんな天候のなか、彼は多分不参加だろうとみんなにグループ割を伝えようと思ったその時、彼がとても堅い表情で私のところへ来ました。彼にはまだ会ったこともない子たちと旅をする勇気を誉め、そして今から始まる旅の大変さと、続けられなくなった時には自己責任において自力で帰らなくてはならないことを伝えましたが、堅い表情ながらも、はっきり自分の意志で参加

したいと伝えてくれました。道中も表情の堅さはなかなかとれなかったのですが、寝起きを共にしていく間に、気心も知れ安心できる仲間になっていったのでしょう、帰る頃にはとてもいい表情をしていました。旅から帰り「いつ帰るかわからない、そして知らない人たちと旅するなんてとても勇気がいることなのにその勇気ある決断をどうやってしたの?」と彼に聞くと「閉じこもっていた二年間は、すごく苦しかった。もちろんどんな人がいるのかもわからないが、ここで自分を変えないと……何かしてみないと、この苦しさを引きずって出口が見えなくなると思ったから」と言っていました。今でも時々、気分が落ち込む時はため息をついて自分の苦しさをアピールしていますが、仲間に受け止められながら、一歩一歩前進しているように見えます。旅の間に二回救急車を呼びました。一回目は指をハンドルと道路脇の反射板に挟み、爪が剥れて大量の出血で道路にしゃがみこんだ子に対して、救急車で病院に連れていった方がいいと同じグループのリーダーが判断して呼んだのです。そしてリーダーは救急車に一緒に乗り込み病院まで付き添ったのですが、その場に二台の自転車と自分の自転車を持った二人の子どもが残りました。私たちスタッフから何の指示もされませんので、次の目的地までどのような方法で行くのか、彼らの判断に全て任されるわけです。この時、フリースクールで生活している子どもたちは絶えず自分の頭で考え、実践する力があることが、見事実現されました。救急病院で治療を終え、その日の目的地まで行ってみると、なんとそこには残された自転車と、残った二人のメンバーがいたのです。私は興味を持ち「どうしたの?」と聞いてみると、まず残された二台の自転車を草むらに隠し、自分の自転車に乗って近くの材木店まで行き、自分たちが困ってい

引きこもり　精神病以外で、六ヶ月以上自宅に引きこもって学校や仕事に行かない状況のこと。全国の保健所などには、年間延べ六〇〇〇件以上の相談が寄せられており、全国で数十万人が引きこもり状態にあるといわれるが、正確な人数はつかみきれない。六割は成人が占め、長期化するケースも目立つ。様態と要因は様々であり、何らかの心理、社会的脈絡で外界との関係を失い、人間関係の不信やコミュニケーション不全に陥っている状態であるため、当事者の苦しみが外部に伝わりにくく、家庭等で問題を抱え込んでしまうことが多い。

ることと、手伝ってほしいことを伝え、残された二台の自転車を目的地まで運んでもらえるように交渉したそうです。考え行動するスキルが育っていないと、とてもこんな瞬時の判断はできないと思います。そして、ケガをした子は、みんなの心配そうな顔に出会って、「仲間がいるってこんなにうれしいことなんだ」と切実に感じたそうです。

行きの予定だけで、帰りの計画は目的地に着いてからみんなで考えるということにしていましたので、偶然四二日間となりましたが、二カ月になったかもわからなかったわけです。九州では、子どもたちにとって予想以上に峠越えが厳しかったり大雨でずぶぬれになったり、想像以上に厳しかったのですが、多くのことを学び、体験してきたようです。一つは、仲間がいるから達成できた充実感。そして旅の途中、土地の人々から暖かい励ましの言葉や、その土地の名産物をいただいたり、人の暖かさを膚で感じ「どんなところでも生きていける」という実感があったそうです。学校で傷つき、人を信じることができなかった子が、生きる力や人の暖かさを感じられたのは、こんな旅があったからこそだと思います。

(5)　ヒューマンハーバーからの船出

ここまではさまざまな体験を通して、子どもたちが何を学んでいるのかについて触れてみましたが、「フリースクールを出た後、その子たちはどうなるの?」という点についてお話したいと思います。

興味のないことを押し付けられたり、日々の競争のなかで子どもたちは勉強することにとても拒否感を持っています。しかしアメリカ体験旅行のところで少し触れましたが、その子についていえば、彼女はあの時出会ったキャンプディレクターの青年が育ったアメリカ社会で生活してみたいと強く感じたそうです。そしてヒューマン・ハーバーで充分自分らしい生活をし、心にゆとりも出てくるとどんどんその夢はふくらみ、そんな時に大検の情報に触れ、ピンときたそうです。大検を受験し、アメリカの大学に行こうと。そんな強い思いで勉強をはじめた彼女の集中力には、殺気立つものがありました。ヒューマン・ハーバーのなかは、ギターを弾く子、テレビゲームに熱中する子、おしゃべりする子とワイワイガヤガヤしているのが常なのですが、彼女はその一角を陣取り、受験勉強をはじめました。互いの立場を尊重することが大前提になっていますので、勉強しているところを邪魔したりせず、少し小声でおしゃべりしたり、それなりにまわりも気をつかっていました。彼女は一〇日間位猛勉強して、大検の全教科をクリアーし、翌年東京にあるアメリカの大学の日本校へ無事入学しました。それを機会にヒューマン・ハーバーも卒業という形で巣立っていきました。

また今年ヒューマン・ハーバーを卒業する子も、将来看護婦になりたいと目標が定まった時点で勉強に集中して、一回で大検の全教科をクリアーしました。そして今年看護大学の受験に合格して、四月から大学へ通うことになったようです。卒業にあたり先日会って話したのですが、彼女は「将来、発展途上国に渡り、医療を受けられず死にゆく子どもたちを一人でも助ける手伝いがしたい」と目を輝かせていました。

不登校の子どもたちが年々増加することで、以前程世間の目は冷たくないのですが、多くの大人たちは「学校に行けなくなったらフリースクールという選択肢もある。しかし勉強もせず将来どうなってしまうのだろう」と、まるで人生からドロップアウトしてしまったようにおっしゃいます。しかし、ここに書いた二人の子どもたちが特別なのではありません。絶えず自分について真剣に考えている子どもは手かせ足かせとなる世間の価値観に縛られる自分をとことん崩し、ゆっくり考える時間を持つことで将来の目標なり、夢を持ちはじめたときには集中力も上がり、自己能力も全開します。このプロセスの途中、大人が待つことができずに口をはさむと、子どもは自分の目的を成し遂げることができず中途半端になってしまうので、その点についていつも残念に思っています。

【木村清美　フリースクール「ヒューマン・ハーバー」】

正式名称　フリースクール「ヒューマン・ハーバー」

所在地　〒761－8064　香川県高松市上之町三丁目三－七

連絡先　TEL　〇九〇（七六二三）六四九六　FAX　〇八七（八六五）〇一五七

e-mail：human-harbor@mx8.tiki.ne.jp

URL：http://ww8.tiki.ne.jp/~human-harbor/

主な活動　パンフレットをご参照下さい。

機関紙　会報「Human Harbor」（二ヶ月に一回発行）

4 子育ち・子育て支援の多様な展開

1 高崎子ども劇場の実践と課題

高崎子ども劇場は一九七二年に発足し三〇年目を迎えています。高崎市は人口二四万人の中型都市で新幹線で東京まで一時間という、今では通勤距離内です。子どもの環境も塾やお稽古、スポーツ少年団活動やゲーム、ファミコンといったメディアもあたり前に生活のなかにとけ込んでいます。特記するとすればマイカー保有率は日本一ではないでしょうか。

便利な生活のなかで子どもたちの生きる力が心配されるのは日本中どこも一緒かもしれません。高崎子ども劇場も「子どもに夢を　たくましく豊かな創造性を」と掲げ悩みながら学びながら三〇年間を創ってきました。

子育て・子育ち支援
少子・高齢化が進行する中、家族の養育・教育力の低下も深刻な状況に達していることが判明した。何らかの積極的な社会的支援が必要であるとの認識が関係者の間で広まっていった。一九九二年、東京都児童福祉審議会が「子育て支援のための新たな児童福祉・母子保健のあり方について」と題する答申を発表した。地域内に所在する福祉・保健・医療・教育などの関係施設の協力に基づく包括的な支

(1) 高崎子ども劇場の紹介

この間の歴史を簡単に振り返ると一九六六年から高崎演劇鑑賞会の前身高崎労演親子劇場として六年間一六回の鑑賞会を実施し、準備期間を経て関東地方では五番目の子ども劇場として誕生しています。

発足からサークルを集団の基礎とし、十年間は年四回～五回の舞台鑑賞と自ら創り出すお祭り「子どもまつり」、「親子キャンプ」や子どもと青年でつくりあげる「子どもキャンプ」を中心に活動が展開されています。またこの時期高崎では青年が会の活動に多数参加し、独自な活動として人形劇研究会や舞台劇研究会、子ども文化部なども発足させ、勝ち負けにこだわらない皆で楽しめる「メチャクチャ運動会」や「文化祭」「映画会」等も企画しています。組織的には一九七九年に中高生グループが発足し一九八一年には子どもの年齢や発達に則した活動や鑑賞の充実をめざして、高学年部準備会が発足、一九八三年には低学年・高学年のサークル分けなども進んでいます。そして一九八四年には高学年部委員会が発足し、中高生・青年が中心に、夜間ハイキングや中高生合宿、高校生サークル主催の文化祭「ロックコンサート」等も企画しています。人形劇研究会や舞台劇研究会は公演活動も開始しています。

会員数も一七〇〇名を超え、地域に根ざすことをめざし、子どもまつりや子どもキャンプが三つの地域で開催されたり「地域のすべての子ども達に生の舞台を！」と地域公演も一七ステージ三千二百名が鑑賞したりしています。また、一九八二年～一九八七年の六年間に、遠方から参加していた会員が地元に子ども劇場を創りたいと奔走し、安中松井田子

援体制作り等を訴えるものであった。こうした新たな支援策を表現するコンセプトとして「子育て支援」が提起されたのである。国の政策・施策作りにも受け入れられ、一九九四年のエンゼルプランなどを通じて一般にも広く知られるようになった。一方、「子どもたちが主体的に取り組む育ちの試行錯誤や自己実現に向けた挑戦」（子育ち）を支援しようという考え（子育ち支援）も広まりつつあった。一九九〇年代前半、児童館・学童保育の改革運動の中で、小木美代子によって提唱された。

ども劇場、伊勢崎佐波子ども劇場、藤岡子ども劇場、富岡子ども劇場、を発足させ地域に合った子どもの文化の拠点として活動を開始しました。一九八六年（一五年度）には会員数も二千名に達し、高崎南・北・東と三分割をしています。舞台鑑賞も最高時には三劇場で一九作品を鑑賞しています。

(2)　子ども劇場弱体化と再生へのあゆみ

しかし、この分割以降、一つ一つの子ども劇場の規模が小さくなったことで担い手不足や財政規模の縮小から、活動の広がりとは反対に会員数の伸び悩みや活動の形骸化が生まれ一九九一年（二〇年度）には会員数が一〇〇〇名前後にまで減少しました。年間一五回の舞台鑑賞の運営に追われ、子どもキャンプが開催できない劇場も出てきました。

高崎子ども劇場の活動は、会全体で取り組む子どもまつりやキャンプ以外は単発の要求実現型が多かったように思います。また、青年や高校生の減少もあり会の運営が母親中心になっていました。

子ども劇場の県組織が発足して四年目の一九八九年には県内中高生交流会が開催され、改めて「子ども自身がやりたい事が実現できる場所」として子ども劇場を捉え直すことができました。

交流会実行委員会の中心に高崎の高校生がかかわっていたこともあり、子どもたちがどんな学校生活を送っているか、思春期といわれるこの時期、自らがどんな体験をして成長していきたいかを一緒に考え合うことができました。

子どもが豊かにたくましく育つことを願う私たちにとって、大人は何を学べばよいか、子どもに関わる大人はどうあればよいのかを考える転機となりました。

子ども劇場の運営が困難をきたしたとき、その道を拓いてくれたのは高校生や子どもたちでした。「子ども劇場って俺たちがやりたいこと何でもできる会なんだよね？」会の運営を安定させるために会員をどう増やすかに汲々としていたとき「中高生でバンドするんだけど、俺たちだけじゃつまらないから大人も何かしない？」と高校生から声をかけられ、親子で作る舞台劇「ハーメルンの笛吹き」、巻き絵紙芝居と手あそびで参加した青年と久々に渾然一体になって「子どもカーニバル」と称し、楽しい時間を過ごすことができました。

子どもたちが求める「やりたい」をどう理解するか、一九九〇年に国際法として発効された、「子どもの権利条約」を子どもたちとも学ぶ場を創りだし子どもと大人の意見が食い違う時一緒に考え合う材料としました。また、大人はさらに深めて、子どもと大人のパートナーシップをもとめて、子どもの参加に関する条項（意見表明権、集会結社の自由、表現情報の自由、…）の学習会や講演会を開催しながら大人の共通の子ども観の獲得をめざしました。

子どもたちが動き出したことで、一九九二年には、子どもがたくましく豊かに育つ子ども劇場のあり方を真剣に模索しはじめました。そのなかから子どもたちの体験を保証する活動として三つの方向が見えてきました。

- 思春期を見通した乳幼児期の子育て環境の整備
- 異年齢の集団で大人と共に創り合う継続した活動

・子どもたち自身が創りあげる活動

(3)　三つの視点から生まれた活動

ドラマスクール（一九九五年～現在まで）

子どもの活動に取り組んでいるなかで、自分の意見がなかなかもてない子、「皆と同じ」が大切で自分を表現しようとしない子、思いどおりに自分を表現できない子どもの姿に出会った時、「もっと自分に自信をもってほしい、」「自分が好き、」そんな気持ちがもてたら生き生きと自分を表現できるのではないかと考え、いくつかの表現活動を開始しました。と同時に表現活動指導者養成講座や大人も体験する表現ワークショップ等開催し、活動から疑問が生じるとすぐに話し合い学ぶという姿勢で子どもたちと取り組んできました。この七年間に一三回の発表の場を実現してきました。いずれの公演も発表することがはじめに目的としてあるのではなく、通常の集まりは、集団あそびや表現あそび、見立てあそび、即興劇などを通して自己解放や人と交流する楽しさ、仲間と協力する体験を基本に活動しています。その結果子どもたちの「表現したい」「自分たちの表現してきたことを見てほしい」という気持ちが満ちてきたところから劇づくりがスタートし公演にこぎつけます。この頃にはその子らしい生き生きとした子どもの姿が見えてきます。

現在も八月の公演に向けて一五名の子どもたちが毎週元気に集まっています。

こぐまちゃんの会　乳幼児の子育て基礎講座（一九九八年〜現在まで）

子育て真っ最中の母親たちが親子で楽しく過ごすための工夫は、子ども劇場のなかでも力を入れてきた活動の分野の一つでした。子育てに関する講演会や人形劇やコンサート、演劇等も鑑賞するだけでなく準備の段階から親子で楽しめるような工夫をこらしてきました。集まっておしゃべりするなかで「子どもがかわいいと思えない」「泣いてばかりいて楽しい時間が過せない」「子どもがいつもイライラしている」といったような声が聞かれるようになり、子育ての困難さが伝わってくるようになりました。日本の社会全体でも思春期の子どもたちの荒れた行動が連日新聞やテレビで報じられ、このままいったら子どもたちの未来はどうなってしまうのか、子ども劇場の掲げる「子どもに夢を」…と考えたときに、今大人として何をするのか。応急処置的な楽しい出会いを企画しながらも私たちは子どもを知る学習会を継続して開催しました。子どもの権利条約の子ども観を未来に描きながら、幼児期の子どもの特徴、子どもの生活リズムと脳や身体の発達、思春期を見とおした乳幼児期の子育てと親の役割、心をはぐくむ育児、心と身体をはぐくむ食生活のヒント等々、一回一回の学習会のなかから今子育て真っ最中の母親が何を求めているのか、子どもの健全発達のために必要なものは何かを考えつづけてきました。子ども劇場の役員のなかに経験の長い保母がいたこともあって、保育の現場から見える子どもの姿とも重なり、こぐまちゃんの会が発足しました。

こぐまちゃんの会は①子どもの発達に合った生活リズムの保証、早寝早起き、睡眠の確保（就寝時間の遅滞化への危機）②子ども中心の遊び体験（早期教育化と五感未発達への懸念）③味覚を育てる食事の工夫、薄味で噛み応えのある食材をみんなとおいしく食べる。（食体験・食生活貧困への不安）この三つを中心にプログラムが組まれ月四回五カ月を一つのサイクルに子育て基礎講座として開設してきました。毎回一五組程の親子が参加し、「遊び方がわかって子どもと楽しく過せるようになった」「叱る回数が減って子どもの様子から子どもの気持ちがつかめるようになった」「一人で悩まず相談できる仲間ができた」と、回を増すごとにこぐまちゃんの会の魅力が広がってきています。

(4)　地域にひらいた子ども劇場をめざして

子ども劇場が子どもたちにとって必要な会になるために、子どもの成長発達の学習、子どもの声から子どもの状況を分析する。そこから継続した活動を展開してゆく。子どもの体験不足を補う意味では事例以外の様々な活動も大人の自己満足ではなく、子どもにとって今、何が必要かが活動の根幹に組み込めるようになってきました。

子ども主体の子ども劇場と自信をもって紹介できるようになった今も、会員数の減少や財政的な課題はそのまま残っています。新しく入会してくる会員も子ども劇場のことをまったく知らなかった、など対外的にも三十年続いている会としての認識は地域に広がっていないのが現状です。

二〇〇一年一月には特定非営利活動法人（NPO法人）として新たなスタートをきりました。「子どもの権利条約」の学習会が一九九三年からさまざまな形で六年間続き（現在も継続している）そこから、新しい体制づくりを模索した結果でした。

親の経済的な理由や子どもの学校生活とのやりくりから舞台鑑賞に参加できない、観られないときの経済的負担感が大きいから退会する、下の子が四歳になったからお兄ちゃんをやめさせる、等々の声から今、子ども劇場を必要としているすべての子どもたちが参加できる制度についての見直しと、同時に地域に開かれた会にしていこうという共通認識が育ちました。

二〇〇〇年に「子どもの権利条約フォーラム二〇〇〇」（全国的な子どもの権利条約に関する集会）を高崎子ども劇場が事務局として開催し、地域の子どもにかかわる一二の団体が協力して実現できたことは新しい方向への自信になりました。

公益性の意味を会の運営に大きく位置づけ、行政や地域で子どもにかかわるさまざまな団体に会の活動を詳細に説明し、支援、協力を働きかけることで、三十年間の子ども劇場の存在を改めて知らせることもできました。

二〇〇一年十一月には群馬県からの委託事業として国民文化祭に参加。二〇〇二年九月には高崎市との共

〈こぐまちゃんの会〉砂・水・泥はきもちいい！

催で海外の人形劇公演の実施も動き出しています。

足を運び積極的にかかわることで、子ども劇場が培ってきた子ども観は多くの人たちに理解され支援されてきています。

豊かな子ども時代を保証するためには、子ども劇場という一つの団体が頑張る、ということでは小さな力にしかなりません。

今、高崎子ども劇場に求められていることは、地域の子どもにかかわるさまざまな人たちとネットワークをつくり、「子ども」という共通項をもって共に考え合い力を合わせることではないでしょうか。その取り組みも子どもの未来を考える多くの人たちと進み始めています。

【吉田まさ子　高崎子ども劇場】

正式名称　NPO法人　高崎子ども劇場

所在地　〒370－0043　群馬県高崎市高関町三五〇－七
TEL　〇二七（三二七）八九六六

連絡先　吉田まさ子
〒370－1201　群馬県高崎市倉賀野町三四一－六
TEL　〇二七（三四七）四八四二（FAX共通）

主な活動　○親子での舞台鑑賞・生活体験、あそび体験、自然体験活動の企画・運営。
○乳幼児と親のための子育て支援活動。
○ドラマ・ワークショップや、舞台発表等の創作活動。

一言PR　子どもたちが、文化的な環境のなかでさまざまな体験を通して豊かに成長することを願い、親子で活動を創り出している、非営利の会です。

2 子どものスポーツ活動の実践と課題

――四体剣道部の活動から――

(1) 四体剣道部の発足

四体剣道部は、正式には八王子市第四地区体力つくりの会剣道部といい、今から二八年前に市の体力つくり運動の地区のひとつである、市立第四小学校を中心とした第四地区体力つくりの会の体力つくりスポーツ教室として発足しました。[*1]

剣道を体力つくりスポーツ教室にとりいれている地区は他にはなく、市の体力つくり運動の目的にある『市民皆スポーツ』を実践して、健康・体力つくりの増進と、地域住民のコミュニティ推進に役立てる…」[*2]といった体力つくり運動の目的に沿って運営されてきました。

前任の指導者が他の地区への転居や仕事の都合で時間がとれなくなったりして、私が一九九二年の春から四体剣道部にかかわるようになりました。そのときから、八王子剣道連盟の支部として登録するようになり、体力つくり運動の他に地域の剣道クラブとして、新たなスタートをすることになりました。

*1　八王子市教育委員会では、「体力つくり運動」と呼んでいる。

*2　第四地区市民体力つくりの会・第四地区体力つくり推進協議会・八王子市教育委員会『あゆみ―二〇周年記念誌』一九九〇年。

(2) 四体剣道部の概要

現在、四体剣道部にはおとなが一〇名、子どもたちが二〇名所属し、週一回、金曜日夜七時から九時まで、八王子市立第四小学校体育館を会場として活動を続けています。

四体剣道部の特色は、兄弟、姉妹、親子などのメンバーがいることです。最近は、女子が増え、中学生四名、小学生六名、お母さん方も三名が竹刀を握っています。

また、今年の春に中央大学法学部へ進学して剣道部へ入った子もおります。その子のお母さんはとても熱心で、小学生のときには、いつも子どもたちの練習を見守っていてくれました。けれども、二年程前の秋、その子が高校二年生のときに病気で亡くなりました。葬儀の後その子は、受験勉強に入るので剣道はしばらく休みますといって、顔を見せなくなりました。先日、私の出勤途中に京王八王子駅の近くでばったり会い、「中央大学に合格して剣道部に入った…」ことを話してくれました。何日かして、今度は勤めの帰りに同じところでまた会いました。そのときは、これからアルバイトに行くと言っていました。頑張っていることを知り、嬉しく思いました。

高校生も三、四人やってきます。二人は都立高校へ進学して剣道部に入っていますが、あとの二人のうち一人は私立高校へ、もう一人は定時制高校へ通っています。剣道をやるだけでなく、仲間とのコミュニケーションを目的にやってきているようでもあります。

(3)　子どもたちの指導

四体剣道部には、前に述べたように体力つくり運動として発足してきた経過と、剣道連盟の支部として、地域の剣道クラブとしての目標があります。特に、剣道の特性を生かして、①正しく座ること、②きちんとした礼をすること、③おなかから声を出すこと、④正しく竹刀を持つこと、⑤元気よく打ち込むこと、⑥道具のひもを結べるようにすること、といった子どもたちの目標を掲げています。

会の申し合わせで、おとなは剣道をとおして体力づくりをするという目的の他、子どもたちに対して剣道の指導をすることを義務づけています。実際には、おとなたちは仕事の都合で、思うように練習に参加できないのが現状で、指導者が不足している状態です。

子どもの入会にあたっては、保護者は父母会に加入し、剣道部の運営を援助することになっています。父母会の活動は、第四地区体力つくりの会の廃品回収や市民運動会への参加・協力、子どもたちの試合への応援、クリスマス会や六年生を送る会といった、子ども会的な行事なども行っています。

(4)　子どもたちの意識

剣道に対する子どもたちの意識をつかむために、今までに何度かアンケート形式で、子どもたちの意識調査をしてきました。

二〇〇二年四月に子どもたちに書いてもらったアンケートの回答には、次のようなものがあります（アンケートの回答は、調査をしたときに入会していなかったり、回答をもらえなかった子もいたりして、メンバー全員のものではありません）。

《剣道アンケート》

① **剣道を始めたきっかけは何ですか**

・おもしろそうだから。（小五男子）
・すすめられたから。（小六男子）
・学校でくばられたプリントを見て。（小六女子）

・手紙を見て友だちと決めた。（中一女子）
・手紙を見たこととさそわれたこと。（中一女子）
・強くなりたいし、おもしろそうだったから。（中一女子）
・手紙を見て友だちと始めた。（中一女子）
・むりやりさせられた。（中二男子）
・強くなりたいから。（中二男子）
・何だか楽しそうだと思ったから。（高一男子）
・なんとなく始めた。（高一男子）
・友だちにさそわれた。（高一男子）

② 剣道をやっていておもしろいですか

・おもしろいです。（小五男子）
・まあ、ふつうです。（小六男子）
・おもしろい。たまにつかれたりすると、少しおもしろくないと思っちゃう。（小六女子）
・おもしろいです。（中一女子）
・おもしろいです。（中一女子）
・おもしろい。（中一女子）
・おもしろいです。（中一女子）
・おもしろい時もあるし、おもしろくない時もある。（中一男子）
・強くなればおもしろくなると思う。（中一男子）
・おもしろい。（高一男子）
・ぶてるからおもしろい。（高一男子）
・ほどほどにおもしろい。（高一男子）

③ 剣道について、どんなところを教えてもらいたいですか

・かえしわざ。（小五男子）
・かた、きりかえしがもっと上手になれるように。（小六女子）
・上手になるために、細かい所を教えてもらいたいです。（中一女子）
・うまくなるためのコツ。体力つけたい。（中一女子）
・細かいかえし方。（中一女子）
・上手になるために、細かいところを教えてもらいたいです。（中一女子）
・かえしわざ。（中二男子）
・いろいろなわざ。（中二男子）
・どうやったら速く打てるか。（高一男子）
・技。（高一男子）

④　**剣道について、自分の思っていることを書いてください**

・しせい正しく運動ができるからいいと思っている。（小六女子）
・うまくなりたい。（中一女子）
・もっと上手になりたい。段を取りたい。（中一女子）
・うまくきめられた時が一番うれしい。（中一女子）
・上手になりたい。（中一女子）
・つかれる。（中二男子）
・年をとってもできるとてもいいスポーツ。（高一男子）

⑤　**何か相談したいことがありますか（何でもいいです）**

・防具のつけかたを教えてくださぃ。（小六男子）
・剣道の道着のヒモがとれてる。みじかいような気がする。（小六女子）
・剣道以外にも遊びを何か少し、時々でいいからやりたいです。塾の時間とかぶるので、少し心配です。（中一女子）
・もしかしたら部活でおくれたり、これない事もあるので、そこんとこよろしくお願いします。（中一女子）
・勉強と剣道の両立が難しいのですが、どうすればよいのでしょうか。（中一女子）
・剣道以外にも、何か遊びをしてみたいです。塾の時間とかぶりそうなので、少し心配です。（中一女子）
・優勝できない。（高一男子）

アンケートからは、子どもたちの思いが伝わってきます。「①　剣道を始めたきっかけは何ですか」という問いに対して、多くの子が「おもしろそうだったから…」、「友だちにさそわれたから…」と答えています。

ところが、「⑤　何か相談したいことがありますか」という問いかけに対して、「遊びたい…」、「塾（勉強）との両立の問題」などといった、子どもたちの現実の様子が浮き上がってきています。

(5)　地域のなかでの育ちあい

四体剣道部は、八王子の第四小学校を中心とした地域で活動しています。子どもたちは地域にある第四小学校や第五中学校へ通っています。剣道をやっている子どもたちは、普段から一緒に遊んだり、塾へ通ったりしている仲の良い友だちです。

今年の三月まで六年生だった子が、四月から中学生になり、春休み中に、ある事件を起こしました。中学生の女の子が六年生の女の子を連れ出して、夜遅くまで遊んでいたのです。私の自宅に、小学生の母親から電話がありました。私はすぐに、小学生の子の母親に会い、私から中学生の女の子に注意するということを約束し、理解を求めました。そして、中学生の女の子には、中学生になったのだから小学生に対する責任について考えるように話しました。幸い小学生の母親と中学生の女の子にも理解してもらえたので、その後の子どもたちの関係もスムースにいっています。

(6)　中学校剣道部の復活

子どもたちが通っている第五中学校には、昨年の三月までは剣道部がありましたが、指導をしていた教師が四月に転勤となり、剣道部を続けることができなくなってしまいました。校長が剣道をやっている方で、生徒を集めて話し合いをしたのですが、他の道場に通っている生徒の口から「道場でやっているので、学校でやらなくてもいい…」といった意見があり、クラブを続けることを断念したようでした。話し合いに加わった四体剣道部の子どもたちは、何も発言できなかったようでした。

今年になって、再度、話し合いをもったところ、四体剣道部の子どもたちが「剣道部を復活させたい…」という意見を出し、剣道部が復活しました。昨年の話し合いの時には何も言えなかった子が、今年は自分の意見を言えるようになったのです。

(7) 今後の課題

私は、父が剣道をやっていたこともあり、小学校四年生から現在まで（途中、仕事の都合や腰痛などで休んでいた期間がありましたが…）、剣道を続けてきました。自分の経験から考えると、剣道をとおしておとなになってきたといってもいいくらいです。そんなわけで、子どもたちに対して、どうしても、どうせやるなら続けてもらいたい、剣道を好きになってもらいたい、との思いが強くあります。

指導者どうしの話し合いのなかで、ある高校生が、「強くなろうというのであれば、他の道場へ行く…」と言っていたということが話されました。それを聞いて、あらためて、スポーツとして楽しく過ごすことが大切だと考え直しました。おとなの指導者だけでなく高校生にも、中学生や小学生を指導していける力がついてくるようになるといいと思っています。

また、以前は不登校の子どもたちも何人かやってきたことがありましたが、個々の子どもたちに対して十分な態勢がとれない状況で、いつの間にか止めていってしまいました。剣道は個人競技なので、なるべく集団としての仲間づくりをこころがけるようにしているのですが、個別指導の必要性も痛感しています。

まだまだ、課題はいろいろとありますが、これからも剣道をとおして、地域で子育て・子育ちのささやかな取り組みを続けていきたいと思っています。

【姥貝荘一　八王子四体剣道部】

正式名称　八王子市第四地区体力つくり剣道部
主な活動場所　八王子市立第四小学校体育館
連 絡 先　〒192－0046　八王子市明神町一―九―三―三〇三　姥貝荘一方
ＴＥＬ　〇四二六（四五）〇三〇六（ＦＡＸ共通）
主な活動　剣道の練習（週一回・金曜日・午後七時～九時）、合宿（夏休み）、試合（八王子市民体育大会・八王子剣道連盟支部交流会他）、クリスマス会、六年生を送る会など。

3 市民が築く子どもへの虐待防止ネットワーク

子どもの虐待防止が、社会の重要な課題となってきました。子どもの虐待は、家庭という密室のなかで進行するため、発見が難しく、また、長期にわたる支援が必要なケースも多いのです。行政機関だけでこの問題に立ち向かうことは不可能です。専門的な対応のできる非営利の市民団体が成長しなければ、子どもの虐待問題に代表される「弱者への暴力」の広がりを食い止めることはできないと思います。それぞれの地域に応じた民間の活動を広げていただく手がかりになればと、私たち子どもの虐待防止ネットワーク・あいち（CAPNA）の活動を紹介させていただきたいと思います。

(1) CAPNAの活動内容

CAPNA（キャプナ）は、Child Abuse Prevention Network Aichi の頭文字を取ったもの。一九九五年に設立、現在は名古屋市中心部に、マンション二部屋を購入し、愛知県認証の特定非営利活動法人として活動しています。

CAPNAの活動には、**主として虐待に関する電話相談、危機介入、社会啓発、調査研究**の四本の柱があります。二〇〇二年現在、名古屋市に事務所を構え、愛知県を中心に会員は全国から約七〇〇人、有給スタッフは一人、予算規模は約一五〇〇万円です。

児童虐待（子ども虐待、小児虐待、Child abuse）
「親などの養育者によって引き起こされた、子どもの心身の健康状態を損なうあらゆる状態」のこと。二〇〇〇年一一月に「児童虐待防止法」が施行され、虐待の定義が初めて法律で定められた。人権侵害として虐待を位置付け、子どもの最善の利益を優先した対応がとられる。虐待内容は、身体的虐待（Physical abuse）、性的虐待（Sexual abuse）、感情的虐待・心理的虐待（Emotional abuse）、の他、不適切な保護・養育、無関心・怠慢、放置、養育の拒否などのネグレクト（neglect）等が含まれる。

電話相談事業

電話相談事業では、約八〇人の電話スタッフが日曜・祭日を除く毎日（月〜土の一〇時〜一六時）、電話を受け付けています。

電話相談の果たす役割は二つあります。一つは虐待を受けた人あるいは虐待をしてしまう人の悩みや苦しさを聞き、対応すること。これまでにＣＡＰＮＡに寄せられた相談電話は六千件以上。その約半数が虐待に関する相談、残りの半数は虐待の危惧も含む育児不安でした。

こうしたホットラインは、他人に知られることなく、どこからでも相談でき、今までに誰にも話せなかったことを匿名で話すことができるため、虐待に苦しむ人が最初に胸の内を語り出す窓口として有用です。

多くの母親たちが、疲れ果てた声でためらいがちに、電話相談に助けを求めてきます。そして「子どもがかわいく思えない」「いけないと思いながら、ついカッとなって手を上げてしまう」と涙ながらに訴えてきます。やがては夫や姑への怒りの言葉が続きます。たまっていた感情を吐き出し、苦労をねぎらわれることによって、冷静さを取り戻し、肩の荷が少し軽くなって、育児へのエネルギーを取り戻す、といった例が多くみられます。だから相談員たちは決して説教をせず、相手が本音を語りやすい状況をつくることに全力投球します。

電話相談のもう一つの役割は、虐待を発見した人の相談窓口としての機能です。子どもの命が危機に瀕しているケース、深刻な性的虐待が疑われるケースなど、緊急性の高い通

リプロダクティブ・ヘルス／ライツ　性と生殖に関する健康及び権利のことである。性や妊娠、出産に関することがらを、カップルと個人、特に女性の生涯を通した健康保持という視点から捉え、それを基本的な人権と位置付けることによって、妊娠可能期の既婚者だけでなく、乳幼児期、思春期、閉経期、老年期とあらゆる人生のステージに立つ女性たちに適用可能となった。一九九四年のカイロ会議から国際的に使われており、権利としての健康、ジェンダーの平等、生涯を通した健康（ライフサイクル）、選択の自由と自己決定権をキーポイントとする。今日、特に女性と子どもに対する暴力と性的搾取が世界的な課題となっている。

報が寄せられると、CAPNAと協力・連携関係にあるCAPNA弁護団（登録メンバー七七人）が中心となって、児童相談所、保健所、警察などの公的機関と連携し、調整役を務めるなどして子どもの保護にあたります。つまり、危機介入につながる情報の窓口としても、電話相談は重要なのです。

こうした電話相談が実際に虐待防止に役立つためには、組織の名前、電話番号が広く知られていること、信頼を得ていることが重要になります。実際に苦しんでいる人たちは、どこかに相談したいと思いながら、一歩を踏み出すことがなかなかできません。安全に、適切に相談に乗ってくれるという信頼感が、勇気を後押しします。したがって、私たちのような電話相談機関にとって、広報活動はきわめて重要な活動です。このため、マスコミからの取材要請には、できる限り協力するようにしています。また、市民講座、専門家向けセミナーなどの社会啓発活動のほか、各地のPTA、ロータリークラブ、医療・福祉関係者の勉強会などで積極的に講師を務めています。

子どもの虐待死調査

また、私たちの独自の調査研究として、虐待死調査の活動があります。一九九五年以降、子どもが親または親代わりの保護者によって命を奪われた事件（せっかん死、無理心中、発作的殺人、育児放棄による死亡例）を掘り起こし、その件数、傾向、事件の概要を発表しています。新聞のデータベースや全国各地の協力者から寄せられた情報をもとに、一件ずつ事件カードを作り、種類別、都道府県別に分類してきました。毎年百人から百四十人もの子どもたちが、亡くなっていることを社会に訴えてきました。

児童買春　「児童買春、児童ポルノに係わる行為等の処罰及び児童の保護等に関する法律」は、一八歳未満の子どもに対する「性的搾取及び性的虐待が児童の権利を著しく侵害する事の重大性」を認識し、子どもの権利の擁護を目的として一九九八年に施行された。日本では「援助交際」と呼ばれる少女売春が社会問題化している。一方、世界では毎年数百万人の女性や児童が「性的奴隷」として売春や人身売買など商業目的の性的搾取に遭っていること、インターネットを通じてポルノ等の配信が容易になったことなどを考えると、問題の解決には、各国間での協力が必要不可欠と言える。

こうした調査は、それまでどこにもありませんでした。警察庁の犯罪統計のなかにさえ、虐待死の項目はなかったのです。実態が明らかにされなければ、適切な対策を取れるはずはありません。そんな思いから、私たち市民団体ができる範囲で、調査を続けてきました。児童虐待防止法（二〇〇〇年施行）の立法に向けての審議においても、CAPNAの祖父江文宏前理事長（二〇〇二年六月死去）が衆議院の青少年問題特別委員会に参考人として招かれ、この調査結果を報告して、議員たちに問題の深刻さを訴えました。[*1]

(2)　虐待ケースへのかかわりの実際

虐待ケースにかかわることは、とてつもなく大変な作業です。虐待家庭に乗り込んで子どもを保護して一件落着、といった単純なものではありません。

CAPNAは、虐待ケースの援助にどのようにかかわっているのか。CAPNAに寄せられた性的虐待の通報と、その後の援助を例に紹介します。[*2]

性的虐待を受けている女子高生

ある日、CAPNAの電話相談に女子高校生から「友人が養父から性関係を求められ、悩んでいる」という相談が入りました。詳しく尋ねてみると、虐待を受けている友人の女子高校生A子さんは、表面的には明るくふるまっているものの、精神的に不安定で、リストカットなどの自傷行為もありました。

CAPNAでは、電話相談員が「緊急性あり」と判断した場合に、得た情報を文書にまとめて児童相談所に通告しています。互いにプライバシー秘匿を約束したうえで、公的機

＊1　参考文献　子どもの虐待防止ネットワーク・あいち編『見えなかった死　子ども虐待データブック』キャプナ出版　一九九八年、子どもの虐待防止ネットワーク・あいち編『防げなかった死　虐待データブック二〇〇一』キャプナ出版　二〇〇〇年。

＊2　参考文献　中部弁護士連合会「第四九回中部弁護士連合会定期弁護士大会　シンポジウム報告書「いじめ・虐待から子どもたちを守る～弁護士はどう関わるべきか～」」二〇〇一年一〇月一二日　一二～二四頁。

関と民間機関が連携しているわけです。このケースも児童福祉法二五条に基づき、直ちに児童相談所に通告しました。

危機介入

通告を受けて五日目、児童相談所からの応援依頼を受け、児童相談所のワーカーにCAPNA弁護団の二人が同行し、A子さんを高校で保護しました。ワーカーの説得により、A子さんは養親のもとを離れ、施設へ保護されました。しかし、保護された施設で、A子さんは精神的に不安定になったため、女性の小児科医がカウンセリングを担当することとなりました。

関係者連絡会議

A子さんを保護して約一〇日後、関係者連絡会議が開かれました。児童相談所、保護施設、市児童課、高校（生徒指導）、CAPNA弁護団の担当弁護士が出席しました。会議では、保護にいたる経緯、A子さんの精神状態と治療の方向性、学校のこと、将来のこと、養父母への対応などを話し合いました。

刑事告訴

A子さんは、養父の虐待から逃れることはできたが、自責の思いに苦しんでいました。これは性的虐待の被害者に多い状態で、自分が養親の秘密を他人に打ち明け、保護されたことによって家庭の崩壊を招いてしまったかのように思い込み、悩み苦しんでしまうのです。医師はカウンセリングを通じて、悪いのは養親であることを時間をかけて説明しました。また、CAPNA弁護団の女性弁護士がA子さんに、被害者の権利について丁寧に説

スクールカウンセラー　児童・生徒や保護者へのカウンセリングや、教員に対する助言等を行う心理学的な専門職。文部科学省により、臨床心理に関して高度に専門的な知識を有する者を学校に配置する「スクールカウンセラー活用調査研究委託」事業が実施されている。スクールカウンセリングの立場からは、「一人で抱え込むことから、チームで援助する文化を育てること」を推進する役割を担うとされ、できるだけ多くの教師がカウンセリングマインドで対応できるようになることが、学校組織としての援助能力を高めることになるとの分析もなされている。深刻化するいじめ問題や不登校など、悩みや迷いを持った子どもたち、保護者、教師を、地域の関係者・機関と連携を取りながら全体で支えていくこともスクールカウンセラーの課題である。

明しました。

このような援助を通じて、A子さんの自尊感情が次第に回復し、自分は被害者であり、悪いのは虐待した養父だと感じることができるようになったのです。そして、養父の刑事告訴を決意しました。養父は青少年保護育成条例違反で逮捕されました。裁判では懲役一〇カ月の実刑が宣告されました。

精神的サポート

A子さんは医師のカウンセリングを受けているものの、精神的な不安定さはその後も継続しました。その間、児童相談所、保護施設、医師、担当弁護士との間で連絡を密にし、情報の共有を図りました。児童相談所は担当弁護士と連携し、A子さんと養父母との間の養子縁組解消、遠方に住む実母との面会などをおこないました。

児童相談所の援助終了

A子さんは一八歳になり、児童相談所から婦人相談所に引き継がれ、女性自立支援施設に入所することとなりました。児童相談所の対象外になり、それまでの熱心なケースワークも途切れてしまいました。A子さんのフォローは担当弁護士に引き継がれました。

現在、A子さんは精神的に不安定になると担当弁護士に連絡をとります。弁護士は電話で話し相手を務めたり、一緒に食事して悩みごとを聞いたりするなどして、心の支えになっています。

(3)　子ども虐待防止活動の抱える課題

この例からもわかるように、虐待ケースへの援助には、機動力と継続性、専門性が不可欠です。その子どもを救うために、専門的なネットワークが有効に機能していかねば、子どもの命を守り、深い心の傷を負った子どもを支え、励まし、成長を支援していくことはできません。

子どもの「心の傷」は性的虐待だけの問題ではありません。身体的暴力、ネグレクト（育児放棄）のケースでも、子どもたちはさまざまな形で傷つき、精神的な問題を抱えたり、非行につながったりします。大人になってから、虐待する親になりやすいという「暴力の連鎖」を食い止めることは、虐待防止活動の大きなテーマです。

その一方で、親の側への援助もしばしば必要になります。たとえば、DV（配偶者間暴力）と児童虐待がセットになったケースでは、子どもを保護してもDVの問題を改善しない限り、子どもにとって家は安心の場にはなりえません。子どもが、目の前で暴力を見せつけられることは、それ自体が虐待なのです。問題解決のために離婚のお手伝いをすることもあります。

つまり、児童相談所に代表される行政機関だけでは、虐待ケースへの援助を完結することは不可能であることがわかるはずです。

児童虐待への社会の関心が高まれば高まるほど、児童相談所への通報は増え続け、大都市部では一人の児童福祉司が一〇〇件近いケースを抱えている場合もあるといいます。その多くが、継続的な支えを必要とするケースです。きめ細かなフォローを望むのは、ないものねだりです。

また、各地に児童虐待防止連絡協議会が生まれているが、その多くは公的機関の代表者が年に数回顔を合わせる程度であり、メンバーの熱意も、それほど高いとはいえない場合が多いようです。こうした協議会だけでは、有効なネットワークとは呼べません。

本気で、子どもの命を守り、支えていくためには、熱意と専門性を持った民間機関の存在が不可欠なのです。CAPNAは、その先駆例になることを目指しています。活動を始めた当初は、行政と方針の違いから対立する場面もありました。「民間機関は信用できない」という空気も感じられました。しかし、活動を続けるなかで、少しずつ信頼関係が築かれてきたように思います。

「子どもの虐待への対応には、四つのステージがあります。

第一に「虐待の発見・予防」のステージ。

第二に「救出・危機介入」のステージ。

第三に「治療」のステージ。

第四に「親子再統合」のステージ。」

子ども虐待防止の取り組みとして、虐待の通報、危機状態にある子どもの救出はとても重要です。しかし、「発見」「救出・危機介入」は、子ども虐待に対する導入部分でしかありません。子ども虐待への対応で最も重要なのは、「治療」「再統合」のステージです。[*1]

どのステージも一職種、一機関で抱えることはできないが、第三、第四のステージは現在、特に取り組みが遅れています。先述した事例でも、弁護士が今後もずっと女児のケー

＊1　岩城正光「虐待を受けている子への法的援助─CAPNAの危機介入から見えてきたもの─」『季刊　精神科診断学』第一二巻第四号　四五六頁　日本評論社　二〇〇一年一二月。

スワークを担当すべきかどうかは疑問が残ります。本来は、施設が、虐待を受けた子どもに単に生活の場を提供するだけでなく、医師や臨床心理士など専門家による精神的なケアを提供することが重要になるが、大半の施設にはそのような体制はありません。

地域で継続して被虐待児の気持ちを受け止め、見守っていく体制の整備が必要と感じます。そのためのシステムづくり、援助にかかわる者の養成、フォローアップ体制の整備などが今後、解決すべき課題として挙げられます。

(4) まとめ

子どもの虐待問題に光が当たるようになったのは、日本では一九九〇年代になってからのことです。推進役となったのは、大阪の児童虐待防止協会、東京の子どもの虐待防止センターの活動でした。

それまでは、児童福祉の関係者のなかにさえ「虐待なんて、欧米だけの現象」と見る人もいたが、電話相談に寄せられる悲痛な叫びが、多くの専門家、関係者たちの認識を改めさせました。大学の研究室のなかでは見えなかったことが、電話相談を立ち上げることによって明らかになってきたのです。

伝統的なタイプの児童虐待を「貧困」というキーワードで括るとすれば、現代型の児童虐待のキーワードは「孤立」です。

地域のつながりが途切れ、核家族が増え、子どもの数が減るなかで、育児をする人（主に母親）がストレスをためこみやすい状況が生まれてきました。たとえば、▽夫が育児に協力してくれない。▽ぐちをこぼせるような仲間が近くにいない▽実家の親が手助けしてくれない▽子どもの発育が遅い──といったことが、母親たちの被害感情を高め、蓄積疲労が憎しみの感情を生んでいきます。少子化により、育児経験が乏しい母親が増えたこと、母子の一対一の密着した関係が生まれやすいことも、虐待を生みやすい土壌といえます。

また、離婚によりシングルマザーになった女性が、恋人と同居を始める際、同居男性から連れ子に対する虐待が起こったり、母親も虐待に加担したりするケースが増えています。

「親子関係の作り直し」に関して、悩みを相談するような窓口はほとんどありません。情報もきわめて乏しいのです。道案内もないまま手探りで親子関係を築こうとして、落とし穴にはまる家族が多いように思います。

「最近の若い親はなってない」「昔はこんなことはなかった」といった意識では、この問題を解決することはできません。現代の若い親たちの大変さに共感し、苦労をねぎらい、気軽に育児のお手伝いしてやれるような地域の輪を広げていく必要があります。そのためにも、虐待問題の正しい知識を世に広めていくことが私たちの務めです。

見えなかった現実に光が当たることによって、さらに影は濃くなります。解決すべき課題が次々に生まれてきます。しかし、課題の多さを嘆くことなく、「子どもを守る」という使命を持ち続け、一つ一つの課題を乗り越えていくことによって、明るい未来への道筋が開けてくるのだと信じたいのです。

【安藤明夫　子どもの虐待防止ネットワーク・あいち】

[redacted]

正式名称　NPO法人　子どもの虐待防止ネットワーク・あいち

所在地　事務局：〒460－0002　名古屋市中区丸の内一－四－四－四〇四
TEL ○五二（二三二）二八八〇、FAX ○五二（二三二）二八八二
ホームページ　http://www2.ocn.ne.jp/~capna/
E-mail:capna@cronos.ocn.ne.jp

主な活動　電話相談（ホットライン（月～土の一〇時～一六時）――〇五二（二三二）〇六二四　＊木・土曜は、〇五六二（三六）〇六二四もご利用ください）、危機介入、調査研究、社会啓発

一言PR　機関紙：ニューズレターを隔月発行。他に研究書として、「見えなかった死　子ども虐待データブック」キャプナ出版　一九九八年。「防げなかった死　子ども虐待データブック」キャプナ出版　二〇〇〇年など。

4 心の窓をひらく中学生夏の学校

(1) 自分がどんどん変わっていく

「夏の学校へ行って、まず『ハジ』を捨てることを覚えました。レク係になって『はずかしい踊りをやらされるぞー』と言われた時に『やべえ！　しまった！』と思いました。レク係の打ち合わせが始まった時でした。『明日の朝に何をする？』とみんなで相談して『ブータソング』という踊りをやろうということになって、朝のつどいの時、『はずかし～い踊り』をやりました。次の日も次の日も『銀河系音頭』や、ついには『TOTOベンキ』などという踊りまでやって、本当にはずかしい毎日でした。だけど、踊っているうちに『はずかしい』が『楽しい』に変わっていきました。自分がどんどん変わっていくような気がしてなんだかとても楽しい気持ちに変わっていきました。

話が変わって、ぼくの班は学習で水生昆虫を調べるために三峰川《みぶ》へ行って水生昆虫を捕まえました。ヒゲナガカワトビケラの幼虫や川魚の稚魚などいろいろな生き物を捕まえました。ルーペなどで観察したりして調べると、巣の造り方や、すんでいる環境や、水のきれいさや体のつくりなどいろいろなことがわかりました。

調べていて驚いたことは、川に『自浄作用』という働きがあるということでした。そして本当にきれいな川とは、植物バクテリアが汚れを食べて、そのバクテリアを食べるトビケラやカゲロウの幼虫などがいる、自然のままの姿の川が一番きれいな川だということが分かりました。

六日目の夜のキャンプファイヤーが楽しかった。ものすごく大きな火になって、みんなと歌って踊ったのがとても楽しかったです。思い出に残る夏の学校でした」(傍点は筆者)

中学二年生の男の子の作文です。最初は照れたけど、「恥ずかしい踊り」にはじけることで自分のなかの何かが変わったと感じ、キャンプファイヤーでも「みんなと歌って踊ったのがとても楽しかったです」と中学生夏の学校の感想を締めくくった彼。そんな彼のお父さんが話してくれたのは、次のようなことでした。

「息子は、今年の五月ごろからいじめなどが原因で学校に行かなくなってしまいました。死ぬことばかり考えて高層アパートの屋上に何度も行ったり、先生に相談しても受け止めてくれないということで、誰も信じられないと、人間不信になってしまっていました。先生に触られるのもいや、中学校のなかに入ることも拒絶していました。無気力で夏の学校の出発の日も何の準備もしません。私が荷造りをし、送ってきました。

夏の学校から帰ってきた息子はイキイキとして、出会った友だちや、夏の学校のことを話してくれました。目つきも顔つきまでも変わったように私には見えました。人間への信頼を回復することができたと思えました。

『先生が悪いんじゃない』といいながら金曜から始まった学校へ行き始めました」

学校の友だちや先生との関係に悩み、苦しみ、絶望し、孤独感のなかで「死」も考えた彼が学校に通いだしたことの内面に、夏の学校のなかで気づくことのできた「自分の変化」

「みんなと楽しむ喜び」「自然のままに生きることのすばらしさ」が「生きる力」となって働いたのではないでしょうか。

(2) 学ぶよろこびを子どもたちに

「中学生夏の学校」は、一九八七年から毎年夏休みに長野県長谷村にある「少年少女山の家」を拠点におこなっている六泊七日の取り組みです。

きっかけとなったのは、「いじめ」や「校内暴力」「家庭内暴力」など中学生の「荒れ」が社会問題となるなかで、「校則でしばられる学校生活が苦しい」「ホームルームなどでまじめなことを話そうとすると、みんなから攻撃されるので、思ったことが言えない」「勉強がつまらない」「ほんとうはがまんして学校に通っている」などの悩みを口々に語る中学生たちの声でした。ちょうどそのころ南アルプスのふもと、長谷村裏地区の小学校分校跡地を手に入れたこともあり、「中学生の思いに応える学校を作ってみよう」と子ども会や少年団活動にかかわっていた父母・青年指導員・教師たちが集まって「中学生夏の学校」づくりが始まったのでした。

それは、私たちにとっても改めて「学ぶとは何か?」「学校とは何か?」を考えさせられる取り組みでした。「勉強はしんどいものなんだよ」「わかることは楽しいことだけど、『楽しい学習』は子どもに迎合するだけでは?」「わずか一週間の『学校』で『わかるよろこび』とか『学ぶよろこび』とかを感じてもらうのは無理」という意見もありました。「現実の学力の壁にぶつかっている子にひとつでもいいから乗り越えるきっかけをつくってあげたい」という教師たちの熱い思いも語られました。父母や青年たちからは、地域で実践してきた「青空学校」(少年少女センターが提起した異年齢集団を生かした地域総合学習の実践)の成果をもとに、「生活や身の回りのことに根ざしたことをみんなで調べたり学びあったりすることで『学ぶって楽しいな』ということが伝わる」という確信が語られました。何回もの議論のなかで私たちは、次の三つの目的にそって「夏の学校」を作っていくことを考えました。

①　学ぶよろこびを子どもたちに

南アルプスの自然や生活を題材に、総合的な学習活動をすすめるなかで、「なぜ、学ぶのか」を子どもたちといっしょに考え、「学ぶ力」が育つように援助する。

②　仲間とともに生活するよろこびを子どもたちに

自然のなかでの一週間のキャンプ生活のなかで、ともに学び、ともにあそび、協力し合って生活を作り上げていくなかで、真剣につきあえる仲間関係をしっかりと育て、より大きく広げていこうとする「意欲」がもてるように励ます。

③　自治の力を子どもたちに

学校の主人公は子どもたち。「学びたい」「仲間を作りたい」という自分たちの願いに子どもたちが気づき、自ら実現できるように援助していく。

(3)　「地球の宝石四六億年の旅」

二一世紀最初の夏の学校は、「地球の宝石四六億年の旅―ぼくらはタイムトラベラー」

というテーマでの学習活動をおこないました（過去のテーマは表1）。夏の学校ではこの「学習テーマ決め」が重要な意味をもちます。テーマを考えるにあたって、1）自然や人間にとって価値のあるもの、2）体を動かして全身でとらえることのできるもの、3）目的意識的、集団的に観察や調査、研究ができるもの、4）協力・共同の実感が持てるもの、5）学習活動が単なる知識の伝達や確認のためのものではなく、学ぶことを通して自分と社会と自然とを結び付け、生きる意味、学ぶ意味を「地球の自然の一員である自分が周囲の自然と共にある」という感覚のなかで考え合っていく切り口となるもの、という視点を大事にしてきました。

「地球の宝石四六億年の旅」このテーマを考える中心になった学生スタッフはこう語っています。

「石。石。石。これが今年のテーマ。ああ、難しい。でも、私はこのテーマがやりたかった。それは、テーマを決めるためにあれこれ調べたりし

表1

回数	年度	テーマ	概要
1	1987	楽しい授業・楽しい生活	この年は、まだ3つの目的が固まっていなかったために、国語・数学・英語の「楽しい授業」とインディアンテントづくりなどを行う。
2	1988	木	木を伐採し、小屋を作る。木の調査や林業についての学習
3	1989	火といのち	鶏の解体、火の保存、生命の起源についての学習。映画「翼は心につけて」鑑賞
4	1990	大地	土壌生物の観察、野宿、仙丈ヶ岳登山
5	1991	水	水源探検、水質調査、水生生物調査
6	1992	植物	植生の調査、植物の観察
7	1993	日本列島誕生の謎	化石の採集、中央構造線観察、仙丈ヶ岳登山
8	1994	木と人間の生活	木の植生調査、木の解剖学、木工作、林業や木材加工にかける思いを聞く
9	1995	気象と人間の生活	雲と気象の観測、村に伝わる気象に関することわざ調べ（フィールドワーク）
10	1996	森の生き物と人間	動物・昆虫・水生生物・土壌生物の4グループに分かれ調査・観察、生き物を相手に生活している村民の話を聞く
11	1997	ジャガイモの芽から宇宙が見える－自然界の不思議	植物のなかの螺旋構造や黄金率の発見
12	1998	聞こえる？　自然のささやき！生命のつぶやき！―音に感じ、音に遊ぶ―	自然のなかの音探し、音作り
13	1999	地球はでっかい焼き物だ	土の調査・採掘・土器づくり
14	2000	いのちの惑星・水の旅	水探し、朝露調べ、水生生物調査、水害と村人の生活（フィールドワーク）

ているとき、大鹿村の中央構造線博物館の館長さんに出会ったことがきっかけだった。彼の語りは熱かった。石や地球の四六億年の旅に、一気に引き込まれてしまった。そして自分が中学生の夏の学校で化石掘りをしたことを思い出したり、長谷村の山々を見たりしているうちに、地球ってすごく大きいなぁと思ったのでした。足元に転がっているただの石ころでさえ、ものすごく長い歴史をたどってきたもので、自分が立っているここは、プレートが動いたり、火山が爆発したり、いろいろいろいろなことが想像できないくらい長い時間をかけて起こって、その結果あるものなんだなぁって。それにくらべたら私の存在って、たった一瞬のもの。いろいろ悩んだりすることがあっても、それはこの地球の存在に比べたら、とってもちっぽけ。それならくよくよしているひまはないぞ。前向きに生きちゃおう！　って思った。石をテーマにしたかったのは、中学生にもそういうことを感じてほしかったから…」

こうして決まった「四六億年の旅」の学習活動は、概略、次のように進められました。

【一日目】　①「地球のものさし」づくり。「地球の歴史が一ｍだとすると…」「大気ができたのは？」「水ができたのは？」「生命の誕生は？」「陸地ができたのは？」「人類が登場したのは？」「人間の一生は？」模造紙の上に一ｍの直線を引いて、それぞれ何㎝のところになるのかをグループで相談したり、計算したりしながら書き込む。

②「自然と自分を感じるナイトハイク」。真っ暗な山道を懐中電灯を持たずに歩き、闇のなかで沈黙して全身で感じたことを交流しあう。

【二日目】　①「君だったらどう見分ける？」石の写真を見ながら、「色で分けてみたら？」

「模様で分けたら？」「触った感じで分けてみたら？」など、どんな分類方法が考えられるかを話し合う。

②　三峰川《みぶ》の川原での川遊びと、「石焼汁用の石」探し。

③　「石焼汁作り」石をかまどで熱して具と汁の入った鍋に入れて料理する。

【三日目】①　川原の石調べ。一ｍのものさしの下にある石を全部拾い出して分類整理してみる。

②　中央構造線（ＭＴＬ）露頭の観察

【四日目】①　グループの研究課題決め。プレゼンテーションをして、自分たちがなぜその課題を研究したいのかを発表しあう。「変成岩調査隊（Ａグループ）」と「火成岩調査隊（Ｂグループ）」に分かれる。

②　グループ研究の開始。Ａ：中央構造線博物館見学、Ｂ：三峰川の堆積岩調べ

【五日目】①　グループ研究の続き。Ａ：中央構造線露頭と河床の観察、Ｂ：戸台層露頭での化石採集

②　まとめ作業の開始。調べてきたことを壁新聞の形にまとめる。

【六日目】①　学習発表会。壁新聞を使いながら学習の成果を発表しあう。

②　スタンツ作り。夏の学校の学習や生活、仲間作りの成果をキャンプファイヤーでおこなう「寸劇」に構成していく。

こう書いてしまうと味気ないですが、実際の学習活動には中学生らしい失敗や笑いのドラマにあふれていました。ページ数の関係で詳しくお伝えできないことが残念です。

一週間の学習活動を振り返って子どもたちはこんな感想を書いています。

「最初、堆積岩や変成岩なんて言葉はしらなくて、でも、この夏学でやりはじめて、いろいろキョウミをもちはじめて、ふだんなにげなく生活しているまわりにころがっている石が、ちょっとメセンをかえてべつの所から見てみると、いろいろおもしろそうに見えてきて、こまかい分類とかまではおぼえられなかったけど、トクチョウとか、かんたんなやつとかをおぼえられたし、学校とかと勉強のしかたとかもゼンゼンちがって、やる気がでた」（中一女子）

「最初の開校式の時、石の話を聞いた時、どんなことするとか見当もつかなくて、『何学べばいいんだ〜！』って感じで、内心ちょっととまどってたけど、来てみたら地球の歴史から知っていって、とっても分かりやすかった。いつの間にか『石ワールド』に引き込まれていってた。地球の歴史一つとっても初めての発見ばかりでびっくりし続けてた。あと、自分はなんてちっこい存在なんだ〜と思った」（中二女子）

「今年のテーマは『石』で私ははっきりいって石に興味をもったコトはなかった。でも調べていくうちに、石は長い年月をかけ私たちにわからないくらいゆっくりできてきて、それぞれに特ちょうがあり、だんだんと興味がわいてきた。一番興味をひかれたのがMTL（中央構造線）はっきり分かるくらいに左右色がちがくでき方もぜんぜんちがう。しかも海と山のものがくっついているからなお不思議。もう少し知りたい気持ちが出てきた。ふだん何気なく見ている石でも見方を少しかえればおもしろいものになるんだなぁ」（中三女子）

(4)「山でみつけた！　いのちと友だち」―思春期における自己の再発見

思春期の中学生時代は、自分が他人からどのように見られているのか、自分は何ができるのかなど自己の存在意義を真剣に考え始める時です。ありのままの自分を認めてもらいたいと思いながらもありのままの自分をどう表現したらいいのかわからないというジレンマに苦しむ時期でもあります。目的の2）仲間作りと3）自治活動―班会や班長会・係会・総会での話し合い、朝のつどいや集団遊びの計画・運営、肝試しなどのミニイベントづくりなどは、そんな中学生が感じていることを素直に表現しあい、語り合い、認め合うことで改めて自分自身に気づく―自己を再発見することにつながっていると私たちは考えています。最初に述べた中二の男子は、「中二のとき周りの人にあうのがこわくなって、学校にも行けなくなった。自殺を考えて高いビルの上に昇ってとめられたこともある。学校の友だちとすらうまくいかないのに、ぜんぜん知らない人たちの中なんてと、思ったけど、来てみて、こんな明るいいい人たちがいるのかと思ったら、今まで自分は、何を考えていたんだろうと思って。人の目なんか気にしないで自分の思うとおりに生きたらいいと思った」（傍点は筆者）と、中三の時のキャンプファイヤーで発言しています。彼にとっては自己の再発見は、まさしく自分の命の大切さと友だちの大切さの再発見でもあったのです。

(5)「山でみつけた…」から「町でみつけた…」に

一九六〇年代の高度成長期を境に子どもたちの地域生活が大きな変貌をとげ、遊ぶ仲間も時間も空間も奪われた子どもたちの成長・発達の危機がいわれ続けてきた二〇世紀の後半でした。新しい世紀は、子どもたちにとってどういう時代になっていくのでしょうか。

私たちは、なによりも地域から一人ぼっちの子をなくし、地域に安心できる仲間の子ども生活を創りだすことを願って、子どもたちや親たちに呼びかけて子ども会や少年団、あそび会などの異年齢の子育ち集団づくりをすすめてきました。中学生夏の学校は、そうした実践の一環としておこなっているものです。

夏の学校で「いのちと仲間を見つけた」子どもたちが、次の夏の学校や少年少女センターの主催するキャンプや雪まつりに友だちをさそって参加したり、高校生・大学生と成長するなかで周りの人たちに呼びかけて地域にあそび会や少年団を生み出したりしています。

夏の学校の三つの目的は、だれもが実践できるテーマです。私たちは、夏の学校のような取り組みが多くの地域の人たちに支えられて、全国に広がっていくことを願っています。

【神代洋一　東京少年少女センター】

正式名称　ＮＰＯ法人　東京少年少女センター

所在地　〒151―0053　東京都渋谷区代々木二―四四―一一　オフィスホワイトバーチ一Ｆ

連絡先　ＴＥＬ　〇三（三三七九）七四七九　ＦＡＸ　〇三（三三七九）七〇二七
E-mail:info@children.ne.jp

主な活動　地域における異年齢集団づくりの活動の経験交流や研究講座や研究会の開催、少年少女キャンプ村や雪まつり、中学生夏の学校の開催、活動に役立つテキストの出版など

機関紙　「TOKYO CHILDREN」（A4版4～8p）毎月一回　会員に配布

5 一〇代のボランティアがつどいつくる「活動文化祭」

(1) 「活動文化祭」とは

一九八一年夏、ヤングボランティアの全国集会が始まった

「一〇代のボランティアがつどいつくる『活動文化祭』」(通称：カッブン)という集会があります。毎年八月に三泊四日で実施されます(主催：日本青年奉仕協会、日本ボランティア学習協会)。第一回の開催は一九八一年ですから、二〇年以上の歴史をもつヤングボランティアの全国大会です。内容は、ボランティア活動の共通体験、ディスカッション、日頃の活動内容の発表、参加者全員によるイベント作り、など盛りだくさんです。全国から約二〇〇人、ボランティア活動をしている中・高校生と教員が集まります。全国各地で場所を変えて開催してきましたが、当初は東京で開催していました。

第一回のとき高校生としてこの集会に参加した筆者は、イベントを作っていくおもしろさやそこで出会うさまざまな人々との交流の素晴らしさに魅せられました。そこで、翌年の第二回からはスタッフとしてイベントの準備段階から参加し、第八回以降は主催団体の担当者としてかかわりました。その経験から、このイベントの内容や教育的な意義などについて、これから述べていきたいと思います。

イベント立ち上げの背景

一九八一年といえば国際障害者年ですが、この頃から若い人たちのボランティア活動が活発になってきます。とりわけ、一九七〇年代以降の福祉教育実践のなかのボランティア活動の活発化は大きな要因になっていたようです。そこで、主催団体の事務局から、全国でボランティア活動をしている一〇代の若者、特に中・高校生を一同に集めてイベントを組もうというアイディアが出てきます。その声かけに応じて全国から生徒を引き連れて参加したのが、ボランティア活動を学校で活発化させようと孤軍奮闘していた教師たちでした。

当時、このようなイベントとしては、全国的なものとしてはユネスコの高校生大会やJRCの大会などがおこなわれていましたが、「ボランティア」を標題に出したものは、それほどなかったと思います。

イベントのねらい

一年以上におよぶ準備の末、第一回は「一〇代のボランティア文化創造交流集会」という名称で開催されました。ここには、単なる情報交換ではなく、新たな文化を生み出していこうという意図があったわけです。生徒たちが、各々の実践をもちより、共有し、共同体験を通して新たな価値にふれ、交流を深め、日常の活動に還元していくことがねらいだったのです。以下は、第一回の開催要項に記された「ねらい」からの抜粋です。

「同じような悩みをもちながらボランティア活動を続けている全国各地の中学生や高校生らがあつまって創りあげる活動文化祭です。ぜひひとりでも多くの人があつまって、おたがいがかかえている問題や悩みについて語りあい、もっと広い視野にたって学びたいと思います。（略）わたしたちは、活動をつづけながら何度たちどまって考えたことでしょう。『君たちは偉いなあ――。わたしたちにはとてもできないよ』という友人の言葉に、〝なにも特別なことをしているんじゃない〟と心のなかでおもいながらも、思いの伝わらないもどかしさににが虫をかんだことも一度や二度はあります。友人の無理解を活動仲間と語りあうこともあります。しかし、わたしたちが活動のなかで学んだことや、友人たちにぜひ伝えたいと思っていたことも、充分友人に伝わらないまま終わってしまうことがじつにたくさんあるのではないでしょうか。どうすれば自分の思いを友人に伝えられるか、どうすれば友人と一緒に活動できるか、と考えることが大切なことだと思うのです。今回、活動文化祭としたのは、自分たちの思いを表現するなかで、自分たちの考えを整理したり、多くの人たちに発表することで、ひとりでも多くの意見や生き方にふれようという願いがこめられています。」

(2)　「活動文化祭」のプログラム

次に、三泊四日のプログラムについて簡単に紹介しましょう。

一日目は出会いのプロデュースが中心です。全国からやってくる中・高校生は、出身地域がバラバラになるように、いくつかのグループに分けられます。ひとつのグループは一〇人くらいで、そこに一人ずつスタッフが入ります。スタッフの役目は、四日間彼らに寄り添い、お互いのメッセージを発信させ、ときには自分の体験を話したりする、一種のファシリテーター（あるいはチューター）のようなものです。最初は戸惑っている参加者も多いのですが、次第に共通の話題を見つけて会話を弾ませていきます。なお、オープニングには、さまざまな仕掛けをすることがあります。スタッフが活動文化祭でなにを感じ取ってほしいのか、それを劇にして上演したこともあります。障害者の作った詩に曲をつけて歌うミニコンサートをしたこともあります。その年々のテーマによって、変化をもたせているのです。

二日目はフィールドワークです。都内を中心に約二〇カ所の受け入れ場所を確保しておきます。全国から集った仲間が、ここで協働のボランティア活動体験をするわけです。いずれの活動場所も、社会的課題を追究している機関で、学びには最適です。分野は福祉に限りません。環境、人権、平和、街づくり、文化、子育てなど、幅広く用意してあります。参加者は、どのフィールドに行こうか、興味・関心に応じて選ぶことができるのです。宿舎に戻ってからは、違うフィールドに行った人の体験を聞き、ボ

ランティア活動の多様性を知ることができます。

三日目は、まず日常の活動についての情報交換会（創作発表会）です。学校や地域で、各々がどのような活動をしているのかを多様な表現形式で発表します。劇、紙芝居、口頭発表、ビデオ、スライドなど、内容や方法もさまざまです。昼から夜にかけては、その年ごとのテーマに沿って活動しますが、夜のイベントを自分たちで企画し、実行するというパターンがほとんどです。沖縄の彫刻家を招いて参加者全員で平和の像を作ったこともあります。

四日目は全体会です。四日間の生活で感じたこと、日頃の活動のことなど、全員がひとつになって、語り合います。あつい思いを語って、涙を見せる参加者もいます。それらを全員が真摯に受けとめ、別の誰かが返していくという「語りのチェーン」が続いていきます。最後にテーマ曲「絆」を全員で大合唱して（手話も交えて）閉幕です。

(3)　「活動文化祭」の参加者の変容

第二回報告書のアンケート分析には次のように書かれています。

「活動文化祭にたいする評価として、次の点をあげている。
①　フィールド・ワークの体験などから、いろいろなことを学んだ。
②　自分の意見を発表したり、他校などの活動内容を知ることで、自分の視野が広がり、自分の悪かったところ、これからどのように生きていくかを考えるきっかけとなった。
③　創作発表などを通して今後の活動のすすめ方、やらなければいけないことがわかった。」

これらのことをふまえたうえで、筆者は活動文化祭に参加した生徒を見守ってきた立場として、このイベントには次のような教育的意義があると思っています。

第一は、他者との共感・触発です。

最初は、皆緊張していますが、同じ悩みを抱えていることがわかると、次第に心を開いていきます。当初は、今ほどボランティアという言葉もメジャーではなかったためか、ボランティア活動をしている中・高校生の共通の悩みとしては、周囲の生徒や親の無理解がもっとも多かったように思います。「受験勉強しないで、ボランティアとは……」とか「偽善者だ」という声にどう反論するのかなどについて、真剣に語り合っていました。第二回報告書に掲載された感想文より抜粋してみます。

「学校とか社会との中で流されがちな私たちが、あの文化祭では一人一人が大切にされていたように思います。」

「今までボランティアをしてきて、理解のない中で肩身のせまい思いをしてきたことも多かったけど、この四日間はだれに話しても『えらい』とかいわれずに存分に話ができたんですから。みんな『仲間がほしい』とかの共通の期待。そしてみんながみんな共通の悩みをかかえてきた人たちばかりで、本当にだれに気がねすることなしに話ができました。」

これこそ、多様な参加者がつどう〝全国イベント〟の最大のメリットであり、意義といえるでしょう。多くの参加者が住所を交換し、その後も手紙のやりとりが活発におこなわれていました。

第二は、自己開示です。

たった四日間とはいえ、ボランティアという共通のキーワードで共感できるのでしょう。共感は、自らの体験や思いをまっすぐに表現し、それを受けとめる他者の存在があって初めて成り立ちます。ある年のフィナーレは、異様な熱気で幕を閉じました。最終日の全体討論で、ある参加者が次のような発言をしたからです。

「ぼくは、いじめられている。いつか相手を刺してやろうと思い、ナイフをいつも持ち歩いているんだ。でも、ここで共感しあえる仲間がいることを初めて知った。だから明日からは持つのをやめようと思う」と泣きながら語りました。このように参加者が自らを語り、他者と人間関係を紡いでいく姿を、何度も見ました。このイベントには、思春期の子どもたちの憤りや、願いや、思いを受けとめる「仕掛け」が潜んでいるといえそうです。逆にこのことは、日常の生活ではそれらの機会が埋没してしまっている、ということの証として映ります。また、参加者の何人もが「学校で得られないものを得ることができた」

といいます。地域の団体が学校と連携してイベントを実施することの意味がまさにここにあるのです。

(4)　到達点と今後の課題など
歴史とともに……

活動文化祭は、一九八一年から二〇〇二年まで、二二回実施したことになります。当初めざしていたねらいは、十分達成できたといえるでしょう。多くの参加者が、多くの示唆を得て、地元でその後の活動を続けました。何度も参加して、交流を深めていった人もいます。卒業後スタッフになって、イベントを支えた人も大勢います。一〇代のボランティア活動の世界を広げたという意味において、創造的・先駆的な取り組みとして評価できるでしょう。

また、活動文化祭を契機に集ったおとなたちが、一九八二年に全国ボランティア学習指導者連絡協議会（現・日本ボランティア学習協会）を発足させ、活動文化祭の主催団体に加わります。このように、このイベントからおとなのネットワークが生まれたことも特筆すべきことでしょう。

しかしながら、時代とともにボランティア活動に関する状況が変化してきています。活動文化祭の地方開催を本格化した一九九〇年代、とりわけ一九九五年以降、ボランティア活動が社会的に急速に認知されてくると、ボランティア活動そのものに対する見方も変わってきました。学校等での取り組みも「普通に」おこなわれるようになってきています。部活動として興味のある生徒が〝細々とやっていた〟というものが、生徒全員が体験する、というものに変質してきています。また、地方独自の活動文化祭が開催される（沖縄、神奈川、東京、栃木等）など、多様な展開を見せ始めています。活動文化祭への参加者数は、減少してきているのです。新たな課題に直面しているというのが現状です。この点は、次にふれます。

今後の課題

活動文化祭が始まった一九八〇年代前半は、まだボランティアがマイナーだったわけですが、それゆえ社会変革という視点がどこかにあったように思います。ボランティアの手によって社会を変える、という大げさなものではないにしても（そのような主張をする高校生もいましたが）、どこかにそのような「こだわり」があったようです。しかし最近では、〝自分さがし〟という目的をもった若者もボランティア活動に参加しています。極端なのは、友達さがしという感じの人もいます。活動文化祭の参加者にも、そのような変化があらわれてきています。

活動文化祭がおこなってきた内容は、現在では地域レベルで社会福祉協議会等が実施したりしています。また、学校教育で多くの実践がおこなわれ始めてきており、参加者のニーズが必ずしも友人等の理解を得るにはどうするのか、という点ではなくなってきています。

したがって、今後の活動文化祭には、新たなニーズを把握したうえで、全国の仲間がつどうことの意味を反映させつつ、違った内容の模索が必要となっています。プログラムあるいはイベントそのものの発展的な改組が求められているともいえるでしょう。

ボランティア学習の充実を

「活動文化祭」は単に一〇代の若者のボランティア活動の普及・振興に寄与してきただけではありません。そのことよりも、むしろボランティア学習の本質を全国的なうねりにしてきたという点で、大きな意義を有しているといえましょう。その本質とは、他者・社会・自己の理解、自己肯定観・自己有用観の獲得、自主性・主体性の涵養です。二〇〇二年、学校教育では新たなカリキュラムがスタートしましたが、総合的な学習の時間等での実践に期待されるボランティア体験は、まさにこのようなものです。中央教育審議会答申（一九九六年）で示された「生きる力」は、活動文化祭の参加者たちが「お土産」として持ち帰ったものと合致していると思えるからです。

ボランティアというと、単なるやさしさの具現化と捉えられがちですが、「活動文化祭」が具現化してきたボランティアとは、自己開示しながら、他者との関係性にふれ、社会的課題にふれ、さらには問題解決の模索、実行をし、それらを検証していくという「多様な学び」の世界です。ボランティア学習が、とりわけ思春期の多感な年頃の若者に効果的なのは、この点にあります。苦役を課して、それを貢献と呼び、道徳的な意味だけに特化させた教育実践として構成するのではありません。このように、ボランティア学習は、昨今の「奉仕」活動の議論に見られる単一的な活動主義や体験至上主義的のものとは、大きく異なるものであることはいうまでもありません。

活動文化祭が紡いできたようなボランティア学習の「学びの世界」を、今後も多くの若者が体感できるよう、学校や地域で多様なボランティア学習プログラムが開発されることを願ってやみません。

【長沼　豊　学習院大学】

正式名称　日本ボランティア学習協会

所在地・連絡先　〒151－0052　渋谷区代々木神園町三－一　NYC内

日本青年奉仕協会気付

TEL　〇三（三四六〇）〇二一一

機関紙・出版物　機関紙「ボランティア・ラーニング」

研究紀要「ボランティア学習研究」

6 不登校児の人生七転び八起き

―「麦の根」の挑戦！―

(1) 麦の根の生い立ち

「麦の根」は一九九七年一二月に誕生しました。富山の不登校青少年たちがインターネットを活用して活動する居場所です。当初は中学生や高校生など、一〇代の青少年三人と二〇代の私の四人で始まりました。みんな不登校中か経験者でした。現在も富山市郊外の一軒家の二階を間借りしています。立ち上げのきっかけは不登校の親の会に寄贈された一台のパソコンです。親たちはパソコンがまったく使えません。興味もありませんでした。ならば親自身が使うのではなく「子どもたちにあげよう」という話になりました。

代表の私も当時はインターネットを活用したくありませんでした。パソコンが嫌いだったからです。さらに、当時、インターネットは珍しく、不登校の会の一部の親たちからは危険なもの、いかがわしいものと思われていました。

しかし、一般に青少年はパソコンに興味を示します。どうしてもやりたいという思いが強くなり、責任は自分たちで取るからと無理を言い始めました。そのため、建前上、代表には大人の年齢であった私がなり、「麦の根」を立ちあげたというのが設立当時の事情です。今思えば、経済的な負担がどれだけかかるかも分からない、ずさんなスタートでした。私たちには、インターネットという未知の世界を知りたいという単純な理由しかありませ

登校拒否／不登校　一九九八年度調査から、文部科学省は「何らかの心理的、情緒的、身体的、あるいは社会的要因・背景により、登校しない、あるいはしたくともできない状況にある者」と再定義した。「不登校」を理由に年間三〇日以上欠席した児童生徒の数は二〇〇〇年度には小・中学生合わせて約一三万人である。登校拒否が多く現れ始めた八〇年代には、主に精神医学・臨床心理学的方法によって考察・対処されてきたが、近年は学校・家庭・社会のありようを背景に起こっている現象として多角的な考察がなされつつある。また、こうした子どもたちの新たな「居場所」・「学び舎」が求められることから、フリースペース・フリースクールが増加する背景ともなっている。

んでした。

このような居場所は、当時、北陸はおろか全国にも例を見ませんでした。マスコミに載るなど注目されたものの、富山での協力は冷ややかでした。カンパもまったく集まらず苦しいスタートとなりました。地域の保守性を感じたものです。

そうした状況のなかで、パソコンを指導していただける人を見つけ、学びました。一年くらいかかりましたが、ホームページも徐々に集まる仲間と一緒に作成しました。会報を作るなどして資金も集めました（現在は二〇号までで休刊中）。活動を細々ながら続けて、情報を発信、交流を繰り返しながら数年を過ごしました。その間に設立当初の仲間は、進学、就職していきました。新規のメンバーはその都度参加します。そこで企画を毎年立てています。例えば外国の学校と交流をしたり、各地の不登校児の居場所と交流をしています。交流では進学で他地方に行ったメンバーが、その土地の居場所の世話になるという思わぬ成果も産みました。インターネットという特性上、国境も距離も関係ないからできることです。関連してネット上では相談掲示板やチャットなどを開いたりもしています。引きこもりの人たちは家にいる現実があります。さまざまな人たちと交流やサポートができるきっかけとして、相談掲示板に相談することから居場所に来た人たちもいるのです。

設備面では、補助金を得ることなどで、パソコン（現在一三台もっとも故障二台）や周辺機器をそろえてきました。現在も細々と毎週木曜（スタッフ用パソコン講習）と金曜に居場所を開いています。金曜日は多いときは一〇人前後の人々が利用しています。

(2) 不登校児の自立をめざして

「麦の根」の課題は二つありました。一つは場所柄です。場は富山市の郊外にあります。経済・交通弱者の子どもたちにとって高い金を使い、田舎ゆえに時間を潰してバスや電車を待つのは、人目も気になる人にはつらいことです。当然、居場所に来るのはある程度、お金を使えるか、理解があり、送迎できる親をもつ子たちです。また車やバイクを使える青少年になりがちです。

もっと問題なのは不登校児・者の就職問題です。現在でこそ富山でも、不登校のサポートに関しては行政もさまざまな機関を作っています。町単位でも適応指導教室をはじめ、「親の会」などさまざまなサポートシステムが登場するようになりました。今や、民間にもフリースペースがあります。高校でも公立の通信のほかに、私立の通信制サポート校や技能連携校があります。

しかし高校に合わず中退する者、また高校にも行かない人たちがいることも事実です。さらに富山の現実として、今も高校卒業以後の無料サポートは行政もありません。二〇代以上の人々には義務教育段階で行政がおこなう不登校サポートサービスを受けなかったり、受けられなかった人も多いのです。そのまま引きこもっている人もいます。彼らの切実な問題は、自分の居場所がないことと、仕事がないことです。学歴で仕事がはねられるという問題があります。職の選択肢も少ない。運良く働けたとしても長年閉じこもっていて自信がなく、少しの失敗が重い負担になり、自分から辞めてしまいがちです。あるいは体力がないことで仕事が続かず首になりやすいのです。そのためせっかくアルバイトをしても、自信をなくし再び引きこもる人もいます。もし、自分のペースで働ける場があるならば就業における自信がつくのではないかと思われました。

そこで、「麦の根」が誕生してから三年近い二〇〇〇年一〇月から、「電脳塾」を始めました。その前後、「麦の根」の仲間の一部は居場所に物足りず、何か行動を起こしたがっていました。そんな仲間数人と時間をかけ、構想を暖めたのです。

(3) 「電脳塾」のめざしたもの

「電脳塾」とは、「麦の根」で培ったホームページ作成などのネット技術を生かして、不登校OBたちが、不登校の子にパソコンを教えようというものです。そのなかから多少の収入を得ます。複数のOBが参加することによって、話すことができるが、パソコンが苦手な者は子どもの話役に。話が苦手でもパソコンができる者は教える役割という分担ができます。子どももOBもお互い同じ経験をしているので、共感もしやすいと予想しました。OBには対人関係向上と技能習得の機会の積み重ねになり、就業訓練の意味がありました。子どもたちにとっても来やすい場に居場所を作ることで、施設を利用する利便性の向上につながると考えました。可能ならば、大人に講習することによって、多少の収益を上げ、事業を持続させる意図もありました。

(4) 「電脳塾」始まる

財源はある助成財団に企画を提出し、二七〇万円のお金を用意することができました。

このお金でパソコンを買い、通信費や当座の人件費を確保しました。富山駅前のＹＭＣＡの場も借り、事務の協力も得ることができました。このことにより、「ＹＭＣＡ協賛」と宣伝することができました。当時、「麦の根」という名称は、いかがわしいイメージとして世間に受け止められていたのです。開催日は週一回土曜日の午後としました。時間は二時間です。スタッフ人件費は時間当たり七五〇円を用意しました。子どもたちにはお菓子代として一人三〇〇円をとることにして、お菓子やジュースを買うことで、ほっとできる空間も作りました。また、これくらいなら親も払ってくれると考えたからです。スタッフにも仕事と思ってもらうためには必要なことです。念のためパソコン会社の社長さんなどにも頼み、ボランティアとして、サポートをお願いしました。

(5)「電脳塾」が生み出したもの

スタートをしてみると、県内のマスコミも珍しい取り組みとして取り上げてくれました。おかげで大人の方からも参加したいという問い合わせが多くなりました。一年後くらいに予定していた大人教室を、前倒しで月に一回大人の教室としました。ちなみに大人のクラスは子どもたちと会話やコミュニケーションはなく、純粋な講習です（二クラスで参加者一七名）。ＯＢたちはいきなり一人前の仕事はできません。まず補佐役として、パソコン会社社長などの講義技術を学びました。

子どもの教室ではＹＭＣＡに来ている子も来ます。予想していなかったのですが、県外からも来る子がいました。また、時として小学生から二〇歳前後くらいまでの二〇人くらいがやって来ました。

驚いたことに、学校に通っている子どもたちも通って来たのです。宣伝では不登校の居場所として紹介されていたので、一般の子どもたちには抵抗があるだろうと考えていました。しかし、パソコンができるということで、子どもたちが学校帰りなどにやってきたのは意外でした。当初はさすがにぎこちなく、会話が進みませんでした。そのような時に役立ったのがチャット[*1]です。同じ場にいて数人がチャットで会話する光景は異様でしたが、無口な子でもチャットを打つことで、驚くほど自然と会話が生まれていきました。部屋の隅に固まっているような子も、パソコンに没頭することで、次第に表情が生まれてきました。直接顔をあわせる形を対話と思いがちですが、機械を通しても人間同士の交流が生まれることがわかったのです。

それでも、学校へ行っている子どもたちが話す学校についての不用意な話で不登校の子どもたちが傷つかないかと心配されました。大人たちのそうした話題で顔色が変化する子どもを、それまでたびたび見てきたからです。しかし、心配された会話はありませんでした。やがて、軽い障害をもつ子もやってくるようになりました。専門的なサポートが必要かと思われましたが、それも杞憂でした。明るい子どもたちだったので、話が途切れず、むしろ場が明るくなる効果がありました。他の子どもたちも嫌がってはいませんでした。おそらく障害を負った子どもたちにとっても、心地よい環境であったのでしょう。

その他、子どもたちが参加している取り組みとしては、「麦の根」ホームページの相談掲示板があります。「電脳塾」があることで、その存在を知ったようです。自分の体験に

＊1　ネット上で複数の人間が文字で会話できるシステム。

基づき、悩みに答えてくれるので、実際、相談者から感謝の書き込みもあります。

スタッフに関しても、一時は九人を数えました。今まで時間にいい加減だった者が、講習の時間にはちゃんと来るようになりました。最初は教える声さえ出ず、立ったままの人も、さりげなく声を出して教えるようになるなど、一定の変化が確認されました。そのなかの数人が善し悪しは別として就職やアルバイト、進学を果たしたのです。

(6)「電脳塾」の教訓

しかし、こうした成果にもかかわらず「電脳塾」は二〇〇二年の三月一杯で閉鎖しました。現在は「麦の根」単体のみの運営です。開催の再開要望は子どもたちやYMCAからもありますが、二〇〇二年四月現在、検討中の段階です。私たちが得た教訓を報告します。

「電脳塾」の最大の問題は、事業化に失敗したことです。まず補助金の切れる一年の期間のうちに事業を持続可能とする経済状態を作れなかったのです。これまで「麦の根」の活動に地域の支援は当てになりませんでした。行政がおこなわないサポートを広げ、持続させるには、自らそれを支える経済的なシステムが必要です。そのための「電脳塾」でもあったのですが、二〇〇一年春から週一回にまで増やして開催した有料の講習会で、大人の受講者を十分に獲得できませんでした。行政の無料IT講習の煽りを食ってしまったようです。無料と一〇〇〇円ではとても勝負にはなりません。

実際、「電脳塾」を始めて半年が経った頃、財政的な問題で些少のバイト代さえ出せなくなったのです。とたんに来るスタッフたちは減ってしまいました。そのため、話が不得手な人も話さなければいけないなどの弊害が出てきてしまいました。それが一部のスタッフに重荷となったことも問題でした。数ヵ月後にはスタッフとして来る者はいなくなったのです。また前後して、何人かが自立し、アルバイトや就職を果たして抜けていきました。不登校は一過性です。ボランティアをしたくて不登校しているわけではないのですから。

加えて、やって来る子どもたちのなかには、親の理解を得られず、お金を持っていない子どもたちもいました。現実問題としては徴収できないという問題もありました。受付を通らずお金を払わずに来る子もいます。不登校体験をもつ私たちは、多くの人に無償で支えられた経験があります。だからこそ無理にお金をとることはできなかったのです。

さらに、スタッフの実力にも限界がありました。行政がしない講習をやろうとしても、無理でした。スタッフがマニアックなところを知っていても、平均的に知識をもっているというわけではなかったのです。学び直しが必要でした。

また、当初四台しかなかったパソコンを二〇人近くが使おうとしたため、使用できない子が生じるという、物理的な問題も発生しました。その一方、IT化が急速に進展する時期でもあったので、家庭で親がすぐにパソコンを購入し、来なくなった子どもたちも増えました。さらに、スタッフが人になれることができず、逆にメンタルなサポートを必要とするようになるといった問題も生じてきたのです。

(7)　新たな夢の実現に向かって

就業支援という発想自体は、間違っていなかったと考えます。むしろ、就職が大学生でも難しい今、そして居場所づくりやサポートの取り組みが増えている今、その点は大切になると考えます。不登校児・者への就業支援活動はより一層少ないからです。閉じこもり、家や部屋のなかで活動しても職場で評価はされません。働く場もなく、ますます引きこもりが長期化する可能性もあります。現在苦しんでいる不登校児・者の希望も砕きかねません。

そこで、「電脳塾」の教訓を踏まえて、新たな就業支援の取り組みを計画することにしました。それは、病院や学校、行政の協力も得ながら、不登校の子どもたちに自立や就業の場を提供し、地域の人々からの信頼を高める取り組みを展開しようというものです。例えば、「麦の根」の仲間たちは、自分自身の不登校体験に裏付けられた自立支援のノウハウを提供し、パソコンの講習などをおこないます。一方、病院では介護講座などを開き、支援者の力量を高めます。こうした活動を組み合わせることで、子どもたちや支援スタッフを志願する人の生き方やニーズにより一層見合った支援活動が可能になると考えます。また、病院や学校の信用を背景とすることで、ボランティアの方々を多々集めやすくなります。二〇〇二年四月現在、実際に県内の心療内科や高校と話をしている段階です。

いろいろな団体や立場の人が集まることで、新たな可能性が開けると考えます。外国の人やお年寄りが料理を作り、不登校者や障害者の人たちがウエイターをしたり、パソコン講座や外国語講習を担う。そのような夢を描いています。こうした場面でなら、一般の人たちも抵抗なく不登校者とかかわっていけるのではないかと考えています。それが、地域において、不登校者を支援する地道な活動の持続や不登校者に対する理解の拡大につながると信じます。

【宮川正文　麦の根】

正式名称　麦の根

所在地　〒939－8006　富山県富山市山室三六一－六

連絡先　代表者　宮川正文

TEL　〇七六（四九三）五三九三（FAX共通）

E-mail:muginone@tam.ne.jp

主な活動　基本的な開催日時　＊毎週金曜日　一四時半〜一八時半

＊＊第三日曜日は、親の会です。

一言PR　麦の根は全国とインターネットで交流している富山の不登校青少年交流団体です。不登校当事者に限らず、学生、親、先生、さまざまな人が集まる場です。

ホームページアドレス　http://www.muginone.com　（ただし、近日移転の可能性もあります。富山の福祉教育ネットワークに合流を考えております）

5 子ども・おとな参画の地域・学校づくり

1 町民参加の学校づくり
―聖籠町の新しい試み―

課題……子どもは大人を写す鏡。子どもを変えるのなら、まず大人が変わらなければならない。新生「聖籠中学校」ができたのは、大人たちが学校へのイメージを変えたから。言いかえれば、大人自身が変わったからにほかならない。その輪をこれからどう広げるか。

(1) 聖籠町の自己紹介

聖籠町は、新潟市の北隣の海岸線に位置して、ほぼ平坦な地域で面積約三八km²に人口約一万四〇〇〇人が生活しています。主な産業は稲作を中心とし、果樹・畑作栽培もおこなわれています。西側の海岸に堀り込み式の新潟東港が造成され、その背後地に新潟東港工業地帯があり火力発電所等の企業が進出しています。聖籠町は、交通網の整備とあいまって、通勤による第二・三次産業従事者が増加しています。

子どもの参画　社会において、子ども個人、もしくは子ども世代に影響を及ぼす文化的、社会的、教育的営み、その他あらゆる活動や社会のあり方について意思決定を行うに際し、子ども個人、もしくは子ども世代の代表者が意見表明し、おとな世代と共同で現状改革や今後の計画を練り、決定する権利である。なお、ロジャー・ハートは、「子どもの欲求と能力の及ぶ限りの子どもの参画を大人がどう援助するか」という議論の基盤として、子ど聖籠町は、一九五三年の町村合併促進法公布により、海岸部の亀代村と内陸部の聖籠村が合併するさい、諸課題の合意を得ることができましたが、中学校の統合は積み残されたまま、聖籠町の教育課題として見え隠れしながら、今日にいたってきました。

私は一九七七年から一七年間、聖籠町公民館主事として勤めました。高校のない聖籠町では中学校が最後の学舎となり、町民として交流のないまま町外へ。

そして、二〇歳。公民館が担当する成人式で再会しますが、私は二つの中学校の出身である新成人の間の溝を淋しく感じていました。また、地域づくりを進めるうえでもネックになっていました。

(2)　統合中学校の建設に向けて

社会状況が変化するなか、一九九四年、見え隠れしていた両中学校の統合が、首長選挙で公約として取り上げられました。

当選した町長は社会教育行政の経験があり「これからの教育行政は学校教育の発想だけでなく、地域全体を巻き込む発想で、社会教育の手法と生涯学習の視点で進めたい」という思いから、私に教育長職の要請があり、一九九四年、私は就任することにしました。

両中学校統合に向けて、教育委員会主催で全集落で座談会を開催しました。座談会では統合への考え方の他に、現在の学校への要望や疑問点が出され、そして「教育委員会は日常の活動として、もっと学校と地域のパイプ役を果たすべきだ」など教育委員会の課題も出されました。

もの参画を大人がどう援助するか」という議論の基盤として、子どもの参画の段階を比喩的に「はしご」で表現している。日本では、子どもの参画を体現するに当たり、これまでのところ、子ども議会の開催など、子どもの意志や要求を社会全体の意志決定に反映させる上で有効な方法をどのように制度的に整備、保障するかに主たる関心が寄せられてきたとみられる。しかし、前提となる意見表明権の本質に照らして考えてみると、子どもが素朴に疑問や要求を発する場面に、実は社会参画の契機が多々あることが理解される。

男女共同参画社会　二一世紀の日本社会を男女共同参画社会（「男女が、社会の対等な構成員として、自らの意思によって社会のあらゆる分野における活動に参画する機会が確保され、もって男女が均等に政治的、社会的及び文化的利益を享受することができ、かつ、この座談会から統合中学校への合意を受けとめ、一九九六年三月に町長の諮問機関として「統合中学校建設推進委員会」を条例設置して、統合中学校の構想づくりに入りました。

聖籠町では、それまで町長の諮問機関は町議会議員や団体長・学識経験者で委員構成されて、事務局案を審議して答申するケースが大半でした。今回の諮問機関はその手法は取りませんでした。

二〇名の委員の内、三名は専門家（教育研究者・元県教育長・建築研究者）で、あとの一七名は教職とは直接縁のない地域住民の方々にお願いしました。

初めは「おれは素人だから」と自信のないかかわり方でしたが、調査審議というより、学びを重ねながら変わっていきました。委員会がスタートしたころ、「あんな素人集団で学校をつくれるのか」という声も聞かれました。しかし、素人であるがゆえに枝葉の部分でなく、学校は何のためにあるのか、子どもは何のために学校へ行くのか、というかつては自明と思われていたことを今一度見直して、学校は変わらなければいけないのだろうか。もしそうだとすれば、二一世紀にむけてどのような方向に変わるべきか、といった根の部分の学習を進めたのです。

(3)「日本一いきいきした中学校」のイメージ

中学校施設といえば、これまで北側片廊下で閉鎖された空間として箱型の教室が整然と並び、そのなかで一人の教師が一斉授業をおこなうという画一的イメージが強かったのではないでしょうか。これは効率的な教育を進めるうえでは有効であったかも知れませんが、

共に責任を担うべき社会（第二条）」と位置づけ、その実現（形成）のための諸政策の基本を定めた「男女共同参画社会基本法」が一九九九年に成立した。男女平等雇用と男女双方に同様に子どもの養育を保障するなど、この法律の理念を体現するためには、伝統的な労働慣行やジェンダーバイアスを乗り越え、フェミニズムの視点を踏まえた積極的な取り組みが必要になる。

チャータースクール・コミュニティスクール　チャータースクールはアメリカで普及し始めた「学校認可更新式」の公立学校。日本でも一部で設立を目指す運動が既に起きている。父母や教師、地域の団体などが集まって、地区の教育委員会に学校設立の特別許可（チャーター）を申請し、認められれば公費から生徒一人あたりの予算がついて、学校を開設することができる。教育内容、運営は学校の裁量に任せられるが、外部

個性重視の教育、指導方法や学習形態の多様化という面からは、必ずしも適合した施設ではないと委員会では考えました。

また、これまで学校施設は量的充実を求められたため、質的充実は第二義的に考えられてきました。学校は学習の場であると同時に、生活の場であり、それにふさわしいゆとりや潤いが必要で、例えば、木材が子どもの感性に与える影響という面をとらえても、環境そのものが教育であると考え、施設設備の質的充実を求めました。

さらに聖籠町では、中学校が最後の学舎となることから、地域のシンボルであり、地域社会から隔絶した閉鎖的なイメージでなく、気軽に散策できる配慮を考えました。

委員会がスタートして一年余。二四回の全体会議の他に班別の学習をおこない、素人は中学校の構想を答申しました。

① 教科センター方式（各教科に専用の教室や学習スペースを設け、生徒がホームベースと呼ばれる生活拠点から、毎時間教室を移動して授業を受ける学校運営方式）を基本とする。
② 一人一人の豊かな個性を育み、心身の創造の場とする
③ ゆとりと潤いのある生活空間とする
④ 多様な教育メディアや高度情報機器を活用し、総合的情報空間を設ける
⑤ 生涯学習施設としての機能をもち、地域に開かれた学校とする

そして、答申には「日本一いきいきした中学校」という言葉がそえてありました。これはナンバーワンではなく、聖籠町は全国に一つ、オンリーワンを生徒と教職員と地域で創

の評価を受け、行政当局との間で取り交わした教育目標や教育方法などの「契約」事項の達成を目指す。チャータースクールとは必ずしも一致しないが、教育改革国民会議（首相の私的諮問機関）も、地域事情に応じて市町村が設置、地域住民が運営に参画する公立学校の設立を提言し、「コミュニティ－スクール」と仮称している。いずれにも、地域社会を構成する人々の参画を得て、公立学校のあり方を見直し、その変革を促すことや学校制度の未来像を描き出すことが期待されており、動向が注目される。

造してほしいとの願いからでした。

(4) 住民の学びと交流に基づく答申づくり

私は公民館主事時代、館を住民の学びと交流の場にすることを大切にしてきました。統合中学校建設推進委員会の活動は「審議」と表現すべきですが、実態は「学びと交流」そのものでした。この委員会に建築研究者の立場で助言された村尾欣一さん（新潟職業能力開発短期大学校）は「統合中学校づくりは単なる施設の建設ではなく、教育と文化づくりであり、まちづくり運動の中心にもなり、その最終的仕上がりや質は『住民自らも担う』という行政側の姿勢と情熱がうかがえる。委員の回を追うごとの真剣な発言にその強い意思が育ち、町全体への広がりを実感できる」と発言され、学校づくりを教育という狭い世界でくくることでなく、広いまちづくりにつながっていることを教えていただきました。

答申を終えた委員は、「今の学校がどうなのか関心が無かった。委員となり、これからの教育で建物や環境が生徒に及ぼす効果を考えさせられ、話を聞いたり視察し、自分のビジョンが見えてきた」（三〇代男性）。「不安なスタート。二つの中学校を統合するという消極的でなく、新しい学校をつくるという積極的考えが大切と思う」（三〇代女性）。「統合中学校のテーマ『日本一いきいきした中学校』のように、良い学校、良い町になってほしいとかかわってきた。これからも微力ながら頑張りたい」（四〇代男性）。委員を引き受けてから、学びによって変容しました。

答申を出したこの年、首長選挙がありました。候補者からすれば必死です。「『教科センター方式』というのはとんでもない学校だ」と政争の具にしてしまいました。各小学校区ごとに説明会を開催しました。その講師を素人の住民にお願いしました。大勢の前で話すのは無理としり込みしていた委員でしたが、自分たちの言葉で自分たちの学びのプロセスを伝えてくれました。住民（委員）が学んだことを住民に伝える姿に、同じことを行政が伝えたとしても、重みも伝わり方も違うと感じた会でした。

(5)　地域に愛される学校づくりのプロセス

そして、このような住民と行政の連携で残された統合中学校の課題解決にむけて進むことが大切と感じました。学校をつくるプロセスで、自分たちが選択したと思える住民参画型にしていると、開校後も地域の資源がより学校へ入りやすくなると考えました。これまでの聖籠町は、「ハコ（建物）は行政でつくるので、中身はあなた方（保護者や教職員）で」というスタイルで教育環境が整備されてきました。これでは先が見えています。住民が教育や建物について学習するプロセスを踏んでこそ、学校が地域に愛され、地域に根ざした活動ができるのだと、私は素人の委員会のみなさんから教えられました。

素人たちの夢（答申）は、町民や学校関係者と町議会議員、建築家で組織された「統合中学校建設委員会」に引き継がれ、具体的に平面図や教育システムについて話し合いが行われ、「体育館にステージはいらないのでは」「自転車置場はどこに」など細かな検討を重ねました。

(6) 子どもの夢と大人の考えをとり入れよう!

義務教育の問題点が指摘されています。一斉画一の授業形態が子どもの創造性や考える力を伸ばしきれていない・北側廊下に同じ型の教室という変化に乏しい校舎は多様な子どもに応じにくくなった・知識伝達中心で、体験学習が十分でない・生徒指導は対症療法がちで積極的自立を深みきれない……。国際化情報化の課題に向き合う空間が必要ととらえたり、実際に学校で学び生活する生徒の動線を調査したり、生徒から聞き取り調査をしました。

「新しい中学校にほしい場所は?」の問いに、生徒は次のように答えてくれました。学習環境では、個室・勉強専門の部屋・防音室・季節にあった部屋・扇風機のある教室・巨大スクリーンの視聴覚室・いろいろなものを育てられる畑。生活環境では、自由な場所(靴を脱いで上がれる所・トランプができる所・ソファー

せいろう共育ひろば『みらいのたね』の活動「学校の森づくり」。平成15年5月、実生から育てた苗約2,000本を植樹予定。

や絨毯の所・先生立ち入り禁止の所・学年関係なく使用できる所・ベランダ）・相談の部屋・本やいろいろな情報がある所・喫茶店・開放された屋上・暖かい体育館・生徒専用電話・温水設備等。

このことから生徒の日常感覚に対し、既存の学校がいかに無機質な環境であり、これからの教育問題解決が困難であることが明らかになりました。そして、校舎内のサインデザインは美術の授業で生徒が話し合いながら考えて、それをもとにプロのデザイナーにまとめてもらうなど、生徒にもかかわってもらいました。

この頃、あるお母さんから手紙をいただきました。「教科センター方式は説明会に集まった人から口コミで広まっていくと思います。ところで末娘（小五）とご飯の支度をしながら統合中学校の話をしました。娘はローラーブレードで登校し、いややっぱり乗れない子がいるので自転車かな。それと森林資源は大事だから、ノートでなくてノートパソコン持って学校へ行くの。そして、体の弱い子もいるから、そのことも考えて学校をつくるの。と夢みたいな話でしたが、考えさせられることがありました。従来なら上から一方的な達しで出来上がる施設も、こうしてみんなの意見を聞いてくださる姿勢に感謝します」と。あらためて、子どもの夢や大人の考えを取り入れていく大切さを考えさせられました。

二つの中学校の統合は対等が条件です。開校二年前に「服装を考える会」が母親中心で組織されました。会では、単に服装を決定するだけでなく、学校の制服の意味や個性について考えるきっかけにしたいと子どもと親を巻き込んだ活動でした。制服の是非から始まって、業者選定、子どもや親さんからのヒアリング、制服展示会でのアンケート回収等の活動内容を広報しました。「服装を考える会広報第七号（最終号）」では「町のみなさんで考えた制服です。より良く大切に着てください」と結んでありました。

校歌も新しくなりました。校歌を歌う生徒の応援歌にしたい、という町の願いを受け入れていただいた上越教育大学の後藤丹先生から「聖籠町が町民参加で学校づくりを進めているのなら、作詞は町民の方でいきませんか」と提案があり、開校前の春、完成。「海を見たよ　風を感じたよ　緑のそよぐ匂いもした　新しい日に心さらせば　満ちてくるものは生きる力さ　共に歌おう　共に学ぼう　私たちの未来をこの手で　つかむために　ひとつの出会いまぶしく光る　水平線を越えようよ」。

(7) 新しい中学校は地域交流の拠点

教科センター方式を採用する公立中学校は全国で少なく、新潟県では初めてです。その校舎に「地域交流ゾーン」を設けました。

学校はいつから学校教育を「学校の先生」という先生だけでおこない、他を寄せつけない方向になったのでしょうか。体育館やグラウンド開放という形では開いてはいましたが、それでは学校と地域の交流を生むものではありません。聖籠町に建つ学校です。聖籠町の応援が不可欠と考えました。

これからの学校は、教職員だけで運営できるものとは思えません。学校と地域はサポートする側とされる側でなく、お互いよきパートナーとして存在する必要がありますが、教職員は異動で替わってしまいます。異動のない地域住民の「聖籠中学校はこんな願いで建てられた」と伝えられる存在が求められます。

そこで統合中学校に「地域交流棟」を設けました。住民専用の玄関をもっています。住民が気軽に学校に入っていただき、学校教育にかかわってもらうことで、生徒と住民の交流につながる、町全体で子どもを自然な形で見守ることになると考えました。この棟を住民主導で活用してもらうため「せいろう共育ひろば　みらいのたね」が校舎建設と並行して組織されました。「開かれた学校づくり・地域交流の場づくり・共に学び、共に育つ環境づくり」をめざしています。

地域といえば、校舎内に「子ども健康相談室」を設けました。子どもの「心と体」の健全な発達を支援し、乳幼児から児童生徒まで一貫した相談やサポートするのが目的です。地域で生活する子どもとその家族が、自分らしくいきいきと安心して生活をおくれるよう家族・学校等・専門機関・地域をつなぐ役割

校庭で植樹のボランティア後、校舎の中庭で、町民手づくりの昼食会

です。

当然ですが、校舎内には保健室と養護教諭が配置されています。主として学校内の役割ですが、「子ども健康相談室」は「地域の保健室」のように地域とのかかわりを担ってもらいます。

(8) コミュニティの再生に向けて

聖籠町の中学校統合は、少子化や過疎化ではなく、地域づくりが目的でした。農業中心の地域でしたが、社会変化により地域社会にコミュニティーとしての性格が薄れてきています。

私は、地域とのかかわりをもたせた新生「聖籠中学校」がそのコミュニティーの再生につながっていくことに期待しています。社会の流れは地方（地域）の時代です。そこに生活する住民の自己決定の拡充と、住民参画の拡大のためにも、新しいコミュニティーの創造が求められています。その舞台をも担います。

二一世紀最初の年の春、新生「聖籠中学校」が竣工しました。学校設計された香山壽夫先生が式典で「この学校は聖籠の街です。いろんな出会いや交流が生まれることを期待しています」と生徒や地域住民に話されました。

未来のたねである子どもたちが、地域との豊かなかかわりに出会い交流しながら、時には大変でしょうが、大きく変わっていってほしいと念じています。

【手島勇平　新潟県聖籠町教育委員会】

正式名称　聖籠町立聖籠中学校
所 在 地　〒957－0106　新潟県北蒲原郡聖籠町
蓮潟三六六－一
連 絡 先　ＴＥＬ　〇二五四（二七）七〇八〇
ＦＡＸ　〇二五四（二七）七〇八九
mail:info@seiro.ed.jp
http://www.seiro.ed.jp/

正式名称　せいろう共育ひろば『みらいのたね』
所 在 地　〒957－0106　新潟県北蒲原郡聖籠町蓮潟三六六－一
聖籠中学校地域交流棟町民ホームベース
連 絡 先　ＴＥＬ　〇二五四（二七）七〇八五

主な活動内容　〇日常活動→地域交流棟にある町民ホームベースで次のような活動をしています

- 生徒や先生とのふれあい
- 『みらいのたね』の活動のお手伝いと花や野菜づくり
- 学習ボランティア（調理実習、社会科授業のお手伝い等）
- 中学校でのボランティア活動（給食や清掃のお手伝い等）
- 地域交流棟の管理に関する事務や受付
- 自分たちがやりたいことや生徒と一緒にやってみたいこと

2 地域ぐるみの子育てと学校の役割
―稚内・南中学校のとりくみ―

公立学校の週五日制が完全実施され、今まで以上に地域ぐるみの子育て・教育が大事になってきています。こうした課題に学校はどう応えればよいのか。本校の特色ある教育活動のひとつである生徒の地域活動と地区PTA活動、そして、稚内における市民ぐるみの子育て活動の実践例のいくつかを紹介しながら、皆さんと一緒に考えていきたいと思います。

(1) 地域活動の実際～地域に学ぶ生徒たち

独居老人宅の除雪作業

二月下旬、校長宛に一通の礼状が届きました。そこには、一人暮らしのお年寄りの家の除雪作業に対するお礼が述べられていました。日本最北端に位置する稚内の二月は、まだ厳冬。生徒たちは、所属する地域活動班（校下一三町内会に対応した生徒会組織。以前は校外班と呼んでいた）で相談し、凍てつく寒さの中、日本海から吹き付ける強い季節風で軒下までびっしり固まった雪をスコップではねのける作業に汗を流したのです。

参加した生徒は、「最初はこんなに雪があって大変だなあと思ったけど、やってみたら面白いし、なんだか楽しかった。おじいちゃんとおばあちゃんも喜んでくれて、やっているこっちまでうれしくなった」と感想を述べています。生徒は、地域の人とのふれあいを通して、思いやりの大切さや奉仕の楽しさを体得していきます。

敬老の日に舞う「南中ソーラン」

漁業の街、稚内にふさわしく、元気いっぱいに踊る「南中ソーラン」は、南中伝統の名物であると同時に、地域の人たちの宝物です。九月の敬老の日には、あちこちの町内会から、出演の声がかかります。その都度、生徒たちは、地域活動班で呼びかけ合ってチームをつくり踊ります。大きな舞台での演舞と違い、少し恥ずかしそうだったりするが、見ているお年寄りをはじめ町内会の人たちは大喜び、終わってもアンコールの声がやみません。生徒は、地域の人たちの笑顔と拍手を自らの感動とし、達成感いっぱいに心育ちの「南中ソーラン」を踊るのです。

心と心がふれあう廃品回収活動

南中生の年間最初の地域活動が、校下の各家庭をまわり、古新聞やビール瓶などを集める廃品回収活動です。この活動は、「こんにちは、南中です。」という元気な挨拶から始まり、「ありがとうございました。」という感謝の言葉で終

敬老会での南中ソーラン

わります。地域の人たちは、冬の間、そして夏中、置く場所にも困るというのに、南中生のためにわざわざ新聞やびん類をとって置いてくれるのです。生徒は地域の人たちの温かい気持ちに感謝しながら、助け合って活動し社会性を磨きます。

ふるさと・地域を実感する雪像づくり

南中生徒会地域活動班の最大の行事は、一月末から二月はじめにかけておこなわれる「雪像」づくりです。これには、受験を控えた三年生をのぞく一・二年生と地域の父母が総出で取り組みます。昨年、ある地区では町内会にも呼びかけて、大小六つの雪像と二つの氷の滑り台をつくり、それを三〇〇をこえるアイスキャンドルで飾り、まるで札幌の雪祭り会場のような冬の広場をつくりました。まず、お父さんたちが重機を使って土台をつくり、男子がスコップで雪を固めます。女子がスプレーで絵を描き、そのあと一斉に雪のみで削っていきます。細かいところは、雪をシャーベット状にして貼り付けます。

この時期は、稚内で最も寒いとき。吐く息も凍り、手もかじかんできます。もう限界と思うとき、「甘酒が出来たよう。」とお母さんたちが呼びに来て休憩になります。町内会館の中は、ストーブが赤々と燃えていて、体のしんまで暖まります。休憩時間は激励タイム。生徒同士、生徒と親が、また教師と生徒、親と教師が、お互いの頑張りをたたえあいます。こうした活動が約一週間にわたり毎晩繰り広げられます。この中で、生徒たちは、みんなと一緒に物事をやり遂げることの楽しさや雪像が完成したときの達成感に感動します。そして、あらためて自分が家族や地域の一員であることを実感し、家族とふるさとを愛する気持ちを一層強くしていくのです。

生徒会スローガンの一つ、「地域に学び、地域に信頼される南中生になろう」は、こうした地域のひとたちとの「ふれあい活動」を通して実践化されています。

(2)　子育ては親育ち・教師育ち～生徒を励ます地区ＰＴＡ活動

地区ＰＴＡ活動の現状

南中ＰＴＡは、学級・学年ＰＴＡと常任委員会、クラブ父母会、地区ＰＴＡの四本柱で組織されています。学級・学年ＰＴＡは、子どもたちの学習や生活について率直に語り合い、生徒の人間的自立のために協力・援助しあう場です。教養委員会など常任委員会は、学習や活動を通して親や教師の人間的、職能的成長を促します。すべてのクラブに設置されているクラブ父母会は、親子で感動を共有し、生徒の体力や情操、心育ちを応援します。「地区ＰＴＡ」(略称「地区Ｐ」)は、学校外での子どもの生活をよく知り、父母や地域(町内会)の人たちが協力しあって、地域ぐるみの子育てをする場です。

地区ＰＴＡは、校下一三町内会全部に組織されています。その主な活動として、前述した廃品回収や雪像づくりをはじめ、クリーン作戦や子ども御輿、クリスマス会、餅つき大会、歓送迎会、小・中学校合同の懇談会などをおこなっています。

こうした活動を通して、親はわが子の友だちの顔を覚え、親同士も知り合いとなり、子育ての悩みや知恵などを語り合うようになります。教師は、学校では見られない生徒の一面を発見し、あらためて生徒理解を深めます。また、親や地域の人にいろいろ教わって教師としての力をつけていきます。まさに、南中地区Ｐの活動は、「親育ち」、「教師育ち」

の大切な実践の場になっているのです。

地区PTAの誕生

南中に地区PTAが誕生したのは、一九八五（昭和六〇）年のことです。当時南中は、大変「荒れ」ていました。そのとき、親として、地域でできることは何かを話し合い、子どもたちのたまり場となっていた番屋などの見回りや子育ての悩みなどを語り合う「お茶懇」を始めたのが、地区PTA活動のスタートでした。

学校もまた、従来のPTA活動を見直し、学校や地域で、わが子を含めて子どもたちの活動とかかわりをもち、子どもがよく見える、子ども中心のPTA活動づくりのために、PTAに対する基本姿勢と発想の転換をしたのです。

今でも南中の教職員は、**「四つの気配り」（子どもへの気配り、父母への気配り、地域への気配り、同僚への気配り）と「四担の自覚」（学級担任、教科担任、部活担任、地域活動班担任）**を実践しています（資料1参照）。

特に、地域活動班の担任は、その地区の校長と呼ばれ地区PTA委員長や町内会の子ども育成部長と一緒に、地域ぐるみの子育て活動の中核的役割を担っています。

(3)　地域ぐるみの子育て～二一世紀を担う子どもたちへの願いをこめて

稚内市子育て連絡協議会

稚内市の市民ぐるみの子育て運動は、一九七八（昭和五三）年一月の「非行問題懇談会」の結成に始まり、一九八四（昭和五九）年の「稚内市子育て推進協議会」（会長は市長）

への発展を経て現在に至っています。一九八六（昭和六一）年には「子育て平和都市宣言」が市議会で議決されました。

日本最北端の国際都市稚内は、戦争のない世界平和と美しい自然、かほり高い文化を永遠に願うふるさとでありたい。
ふるさとの次代を担う子どもたちのすこやかな成長と平和なまちづくりをすすめることはすべての大人の責任である。
この願いをこめたふるさとづくりは、私たち市民の責任である。
私たち稚内市民は、市民ぐるみの子育てと平和を求める運動の責任と義務を自覚し、市民一人一人のたゆまぬ努力を誓ってここに「子育て平和都市」を宣言する。

子育て連協の普段の活動は、全市を七つのブロック（中学校区）に分けた「各地区子育て連絡協議会」とそれを構成している各町内会ごとの「子育て連絡会」（学校の地区PTAと町内会子ども育成部などで組織されている）がおこなっています。「稚内市子育て連絡協議会」は、昨年「子育て提言」を提案しました（資料1参照）。

また、完全学校週五日制スタートの二〇〇二年を、市民ぐるみの子育てネットワークの輪をより強く豊かに根付かせる「子育て行動年」にしようと呼びかけています。

南中が所属している南地区子育て連協が主催する「子育て平和夏まつり」には、毎年約二〇〇〇人以上の地域の人たちが集まり、子どもたちの出し物や大人の出店で大いに盛り上がり、地域ぐるみの子育ての大切さを確かめる機会となっています。

子育て平和の日

一九八三（昭和五八）年九月一日、稚内に近いサハリン州モネロン島付近で大韓航空機がソビエトの戦闘機により撃墜され、日本人を含む一六カ国、二六九名の尊い命が一瞬にして失われるという大変痛ましい事件が起きました。稚内では、こうした不幸な出来事が二度と起きないことを祈りながら、この日を「子育て平和の日」と定め、毎年、宗谷海峡が一望できる宗谷岬平和公園で記念式典をおこない、稚内の全部の小中学校の代表が式典に参加し、「世界平和の鐘」を鐘打するとともに、平和の決意を述べあいます。

また、各学校ではこれらにあわせ、平和折り鶴や平和学習に取り組んでいます。

(4) 地域づくりに果たす学校の役割
～まとめにかえて

「子どもは、家庭で育ち、学校で学び、地域で鍛えられる」といいます。学校五日制の完全実施により、豊かな教育環境としての地域づくりに学校が積極的に

資料1

稚内市民みんなで　子どもたちに「生きる力」を！
家庭・地域・学校への
子育て提言
最終案
子どもたちの健やかな成長は、稚内市民みんなの願いです。
今、私たち大人の粘り強い子育ての努力が求められています。
家庭・地域・学校がそれぞれ手を結び合い、子どもたちに
「生きる力」を育みましょう。
一　家族のふれ合い、いたわり合いを　大切にしていますか
●あいさつ、思いやりは、家族の会話から
●しつけは、根気よく日常生活の中で
●働くことの大切さや苦労の誇りかけを
二　はつらつとしたリズムある生活を　大切にしていますか
●早寝・早起き、朝食などしっかりした生活習慣を
●テレビっ子・ゲームっ子にしていませんか
●家事を分担させ、責任感と達成感を
三　かわいいからこそ甘やかさない、　生きる厳しさを教えていますか
●人間として、してはいけないことを教えましょう
●叱るときは、真剣に、ビシッとさわやかに
●生き方をしっかり語ってやりましょう
四　子は、親・大人、そして、地域の鏡　大人同士の力合わせを大切にしていますか
●近所づき合いを大切に大人のつながりを
●地域で子育ての語り合いの輪を広げよう
●社会のマナーをしっかり示せる大人に
五　家庭・地域・学校の力合わせを　大切にしていますか
●地域ぐるみで豊かな心を育てる体験活動を
●P.T.A活動をいっそう盛んにする力合わせを
●開かれた学校づくりで地域の子育てを
稚内市子育て推進協議会
2001年10月
手を結び合い、今すぐできることからはじめましょう

かかわっていくことが今まで以上に求められています。その際、地域づくりの中心課題は、「地域ぐるみの子育て」（青少年の健全育成）であり、その中核を学校とＰＴＡ、町内会の三者が三位一体となって担うことが重要です。特に大切なことは、校下の各町内会に対応してすべての地域に「地区ＰＴＡ」を組織することです。Ｐ会員は、保護者であると同時に地域住民です。したがって、その特性を生かし、ＰＴＡの役割と組織を学校の外に開き、地域ぐるみの子育て活動を中心とする地域づくりの要にする視点をもちたいと思います。

そのために、学校は、学校経営全体構想（資料2参照）の中に父母が教育参加する学校をつくることを明確にし、「地区ＰＴＡ」に対する方針をしっかりと位置づけておくことが重要です。

「地区ＰＴＡ」は、「子どもを励ます地域活動づくり」と「会話と協力のある家庭づくり」を中心に、地域ぐるみの子育て活動の中核として活動します。父母と教職員が、子どもたちの「生きる力」が実際に試される場である地域社会にあって、地域住民と協力しあうことは、家庭・学校・地域のそれぞれの役割発揮と相互補完の実践化であり、親育ち・教師育ち（教育力・指導力の向上）の絶好の機会です。

また、教職員が地域に飛び出し、地域の人たちと心ひとつに活動する姿は、学校と教職員に対する地域住民の共感と信頼を一層強めることになります。

すでに述べてきたように、稚内南地区では、学校と地区ＰＴＡが中心となり、各町内会の子ども育成部とともに中学校区単位に「子育て連絡会」をつくり、ここが「稚内市子育て推進協議会」に加入し、その活動を支えています。大事なことは、まず学校が、こうし

資料2　南中の教育活動とＰＴＡ活動の全体計画

南中教育の基本方針
「学び合い」を鐶にした特色ある学校

南中の教育目標
自ら学び合い自立する生徒の育成

研　究　主　題
すべての生徒に楽しくわかる授業を

学校経営の重点方針
1．基礎学力の向上とわかる授業の実践
（「学び合い」と個に応じた指導）
2．社会性と自立の心を育てる地域体験活動の充実
（道徳的実践力の育成とボランティア活動）
3．生徒活動（生徒会・部活動、学校行事）の充実
（自主的実践力と基礎体力づくり）
4．教職員の研修活動の充実
（授業改善の実践研究）
5．学校・家庭・地域の協力体制の強化
（開かれた学級・学校・ＰＴＡづくり）

活動の鐶
男女仲良く
学び合い活動
・自立の力を育てる体験活動
・基礎学力の学び合いタイム
・基礎体力づくり
・地域ボランティア活動
本　校　の　特　色

生徒会活動の基本方針
生徒が主人公の学校

生徒会スローガン
『創』～学び合い、信頼し合い
新しい南中を創る～

生徒会活動の方針
1．話し合いを重視し、自ら向上する南中生
2．地域に学び、地域から信頼される南中生

今年度の活動の重点
1．あいさつ　～礼儀正しく元気よく
2．仲間との協力　～楽しい行事づくり
3．生活面の向上　～自覚と声かけを

南中生みんなで許さん四つのきまり
1．髪・服装の乱れ
2．タバコ、万引き、いじめ
3．校舎の汚し、壊し
4．地域の人々への迷惑

教科指導，　道徳指導，　特別活動

総合的な学習の時間

学校運営の原則
教育活動のあり方で学校運営のあり方を決める

教職員（集団）の姿勢
教職員が資質を高め合う学校

教師の基本姿勢
1．学校目標、各指導計画を共通に理解し、一致した協力体制で指導を。
2．「四つの気配り」と「四担」で生徒理解と指導を。
3．激励を基本に、優しさと厳しさのけじめのある指導を。
4．ＰＴＡ、地域ぐるみの子育てとの関連を重視した指導を。

授業づくりの原則
1.教材研究準備の重視
2.授業の規則づくり
3.展開の創意工夫
4.評価・改善の努力

四つの気配り
1.子どもへの気配り
2.父母への気配り
3.地域への気配り
4.仲間への気配り

四担の自覚
1．学級担任
2．教科担任
3．部活担任
4．地域活動班担任

教職員の学び合い
1．「四担・四つの気配り」を基本に資質を高め合う相互評価の実施
2．子どもと父母・地域からの声に耳を傾ける機会の設定

指導上の四つの許さん
1．いやみを言うな
2．皮肉を言うな
3．えこひいきをするな
4．体罰をするな

ＰＴＡ活動の基本方針
父母が教育参加する学校

ＰＴＡ五つの方針
1．会話と協力のある家庭づくりに努めましょう。
2．学級学年ＰＴＡを一層充実させましょう。
3．子どもが見える地区別ＰＴＡ活動を一層活発にしましょう。
4．各常任委員会活動を生き生きとしたものにしましょう。
5．部活父母会をつくり、部活動を充実させましょう。

ＰＴＡ活動の四本柱
総会
役員会
学級・学年ＰＴＡ
・わが子、わが学級・学年励ます活動
常任委員会
・親育ち、教師育ちの活動
地区別ＰＴＡ
子育て連絡会
子と親と教師と地域が共に学び合う活動
部活父母会
・子どもを励まし、感動を共有する活動

た構想を学校経営方針の中に、きちんと位置づけ実践すること。さらに、こうした市民ぐるみの子育て活動を重点とした地域づくりの計画が、行政側（特に社会教育）の施策としてしっかり確立され、それを土台にそれぞれの地域の実状に応じながら、学社融合の創意ある事業を推進していくことが求められています。

稚内では現在、南地区子育て推進協議会を母体に、稚内市教育委員会や関係団体等で設置する実行委員会を実施主体として、「(仮称) 南地区プレイパーク構想（子どもの居場所再生モデル事業)」の取り組みが始まっています。

今、わが国の長引く不況や世界各地でくり返されているテロと報復戦争などは、子どもたちの心に暗い影を投げかけ、その価値観形成に大きな影響を与えています。そういう時代だからこそ、すべての子どもたちの豊かな人間的成長を願って、学校・家庭・地域・行政が「この子らのために」という一点で協力しあい、豊かな教育環境としての地域づくりにともに努力しあうことが大切だと思うのです。

【古川　碧　北海道稚内市立稚内南中学校】

正式名称　北海道稚内市立稚内南中学校
所在地　〒097−0004　北海道稚内市緑一−二五六一
連絡先　TEL　〇一六二（二三）四一二八
FAX　〇一六二（二二）七九三九
主な活動　学ぶ意欲を高める基礎学力の学び合い、ふるさとに学び感謝する南中ソーラン、ふれあいと奉仕の心を育てる地域活動、協力心と体力・情操を培う全員部活、親育ち・教師育ちのPTA活動
機関紙　PTA広報紙「緑の輪」（年三回発行）

3 子どもが楽しむ学校図書館へ

(1) いつでも、だれでも、気軽に学校図書館！

「やっぱりここに居た！　図書館に居ると思った」「休み時間は、いつもだもんね」。友人を捜してやって来た子どもたちがそう言いながら入ってきます。「図書館って、全校生徒のたまり場だね」「クーラーもきいてるし、天国だよね」。生徒が言うように始業前や休み時間、放課後の図書館は、学年を超えてたくさんの生徒が集ってきます。机に着いて読書に耽る、調べものをする、本を間にして話を弾ませる、雑誌や新聞に目を通す、サッカー・ワールドカップのスペシャルコーナーではその話題に花を咲かせる、子どもたちはさまざまに図書館での時間を楽しんでいます。自分たちのために整備された本があり、自分たちが利用することを喜んで迎える図書館は、生徒にとって居心地がよいのでしょう。

岡山市では、子どもたちの自由な学びや読書を保障し、学校教育を豊かにする目的で、公立の小・中・高等学校一一七校すべてに学校司書を配置し、学校図書館の充実に力をいれています。子どもたちが毎日通う学校のなかにある図書館ですから、必要なときにいつでもだれでも気軽に利用できます。

(2)「読みたい」「知りたい」を応援する

学校図書館では、読書によって子どもたちの興味や関心が広がっている瞬間に度々立ち会うことができます。これまで身の回りのおしゃれとクラスメートの些細な言動ばかりを気にしていた生徒が、「在日」問題を背景にした小説『GO』（金城一紀著、講談社）を読んだときは話題が違いました。「在日の人への偏見って今でもある？　結婚も反対される？」「北朝鮮の人は、なぜ自由に外国旅行に行けないの？」「日本人は本当に強制連行をしたの？」…。今まで知らなかった世界に触れ、考えもしなかった部分が刺激されたのだと思います。また、『日本語練習帳』（大野　晋著、岩波新書）を読んだ生徒は、「そのときどきに、ピタッと合う表現をしたいな。一生に一回しか使わない言葉だとしても、その一回のために単語を蓄えておくってスゴイと思う」と言いました。普段から言葉に敏感な生徒でしたが、言葉で表現することを大切にしている自分を励まされたようです。

もし、生徒が友人関係のもつれやいじめなどでクラスメートとの関わりを考えなければならなくなったとしたら、自分と目の前の相手との関係だけでとらえるのと、自分と相手と「在日」の問題や正確に表現する言葉を知って物事をとらえるのとでは、随分違うと思います。世界が広がれば、物事を考えるのにも風通しがよくなるのではないでしょうか。架空の世界も含めて、広い世界の刺激を受けることは、狭い世界で窮屈な思いをすることを防ぎ、ゆとりとユーモアを生み出しているようにも感じます。

近年、子どもの読書についてはその大切さが改めて見直され、二〇〇一年一二月には「子ども読書活動の推進に関する法律」（以下「子ども読書推進法」と略す）が制定されました。読書活動は、「子どもが、言葉を学び、感性を磨き、表現力を高め、創造力を豊かなものにし、人生をより深く生きる力を身に付けていく上で欠くことのできないもの」ととらえ、国の責任において、子どもたちの読書活動を推進するというものです。法律制定によって学校図書館や公共図書館の施設や職員面が整備されることが期待されています。しかし読書の推進が「読みなさい」と押しつけになったり、良書の選定と有害図書の追放に力が注がれるようになってはいけないと危惧もしています。

子どもの読みたい、知りたいという気持ちが大切で、学校図書館では読みたいと思ったときにその本を読むことができるように、徹底した資料提供をおこなっています。知りたいという気持ちが膨らんでいるときを大切にして、納得のいくまで調べられる資料を手渡していきます。「わかった！」「そういうことだったのか」という喜びを実感したとき、子どもたちはまた次の学びへ向かいます。学ぶ喜びが次の学びを生み、おもしろい本と出会うことが次の読書へのエネルギーになっているのを感じます。

(3) 豊かな学校教育をめざして

学校完全週五日制や総合的な学習の実施など、新しい学校づくりがすすめられるなかで、授業で学校図書館を活用することが増えています。教師から教えてもらうだけの学習ではなく、子どもたちが自分の内からおこる欲求と向き合って、学習の課題を設定し、自分たちで答えを見つけていく学びです。しかし、いきなり「何でもいいから自分で調べなさい」と言われても、子どもたちは「よし、調べるぞ！」とやる気をもって学習に取りかかることはできません。課題への興味づけが子どもたちのやる気と大いに関係してくるように思います。学校図書館は、子どもたちのやる気を刺激する学習づくりにも使われています。

社会科で「岡山県の縄文・弥生時代の遺跡を調べよう」という学習をしたときは、まず、調べるにあたって頼りになる資料や施設を学校司書が紹介する時間をもちました。県内の遺跡マップやガイドブック、写真集、発掘調査の報告書、考古学の研究書など実物を見せながら紹介します。その際日本の米つくりの歴史、田植えがいつ頃からおこなわれたかという年代を塗り替えた遺跡（百間川遺跡）のこと、神を呼ぶ祭がおこなわれたといわれる巨石が立ち並ぶ遺跡（楯築遺跡）は、その不思議さからＵＦＯを呼び寄せる場所と考えられた時期もあることなど、資料に著されている話題を提供しながら紹介しました。子どもたちからは「どうして神様を呼ぶのに大きな石がいるん？」「田植えの跡と直播きの跡を、どうやって見分けることができるの？」などの声が返ってきました。この「どうして？」を子どもたちが自分で意識することが、「調べてみよう！」というエネルギーにつながっていきました。

(4) 図書館行事で本に書いてあることのおもしろさを体験

夏休みの図書館開館日には、「縄文人を体験しよう!」という行事をもちました。考古学関連施設の協力を得て、縄文式土器、縄文式キビ団子、竪穴式住居の模型を作りました。

まず、実際に発掘された縄文式土器を見て、その模様がどのようにしてつけられたかを想像し、粘土に再現してみました。麻紐に結び目をこしらえたものや小枝を彫ったものを粘土の上に転がしたり、竹べらで引っ掻いたり、貝殻を押しあててみたりして模様を工夫します。本物と同じように模様がついた粘土を窯で焼き、縄文式土器をつくりました。縄文時代の人々も自分の身の回りにあるものを工夫して、美しい模様を作り出していたのかと思うと、人間としてのつながりを感じました。

縄文式キビ団子は、河原で拾ってきた石でキビを挽き、キビ粉を水で溶いて丸めて蒸して食べました。「胡麻をつけたり蜂蜜をつけたりしなかったのかなあ」という何気ない一言から、縄文時代に胡麻や蜂蜜が食された記録はないかどうかを調べる生徒も出てきました。

竪穴式住居は、本を見ながら木の枝や割り箸を使って作りました。箱に砂を入れ、穴を掘って木の枝を突き刺していきます。また、木組みの上に藁をかぶせたり家の周りに溝を掘ったりもしました。できあがった住居を壊して、砂に残った穴の跡を観察しました。

縄文人の生活を体験したり考古学の専門家の話を聞いたりしながら、生徒は授業で勉強したことや自分たちが調べて発見した個々の知識を、つないだり結んだりして、自分のなかに吸収しているようでした。

「まっ、図書館でも行くか」という気らくな気持ちで利用してください。

まっ、でも・図書館

No.9
市立岡北中
図書館 発行
2002・5・9

子どももおとなもお話の世界楽しんだ！

子どもからおとなまで 参加《さんか》者《しゃ》 56人

4月20日(土)10時～12時、岡北《こうほく》中学校図書館《としょかん》で「子ども読書《どくしょ》の日」フェスティバルをおこないました。子どもからおとなまで56人が参加し、お話の世界を楽しみました。

今年から学校は毎週土・日曜日が休みです。その上今年から4月23日が、「子ども読書《どくしょ》の日」に制定《せいてい》されました。そこで、学校が休みの土曜日に、地域《ちいき》の人が自由《じゆう》に参加《さんか》でき、お話の世界を楽しむことができる行事《ぎょうじ》をしようと企画《きかく》したものです。

昨年度《さくねんど》の後期《こうき》文化委員《ぶんかいいん》が主体《しゅたい》となって取り組みました。文化委員《ぶんかいいん》以外《いがい》に有志《ゆうし》で参加してくれた人もいます。

地域《ちいき》のおとなの人も応援《おうえん》してくれました。町内会長《ちょうないかいちょう》、民生委員《みんせいいいん》、保護司《ほごし》、交通安全母《こうつうあんぜんはは》の会、児童委員《じどういいん》の方々やPTAの役員の方が相談《そうだん》にのってくださったり、当日参加してくださったりしました。また、子どもの本に関心《かんしん》のある方や子どもと一緒《いっしょ》にいろんな活動《かつどう》をしている人たちも、参加してくださいました。

ストーリーテリング、読書《どくしょ》クイズ、大型《おおがた》紙芝居《かみしばい》、蛍光《けいこう》パネルシアター、大好きな本の情報交換《じょうほうこうかん》という内容で、楽《たの》しくてあっという間《ま》に時間《じかん》が経《た》ちました。

文化委員《ぶんかいいん》大活躍《だいかつやく》

たくさんの人が来てくれてうれしかったです。

準備はつらかったけど、喜んでくれたから、良かったです。

謎のKさ

準備がとても大変だったけれど、来てくれたみんなが楽しんでいってもらえたのでよかったです。

by Kくん

行事《ぎょうじ》を終《お》えて感想《かんそう》

当日おもったより人が来ていたのでとてもうれしかった。みんなが楽しそうだったから練習がむくわれた。(本当で。)

by Kくん

柿谷《かきたに》さんのストーリーテリングにひきこまれて…

岡北中学校の保護者《ほごしゃ》でもあり、地域《ちいき》で絵《え》本《ほん》の読み語りやストーリーテリングの活動《かつどう》をされている柿谷《かきたに》さんが、「十二支《じゅうにし》のおはなし」「ライオンとヤギ」「アナンシとゴ」の3つのストーリーテリングをしてくださいました。

部屋《へや》を暗《くら》くして、柿谷さんがおはなしのロウソクに火をつけたら、岡北中の図書館《としょかん》がおはなしの世界に早変《はやが》わり。柿谷さんが参加者の顔《かお》をみながら語《かた》り始《はじ》めると、あっという間にお話にひきこまれていきました。

吉崎《よしざき》さんは、「自分が中学3年生だということを忘《わす》れて、お話の中に入りこんで聞きました」と、感想《かんそう》を述《の》べました。

柿谷さんも、「私自身《わたしじしん》が楽しませてもらいました。また、みなさんとこのような機会《きかい》をもちたい」と話してくださいました。

中学生も大活躍《だいかつやく》!!!

始業式《しぎょうしき》から毎日、放課後《ほうかご》に蛍光《けいこう》パネルシアターづくりや演《えん》じる練習《れんしゅう》、大型紙芝《おおがたかみしば》居の練習、クイズづくり、司会《しかい》進行《しんこう》の打ち合わせなどをおこない、準備《じゅんび》を進《すす》めてきました。本当に大変《たいへん》でしたね。

しかし、当日は、大型紙芝居「ぶつのつかい」の話のおもしろさに会場からは笑《わら》いがおこり、蛍光《けいこう》パネルシアターの美しさに見いったり、○×クイズは大いに盛りあがりました。

中学生大活躍《だいかつやく》でした。

大好きな本、紹介《しょうかい》し合って…

参加者が輪《わ》になって、自分のお気に入りの本や今読んでいる本を紹介《しょうかい》し合いました。小学校4年生が『ローワンと伝説《でんせつ》の水晶《すいしょう》』をとてもくわしく紹介《しょうかい》してくれたり、エイズのことに関心《かんしん》をもっている地域《ちいき》の方が『龍平《りゅうへい》の未来《みらい》』を紹介してくれたり、「小学校のとき教科書《きょうかしょ》にのっていた『手《て》ぶくろをかいに』は、おとなになった今読んでも涙《なみだ》がでます」という話がでたりしました。

参加者からは、「楽しかった！」「これからも中学生に地域《ちいき》で活躍《かつやく》してほしい！」の声《こえ》があがりました。

本に書いてあることのおもしろさが、実際にやってみて初めてわかるということはよくあります。その「実際にやってみて」の部分を図書館行事でおこなうようにしています。今回紹介した「縄文人を体験しよう！」もその一つです。他にも「絵手紙を描こう」「組木をつくろう！」「海蛍が光る」「ヤゴからトンボの種類を知ろう！」「岡山大空襲の話を聞こう」「ドライアイスの実験をしよう」など、さまざまな分野での行事を開催しています。その際、おもしろさをよく知っている専門家に関わってもらうことが、学びの本当のおもしろさを子どもたちに伝えているように感じます。

図書館行事の後、縄文時代の歴史の本がよく借りられたり、実験の本がリクエストされたりと、本もよく動き出します。

図書館行事は、ゲストを招いて知識や技を教えてもらうタイプのもの以外にも文化委員の生徒が主体的に企画・運営する行事や全校に呼びかけて自作の小説やマンガ、イラスト、工芸などの作品を募集しコンテストをおこなったり冊子にしてまとめたりするものもあります。

(5)　学校図書館と地域のネットワーク

保護者にも学区の住民にも教職員にも、さまざまな技や知識をもった人がいます。どんな人がどんな特技をもっているか、アンテナを高くしてキャッチするようにしています。そのことが図書館行事を充実させるし、子どもの学びを豊かにすることにつながります。

職員会議ではもちろん、ＰＴＡの役員会でも学校図書館のはたらきや活動を報告したり、協働で学校図書館の充実をめざすことをお願いしたりします。同じように町内会長や民生委員、保護司など地域役員の方を訪ねて、学校図書館への理解と協力をお願いしています。

　学校完全週五日制が実施され始めた今、ゆとりのなかでの学びや子どもたちの活躍の場をどう保障していくかが注目されています。学校図書館としてもできることを考え、四月二〇日の土曜休業日に開館しました。折しも「子ども読書推進法」で四月二三日が子ども読書の日と制定されたばかりだったので、地域の子どもと大人が一緒に本の世界を楽しむことができる行事「子ども読書の日フェスティバル」を開催しました。ＰＴＡや地域の住民が支援してくださり、中学生が主体となっての取り組みになりました。

　中学生は文化委員会と有志で実行委員会をつくり、行事の企画を練りました。大型紙しばいや蛍光パネルシアターを自分たちで作り、地域の子どもやおとな、中学生や教職員など参加者の前で演じました。また、みんなで楽しむことができる読書クイズをおこないその場の雰囲気を大いに盛り上げました。

　地域へ声をかけたら、ストーリーテリングを実演してくださる方も現れました。部屋を暗くし蝋燭の明かりのなかで聴くお話（ストーリーテリング）は、とても心地よかったです。ストーリーテリングを初めて聴いたという参加者も多く、地域にストーリーテリングの種をまくことにもなりました。実演した方も、「子どもたちの前でお話を語る機会があればいいのにと願っていたところです」と喜んでくださいました。

　また、参加者はお気に入りの本を持参し、一人ずつその本のおもしろさを紹介し合う時間をもちました。三歳の子どもが「『ポケモン』が好きです。そのなかでもピカチュウが

図書館《としょかん》オリエンテーション 全《ぜん》クラスで実施《じっし》

今年も年度始《ねんどはじ》めのクラスの時間を1時間いただいて、1～3年生全クラスで図書館《としょかん》オリエンテーションをおこないました。

1年生には図書館の案内

1年生のみなさんには、学校図書館《がっこうとしょかん》は読んだり調べたりを徹底的《てっていてき》に応援《おうえん》するところなので、いつでも気軽《きがる》に利用してほしいことをお話しましたね。図書館はみなさんが学校に来てから帰《かえ》るまで、いつでも開《あ》いています。

また、図書館はみなさんが読みたい本を自由に読むことができるように、だれがどんな本を借りているか、読者《どくしゃ》の秘密《ひみつ》を守りますという、プライバシーの話もしたよ。

2～3年生は、参考図書案内《さんこうとしょあんない》

図書館には、調べものをするとき、知っているととても便利な参考図書もそろえてあります。国語辞典や漢和辞典、英和・和英辞典などもそうです。植物図鑑《しょくぶつずかん》や家庭医学事典《ていいがくじてん》、年鑑《ねんかん》などを紹介《しょうかい》した後《あと》、各班《かくはん》に問題《もんだい》を出して、図書館にある資料《しりょう》を使って答《こた》えをみつけてもらいました。

2～3年生が見つけた参考図書《さんこうとしょ》には、こんな資料《しりょう》がありました。

こんなとき、この参考図書を見た！

☆ 夏休みの自由研究《じゆうけんきゅう》で流れ星《ながれぼし》を観察《かんさつ》しようと思うが、流れ星がよく見えるのはいつか？ ➡『天文年鑑』（誠文堂新光社《せいぶんどうしんこうしゃ》）

☆ ゴールデンウィークに赤穂《あこう》に潮干狩《しおひがり》に行こうと思うが、何時《なんじ》くらいに行けば潮《しお》が引いているか？ ➡『理科年表《りかねんぴょう》』

☆ サッカーの試合《しあい》に7人で出場《しゅつじょう》できるかどうか？ ➡『最新スポーツルール百科』（大修館書店《たいしゅうかんしょてん》）

☆ 日本の高齢者の人口《じんこう》は？ ➡『日本国勢図会《にほんこくせいずえ》』

☆「人間万事塞翁が馬《にんげんばんじさいおうがうま》」の意味《いみ》は？ ➡『中国故事《ちゅうごくこじ》』（角川書店）

☆ 宇多田《うただ》ヒカルへのファン・レターのあて先《さき》は？ ➡『TVスター名鑑《めいかん》』（東京ニュース通信社）

☆ 小泉内閣《こいずみないかく》の構造改革《こうぞうかいかく》とは？ ➡『朝日現代用語 知恵蔵《ちえぞう》2002』

『中国故事《ちゅうごくこじ》』以外《いがい》は、毎年新《まいとしあたら》しいものがでるので、できるだけ新しいものを参考にしましょう。「このことを調《しら》べるならコレ」という便利《べんり》な本は他にもありますから、調べものをするときには声をかけてください。

読も。よも、本。ぼん

「何 読もうかな…」というときの参考にしてください。加藤が読んでおもしろかった本です。

GO
金城一紀
講談社／1400円

高校3年生「僕」の恋の物語。彼女に初めてあった日から、僕は恋に落ちてしまった。彼女はムチャクチャかわいい日本人。僕は在日韓国人。今の若者の文化と感性で描かれる在日問題。2000年発行だが映画上映で再注目。

生きのびるために
デボラ・エリス作
もりうち すみこ訳
さ・え・ら書房／1300円

11歳の少女パヴァーナは、家族を救うために髪を切り少年となって町で働き始めます。女性は男性といっしょでなければ家の外に出られないからです。タリバン政権下のアフガニスタンのようすと人々の暮らしを描いた物語。

図書館の変化《へんか》に 君《きみ》は気《き》づいた？！

ゴールデンウィークの間に図書館がちょっと変わったことに気づきましたか？

① 「OPEN（あいています）」と「CLOSE（しまっています）」の大かんばんができたヨ。

② 天井《てんじょう》に近《ちか》いところにあった本を、手のとどくところに移《うつ》しました。

③ 文庫本《ぶんこぼん》に作者《さくしゃ》の表示《ひょうじ》をしました。

気づいた人が、「あのかんばんだれが描《か》いたん？ スゴイなあ」とか「“うそつき”が“開いてるよ”って言ったら閉ってるってこと？」などと声をかけてくれます。

また、「なんか文庫本《ぶんこぼん》さがしやすくなった」と言われて、うれしくしています。

ボチボチですが、使いやすい図書館をめざして、手を入れていきたいと考えています。絵を描くのが好きな人、工作《こうさく》の好きな人、インテリアに興味《きょうみ》がある人、一緒《いっしょ》に図書館づくりしませんか。

前期文化委員 活動開始《かつどうかいし》!!!

5月から、前期文化委員がカウンター当番をおこなっています。図書《とし》館《かん》でわからないことがあったら、気軽《きがる》に声をかけてください。

これから図書館《としょかん》だよりを発行《はっこう》したり、楽しい行事《ぎょうじ》をおこなったりしていきます。

一番好きです」と紹介すれば、四〇代の方が「小学校の教科書で習った『てぶくろを買いに』を今でもときどき読みます。子どもの時と同じところで涙がこぼれます」と紹介してくれます。薬害エイズの問題に取り組んでいる人が、思いを込めて『龍平の未来』を紹介すると、本を読んでみようという気持ちとともにエイズへの関心も湧いてくるのでした。

学校図書館の土曜日開館行事は、地域住民の参加で豊かになりました。また、中学生や地域住民のもっている力を引き出し生かす場にもなりました。

(6)　子どもの育ちを支える地域づくりに学校司書も参加

学校司書が地域に出ていくこともあります。公民館や児童館、子ども会などで、本の世界を楽しむ行事をするときは、読み語りをしたりブックトークをしたりします。

また、岡山市では職員組合が中心になって、公民館を単位にした「子育てフェア」というものを開催しています。子どもの全面的な育ちを支えることのできる地域づくりをめざして、子どもに関わる仕事をしている岡山市の職員と地域住民とで語り合ったり、行事を開催したりします。保育士、児童館職員、公民館職員、保健婦、学校栄養士と調理員、学校司書などが、自分とつながりのある地域住民に声をかけます。そして子どもに関わることなら何でもありで、そのときそのときにテーマを決めて語り合ったり学び合ったりします。思春期の子どもとの関わり方をテーマにしたときは、中学校の生徒指導担当教諭や養護教諭、スクールカウンセラー、コンビニの店長にも加わってもらいました。子どもの権利条約について学んだり、学校給食の民間委託について意見を交わしたりもしました。また、若い母親が子育てに悩んでいれば、保育士や保健婦が中心に相談にのり、赤ちゃんの時期から本に親しむブックスタートについての質問がでれば、学校司書が応えるというふうにお互いの悩みや疑問を相談しあう場にもなっています。

回を重ねるごとに自分が勤務する地域の多くの人と知り合いになることができ、職場の周辺で子どもことについて立ち話をすることが増えてきました。子どもたちの学びや育ちを学校と地域全体で考え、大きな視野のなかで、今の子どもにとって学校図書館がどういうはたらきをすればよいかをつかみながら活動していきたいと考えています。

【加藤容子　岡山市立岡北中学校】

正式名称　岡山市立岡北中学校

所在地　〒700-0081　岡山県岡山市津島東一－一－一
TEL　〇八六（二五二）三二五六

連絡先　〒709-2117　岡山県御津郡御津町野々口一三二四　加藤容子宛
TEL　〇八六七（二四）二八九〇

主な活動　自由な学びと読書を保障し、学校教育を豊かにする図書館活動
機関紙：図書館だより『まっ、でも、図書館』、新着図書案内『まっ、新しい本』

一言PR　岡山市の学校図書館の様子がわかるビデオ『本があって、人がいて』ｐａｒｔⅠ・Ⅱと、終戦直後から学校図書館の充実が始った岡山市の学校図書館史『学校図書館はどうつくられ、発展してきたか――岡山を中心に』（教育資料出版会）があります。みなさんのまちの学校図書館を豊かにする運動にご活用ください。

4 南の島の青少年地域間・国際交流

(1) 与論町におけるまちづくり活動――交流と文化が新しい力を育む

二〇〇一年六月、鹿児島県文化協会総会に初めて出席しました。地域文化活動の推進を声高らかに唱えながら、長いこと本県の文化施策など見えないなかで、「例年どおり」という取り組みがおこなわれてきたのが、本町文化行政のあり方であったような現状が窺えます。予算がないからでなく、予算化していなかったこと。そのために重要な研修・会議の機会を失っていたことは、関係諸氏共々反省すべき点でしょう。

総会では、「青少年の文化活動支援」が最重要課題として、地域文化の伝承に加え青少年健全育成といった観点から、文化協会として青少年文化活動の支援をしていくことになりました。文化団体は、財政難という共通の悩みを抱えているが、住民主体の活動を支援する行政の姿勢が問われる時期でもあります。

生涯学習によるまちづくりが進められる社会状況で、文化協会の役割は地域社会において、これまでになく重要視されていくことでしょう。すでに子どもの育ちにも大きな影響を与えるようになっています。

自治体のなかでは、職員の出張を極端に制限しているところが多くなってきている状況です。結局は地域発展のために大きな阻害要因になっています。交流には、世代間・地域間・異業種間・国際交流などさまざまな交流があります。なかでも会議・大会・美術展・発表会などの催事は、これらの要素を幅広く包含しています。交流は新しい力を生みだす場です。人との出会いとさまざまな実践活動を直接見聞でき、大きな刺激を受けます。このことから、自分の地域に何が欠けているのか、何が優れているのかなど客観的に知ることができるのです。

地域間交流は、まちづくりそのものであるといってもよいのです。人口を増やすことによって、まちの活性化を考える人が多く、それを目的にしたのが、これまでのまちづくりでした。これからは、交流人口を増やすことも活性化の一つであるという考え方があってもよいと思います。この交流から生じる活力は、そのまちづくりの活力になってきます。

このように交流は、まちづくりの手法の一つという考えで取り組んできた、与論島における青少年文化活動のなかから、与論高校美術選択生徒・美術協会・立長二班子ども会の活動事例を紹介します。

(2) 与論高校美術部の活動事例

「世界高校生美術展」の開催——世界から若さあふれる作品が多彩に

キーワード：「リンク」
経過：一九九八年度の文化祭において、名護高校・本部高校の作品四点の出品から高校生美術展が始まる。
一九九九年度は鹿児島県・沖縄県高校生美術展として開催。

二〇〇〇年度は全国高校生美術展を開催。
この学習のベースは、名護市支援のもと育成されてきた「高校生我がまちを描く」美術展(毎年三月開催)である。一五年間の実績があり、第一二回展から与論高校も参画している。
ねらい：学社融合への誘い
地域に生かされる「美術による教育」のあり方を実践する。
地域間・国際交流の実践

国内外の高校生の美術作品を集めた美術展が、与論高校の生徒たちの手で開催されました。海外三カ国・国内は北海道から沖縄まで四十校から合計三百点の力作が勢ぞろいしました。この美術展は、四年前から与論高校の生徒たちの手によって始まり、二〇〇二年初めて海外への出品を呼びかけました。作品のテーマは「我がまちを描く」です。異なる歴史や風土から生まれた作品を通して生徒たちが交流の輪を広げ、同時に自分たちの地域を再認識することがねらいでもあります。

生徒たちが電子メールなどで呼びかけ、海外から米国・ギリシャ・オーストラリアの高校が参加した。また、アンカレッジとシドニー・フランスからは生徒が来校し、授業に参加するなど生徒間の学習交流もおこなわれました。

生徒の反応は、「タイプの違う作品ばかりで、いい刺激になった」「こんな小さな島で海外の生徒とコミュニケーションが取れたことは、よい刺激になった」などさまざまでした。

「世界高校生美術展」名護市開催——与論島から沖縄へ

与論高校の取り組みが、県境を越えて沖縄県名護市で引き続き開催されました。この美術展は、沖縄開催に向けて、これまで与論高校が「高校生我がまちを描く」作品展に一九九八年度から参加しており、沖縄北部地区高校との交流が継続されてきたことで実現しました。名護市開催にあたっては「世界のウチナーンチュ大会」のプレイベントとして、沖縄県・名護市・沖縄北部地区広域事務組合から二〇〇万円の資金助成を受けて実現しました。開会式には、沖縄県庁国際交流課や名護市の岸本市長はじめ、沖縄北部地区広域事務組合など行政機関からの多数の列席があり、盛大に開催されました。開会式で代表のあいさつをした与論高校二年生の松村卓治君はじめ参加した高校生たちは、貴重な体験をすることができたと感激していました。

また、単なる美術展でなく、「世界高校生文化サミット」が名桜大学で開催されるなど高校・大学連携の実践や、さらに「エコ・ツーリズム」やんばる・与論島コースが、それぞれ実施されました。

「世界高校生美術展」生徒実行委員会（名護市会場）

このような沖縄の青少年文化事業に対する行政の支援体制や姿勢に私たち大島地区文化協会はじめ関係諸機関は学ぶことが多かったです。次年度開催については、不確定であるが、このような高校生の取り組みに対し、県立高校だからという枠を越え、「島の子ども（宝）として」町行政が中心になり、しっかり支援していくことが重要と考えます。「オンリーワンの島づくり」を掲げた、与論町第四次振興計画の戦略プロジェクトの一つである「人材育成」の具現化を期待しています。

「世界高校生美術展」から広がったさらなる交流

【国内交流】——沖縄県・岐阜県の高校と

沖縄県立北山高校や岐阜県立長良高校と美術交流の輪が広がりました。

北山高校の文化・体育祭「北山祭」には、美術部員八人が参加。地域別リレーには、本部高校・与論高校合同チームで出場し、場内でアナウンスされたときはひときわ高い歓声が送られました。昼食時には、美術部の保護者が弁当を準備してきてごちそうになりました。このように、ささやかな高校生主体の取り組みが、県境を越えた学校間交流につながっていきました。

また、夏期休暇を利用して「エコツーリズム」で与論高校に来校した岐阜県長良高校美術部との交流は、生徒一人の交流ではあったが、その後の国内高校間交流の足がかりとなりました。長良高校の文化・体育祭「長良祭」では、全校生徒千二百名を前にして代表が紹介されました。美術部との交流はじめ、長良川遺跡工事資料館など薩摩藩と関係の深い施設を見学しました。ここで、鹿児島県と岐阜県が姉妹県として三十年の交流の歴史があったことをはじめて知りました。次年度の「世界高校生美術展」は、県の交流事業を活用し岐阜県開催も実現させたいと夢も広がりました。

今後、このような生徒たちの取り組みを評価し、文化団体を中心に行政・住民の理解を得て、地域ぐるみで目に見える支援をしていくことが、青少年文化活動支援の具体策といえます。

【国際交流】——韓国・オーストラリアへ

春季休暇には、高校生代表一人が教員と共に、韓国のソウルとオーストラリアのシドニーに赴きました。二〇〇二年六月「世界高校生美術展」開催のための準備で、学校を訪問しました。この経費は、生徒たち自身が一年前名護市開催で捻出したものです。なお、このような高校生の取り組みは、地域の美術活動家たちにも刺激を与え、「与論島美術展二〇〇一」の実現にもつながった。

初春の韓国では韓国ソウル市内の光成高校の美術・日本語教師たちと意見交換をおこない、六月開催予定の「世界高校生美術展」への作品出品の協力をお願いしました。一〇月には、与論高校の修学旅行がソウルに予定されており、学校訪問など生徒間の交流促進を図ることも決まりました。

南半球初秋のオーストラリアではシドニー近郊のゴスフォード市にあるセントラル・グラマースクールを訪問しました。美術室・工作室やギャラリーなどの施設見学をしました。日本のビルディング形式の施設でなく、森のなかに学年別の平屋の校舎が点在し、林間学校の雰囲気を漂わせた学校でした。さらに海岸まで車で三十分という立地条件です。

「世界高校生美術展」のエコツーリズムに参加したグラハム・リース君とも再会しました。彼の所属するラグビー部の練習風景を見学するなど、リース君の家族との昼食を含めた交流をすることができました。

(3) 誰でも出品できる与論島美術展の開催――高校生と美術協会が協力して

与論島美術展二〇〇一が開かれた！

美術を通して交流の輪を広げようと、与論高校美術選択生徒を中心に住民主体の美術展が実施されました。この美術展は、与論高校美術科の卒業制作展を核に、町内の保育所・幼稚園・小学校・中学校の児童・生徒や一般美術愛好家の作品をはじめ、国際的な視野に立って、あらゆるかかわりのある人々の多彩な作品を集めて開催されました。また、作品出品にとどまらず、人的な交流人口を増やそうという試みでもあります。この美術展には、県美術協会の大嵩禮造先生の作品や沖縄から元琉球大学教授の宮城健盛先生など指導的立場にある先生方の出品もいくつかあり、北は北海道から鹿児島・沖縄まで絵画・写真など三四一点の作品が展示されました。

与論島美術展二〇〇二開催に向けて――学社融合社会のモデル

この美術展も二〇〇二年で二回目を迎え、さらなる広がりを見せるようになりました。二〇〇一年に続き鹿児島から重度障害をもつ庭月野さとしさん（写真家）が来島し、テープカットに参列しました。

会場の設営から運営・撤去まで中学・高校の美術部員が美術協会員と共に取り組んで実現した美術展です。同展に賛同した東京在住で奄美出身の現代彫刻家・重村三雄さん、二〇〇一年来島した日本画家の永田英司さん、写真家の西村仁美さんの与論島を題材にした作品が展示され、親しみのもてる美術展となりました。

また、沖縄北部の名護市にある名桜大学エイサー隊が、フェリーで駆けつけ日帰りでオープニングに華を添えてくれたことも、町民に大きな感動を与えました。

(4) 立長二班子ども会の活動から

「沖縄青年ふるさとエイサー祭り」に出演

この事業への参加は、沖縄県青年協議会の代表が、大島地区文化協会の総会に出席し、奄美地区の郷土芸能を継続的に招待していきたいという方針を打ち出したことを受けて、本町文化協会が立長二班子ども会を推薦して実現しました。那覇までの船賃は自己負担であったが、滞在費など必要経費は、青年会の負担でした。

この青年エイサーは、青年会館建設資金一億円助成のために青年たちの手で始められ、現在の青年会館建設を達成して、今日まで継承されている伝統ある祭りです。島嶼社会の奄美地区で青年が心を一つにすることは困難かもしれないが、沖縄も宮古・八重山の青年が一丸となった経験から学び、奄美青年会館が徳之島に建設されることを想い描くようになりました。

奄美群島広域事務組合などでも、沖縄北部地区との交流が促進されています。行政主導型の取り組みだけでなく、このように住民主体でおこなわれている文化交流を支援していくことが大切でしょう。

「県民文化祭子どもフェスタ」に出演

子どもフェスタは、毎秋、県内各地で開かれる鹿児島県民文化祭の一環で、文化活動に取り組む青少年団体が集い、練習の成果を発表し合います。今年は、北薩の宮之城での開催でした。大島地区文化協会の推薦で、出演が決定しました。「予算はないけど何とかならないだろうか」と常に高いアンテナを張って情報をキャッチし、子どもたちの取り組みの発表の場を準備することも、青少年文化活動を支援する文化協会の役割と思われます。

(5)　おわりに

本町文化協会では、「与論町文化青少年団」結成の準備を進めています。与論中学校と与論高校で連携型中・高一貫教育を導入し、新教科として郷土学習「ゆんぬ（与論）学」が設定され、試行錯誤のなかで実施されています。町行政では、まちづくり委員会を設置し、その戦略プロジェクトの一つとして、「ゆんぬまちづくり大学」推進グループが、大学開講に向けて準備をすすめています。さらに、与論高校では、二〇〇二年度「生涯学習県民大学講座」で、生涯学習まちづくりに貢献する人材の育成をめざし、総合的学習の時間など地域人材活用の準備を進めます。

与論町第四次振興計画のキーワードは、「オンリーワンのまちづくり」です。高校生がまちづくりの会議に頻繁に参画できる土壌を醸し出そうと可能なかぎり表現の場を準備したいものです。地域社会・学校・家庭が一つになって人を育ててきたことを最も理解しているのは、島嶼社会に住む私たちではないでしょうか。

「実際に行動するのは、青少年である。そのやる気を起こさせるのが大人の役割」だと思います。

【赤崎隆三郎　鹿児島県立与論高等学校】

正式名称　与論町文化協会
所在地　〒891―9301　鹿児島県大島郡与論町茶花三二番地
連絡先　(会長)赤崎隆三郎
TEL　〇九九七(九七)四六二八(FAX共通)
E-mail:akasakir@ceres.ocn.ne.jp
(事務局長)土持敏秀　(次長)山下一也
TEL　〇九九七(九七)二四四一　FAX　〇九九七(九七)四一九七
主な活動　与論町文化祭
与論町美術展
与論町文化青少年団の育成・支援
「ゆんぬまちづくり大学」との連携
一言PR　北に(奄美)大島地区文化協会・南に沖縄北部地区文化協会と双方に加盟し、両翼で羽ばたきながら、県境を越えた活動と交流を実践している。第四二回社全協沖縄・名護集会では「与論島」に足を伸ばして下さい(沖縄本島の本部から定期船で片道二時間。船賃往復四九八〇円です)。

5 心の中に平和のとりでを築く高校生群像
―全国高校ユネスコ研究大会が拓く地平線―

(1) ユネスコの目的

ユネスコは国際連合教育科学文化機関（United Nations Educational Scientific and Cultural Organization）の英語の頭文字をとった名前―UNESCO―で、国際連合の専門機関のひとつである。ユニセフ（国際連合児童基金）と良く混同されるが、ユニセフが第二次大戦後、子どもたちの食糧、衣料、薬を緊急に届けることを目的として国連の下部機関として発足した組織であるのに対して、ユネスコの目的は、教育、科学、文化の分野で世界中の人々が協力し、互いにコミュニケーションをはかって世界平和と人類の福祉を実現しようとする理念をかかげている。

「ユネスコ憲章」は「戦争は人の心の中で生れるものであるから、人の心の中に平和のとりでを築かなければならない。」という有名なことばで始まる。第二次世界大戦が未曾有の被害をもたらし、人々を絶望の底に沈めたその原因が異なった人類の間に起こる疑惑と不信によるものであるというのが、前掲のユネスコ憲章冒頭のことばに続いている。「相互の風習と生活を知らないことは、人類の歴史を通じて世界の人びとの間に疑惑と不信をおこし、それがしばしば戦争の原因となった。」また、ユネスコの目的について述べたユネスコ憲章第一条には、国連憲章が世界のすべての人に確認している「正義、法の支

ユネスコ憲章　一九四五年一一月、連合国教育大臣会議の提案による「教育・文化機関を設置するための国連会議」で三七カ国により署名され、翌一九四六年一一月に二〇番目の国の批准を受けて発効した。ユネスコ（国連教育科学文化機構）の理念は、「戦争は人の心の中で生まれるものであるから人の心の中に平和のとりでを築かなければならない」で始まる憲章前文に示され、人類の知的及び精神的連帯の上に平和を築く事を目指している。国連の一専門機関としてのユネスコの目的は、国際連合憲章の精神を助長するために「教育・科学及び文化を通じて諸国民の間の協力を促進する事によって、平和及び安全に貢献する事」と定義付けられた。

配、人権、基本的自由」を尊重するために、教育、科学、文化を通して諸国民の間の協力を促進することで、平和と安全に貢献することがユネスコの目的であると述べられている。

ユネスコは、国際連合の専門機関であるため、他の国連機関と同様にその加盟国である国家が分担金を支払い、ユネスコ総会に政府代表団を参加させる「政府間機関」であるが、ユネスコ憲章には「政府の政治的及び経済的取りきめのみに基づく平和は、世界の諸人民の、一致した、しかも永続する誠実な支持を確保できる平和ではない。よって平和は、失われないためには、人類の知的及び精神的連帯の上に築かなければならない。」とうたわれている。政治的経済的なとりきめだけではなく、人類の知的精神的連帯の上に平和を築こうとするユネスコの理念がここに明確に記されており、換言すれば、国家間で築かれる平和の限界にも言及している部分である。政府間機関ではあるが、その限界を示し、人類の知的精神的連帯即ち政府の枠を越えた市民の運動がユネスコの目的到達には不可欠であることをうたっている。

この設立の特異性から、当初からユネスコには、教育、科学、文化、コミュニケーションの各領域と民間のユネスコ活動を代表する委員を含む国内委員会を加盟各国が設置しなければならないことがユネスコ憲章第七条にうたわれている。例えば、日本ユネスコ国内委員会は六〇名の日本ユネスコ国内委員で構成されているが、そのうち一二名が「地域的なユネスコ活動の領域を代表する」委員で占められている。

(2)　日本と世界のユネスコ運動

世界ではじめての民間ユネスコクラブは日本で一九四七年七月に仙台で誕生した。日本の民間のユネスコ活動創設期の活発な動きが、当時戦争を興した国として、国際社会からいわば締め出されていた日本を国際社会に復帰させる原動力になったことは歴史的に特記すべき事柄である。戦後いち早くユネスコ憲章に謳われた平和な社会を築こうとする理念に共鳴した人々の数は仙台ユネスコ協会誕生後増えつづけ、二年後には七十団体にも達し、日本ユネスコ協力会連盟が結成された。終戦直後のこの民間ユネスコ運動の大きなうねりが国際社会に感銘を与え、一九五一年に日本政府のユネスコ加盟が承認されたのである。

現在、全国には二九三のユネスコ協会があり、社団法人日本ユネスコ協会連盟（名称を一九五一年変更）がその連合体である。識字教育普及のための「世界寺子屋運動」、世界遺産や地域の文化・歴史を尊重し次世代に引き継ぐ世界遺産保全活動、そして国際理解交流活動や文化講座などユネスコ憲章に掲げる平和と人類共通の福祉を目的にした活動を展開している。さらに世界には、百カ国に五千以上のユネスコクラブがあり、これらのクラブをつなぐアジア地域の連合体－アジア太平洋ユネスコ協会クラブ連盟は一九七四年に、世界の連盟－世界ユネスコ協会クラブ・センター－連盟は一九八一年に設立され、いずれも日本のユネスコ活動がその誕生を促す原動力となった。

(3)　高校ユネスコクラブと高校ユネスコ全国大会

ユネスコの理念に賛同するユネスコクラブはまた、高等学校の中にも誕生していった。

日本の民間ユネスコ運動発祥後一九四九年には大阪の高校ユネスコクラブ有志が名古屋で全日本高校生ユネスコ連絡協議会を結成、一九五〇年には大阪府布施市（現東大阪市）で、一九五一年に大阪市で総会が開催された。一九五二年愛知県犬山市での高校ユネスコ全国大会を第一回とし、全国各地で高校ユネスコ全国大会が開催されるようになった。

一九六六年に日本ユネスコ協会連盟が発行した「ユネスコ民間活動二〇年史」の中の「高校におけるユネスコクラブの現状」には高校ユネスコクラブの成立と発展について次の記載があり、高校ユネスコクラブを理解する上で貴重である。

「総会ならびに全国大会には開催地のユネスコ協会および教育委員会なども共催側に加わり、日本ユネスコ協会連盟は後援という立場で協力した。また、日本ユネスコ国内委員会は、後援名義の使用を許可し、また講師派遣等の援助を行った。なお、連絡協議会の事務局を、第三回諏訪大会において、改めて正式に金城学院に設置することを決定した。（略）一九五三年からわが国が参加したユネスコの国際理解教育協同学校計画も、ユネスコクラブの育成と活動の面に刺激を与えた。このように、この時期は高等学校のユネスコクラブが大いに発展し、特別教育活動の重要な一部として学校教育の場に定着していったのである。しかし、それに伴い、ユネスコクラブの組織が、学校を単位としながら、発生的には学校の指導の及びにくい社会教育団体的発展をとげた面があるため、その主体や責任の所在をめぐって、論議があり批判も起った。」

この後、一九六七年一二月に全国のユネスコクラブ顧問教師たちによってユネスコクラブのある学校加盟を原則とした「全国高校ユネスコ活動指導者協議会」（略・全高ユ指協）

が結成され、それまでの全日本ユネスコ高校生連絡協議会は解散された。第一五回全国大会から全高ユ指協と日本ユネスコ協会連盟が主催している。

一九七一年当時高校ユネスコクラブ・同好会、ユネスコの名称は冠していないが、ユネスコ理念のもとに活動している関連したクラブや同好会の高校数は全国に一九九校あり、全国の高校の約五％であった。その後、徐々に高校ユネスコクラブの数は減少し、一九九六年には全高ユ指協会則も全国大会参加校を対象とした一年単位の会員組織に変容している。全国大会開催に全高ユ指協と日本ユネスコ協会連盟が主催するかたちは変わっていないが、ユネスコクラブという名称をつけた参加校の数は二〇〇一年段階で十数校と減少しているのが実態である。

高校ユネスコクラブの活動テーマは幅広いユネスコ活動領域を投影して広範囲な活動分野を包含している。国際理解の研究、基本的人権の研究－福祉、障害者、高齢者、平和問題・環境問題・資源・人口などについての研究、南北問題、国連機関の研究などである。

過去一〇年の高校全国大会テーマを次に列挙する。

一九九一年「地球化時代と私たち」
一九九二年「地球化時代と私たち　アジアに広げようボランティア活動」
一九九三年「国際理解のための全国高校生のつどい」
一九九四年「できることから始めてみよう－高校生の国際協力」
一九九五年「共に生きる世界をめざして高校生ができること」
一九九六年「地球市民として高校生ができること」

一九九七年「ともに生きる世界をめざして」
一九九八年「地球叫声（共生）」
一九九九年「SHARE OUR『　』《ママ》」
二〇〇〇年「高校生地球計画～みんなでやろうや～」
二〇〇一年「赤・青・黄～未来はみんなで作るもの～」

昨年は第四七回高校大会を福島県ユネスコ連絡協議会、福島県尚志高校を中心とした実行委員会、全国高校ユネスコ活動指導者協議会、日本ユネスコ協会連盟が共催して八月三日～六日まで磐梯山のふもとの雄大な自然の中で開催した。

昨年九月に実行委員会が結成されたが、その後大会趣旨に賛同した郡山女子大附属高校喜多方商業高校、東稜高校の三校が実行委員会に加わり最終的には教職員・高校生合わせて五十名に上り、実行委員会の規模が拡大す

るにつれて大会の機運も盛り上がっていった。

分科会は、「環境」「バリアフリー」「多文化共生」「ジェンダー〈自分らしさ〉」「国際協力と教育」「地域の遺産を考える」「子どもをとりまく世界」の七つのテーマが設けられこの数年の取り組みにならってフィールドワークを積極的に設け、各分科会講師の指導のもと充実した内容の分科会が開催された。「バリアフリー」の分科会では、日本人ではじめて海外で臓器移植手術をされた経験を持つ廣川陽子さんを分科会講師に迎え、実体験や介護老人施設への訪問などを通じた、様々なバリアについての理解を深め、二一世紀の社会のあり方について討議しあった。

昨年は、日本政府がユネスコに加盟して五〇周年であることを記念して、高校生交流プログラムが設けられ、二一名の海外からの高校生・教職員が参加した。お互いの言葉の壁を徐々に乗り越え、大会三日目には実行委員によって企画されたキャンプファイヤーで盛り上がりは最高潮に達し、各国別のパフォーマンスが披露され、大会終了時には涙の別れとなった。

大会終了後には希望者が福島県開催の「うつくしま未来博」会場見学に行き高校生アピールを行った。海外参加者のパフォーマンス、大会参加者の感想を述べた後、最後に参加者全員で「We Are The World」の合唱でアピールを締めくくった。

(4) 貴重な高校ユネスコクラブの経験

四泊五日の全国大会の担い手は顧問教員と生徒だが、特に生徒は三年間の高校生時代に参加するため、一九五二年の第一回大会から今年度二〇〇二年度までに参加した高校生の延べ人数は大変な数に昇るであろう。本稿の執筆依頼をされた立柳聡さん自身かっての高校大会に参加され、後にもOBとして高校ユネスコクラブ活動に貢献された方であり、筆者は一九七一年に日本ユネスコ協会連盟に就職してはじめての仕事が高校大会であった。一九七二年に経験したはじめての高校大会は群馬県赤城の国立青少年の家で開催されたが、高校生、顧問教員、関係者含めて約二〇〇名の大会は熱気にあふれる大会で、地元教育委員会の協力が力強く、また講師陣が充実していた。当時の高校生は現在四〇代前半で社会の各方面で活躍している。二〇〇〇年には、その当時のOB、OGが何十年ぶりに再会する会合が開かれた。また、高校ユネスコクラブ生徒が地域のユネスコ協会会長や事務局長、会員として全国各地で活躍されている。

ユネスコ精神との出会いは何才でも良いのではあるが、多感な高校生時代にユネスコとの出会いのあった方々の多くは、その後もユネスコ運動の担い手としてかかわりをもたれるケースがあり、ユネスコ運動の真の継承者として活躍されている。

教育という重要な側面でのユネスコ運動の広がりを思うとき、学校教育、社会教育両面でのユネスコ活動の場として今後も高校大会が地域ユネスコ協会、教育委員会、学校関係者、日本ユネスコ協会連盟の協力を得て発展していくことを望みたい。

【石神澄子　社団法人日本ユネスコ協会連盟】

正式名称　社団法人日本ユネスコ協会連盟

所在地　〒150―0013　東京都渋谷区恵比寿一―三―一　朝日生命恵比寿ビル一二階

連絡先　TEL　〇三（五四二四）一一二一
FAX　〇三（五四二四）一一二六
http://www.unesco.jp

代表者　児島　仁（会長）　野口　昇（理事長）

事務担当者　石神澄子（「全国高校ユネスコ研究大会」所管組織担当）

主な活動　日本ユネスコ協会連盟では、全国各地二九二のユネスコ協会とともに、「教育」・「科学」・「文化」の三つの柱を中心に、世界寺子屋運動、世界遺産活動、生涯学習講座、国際交流活動、青少年育成活動、スタディーツアー、留学生交流、国際理解教育の教材製作・配付など、さまざまな活動に取り組んでいます。

機関紙　書き損じはがき一枚分（四五円）で、ネパールの寺子屋教室で鉛筆七本、ベトナムではボールペン三本が買えます。身近なユネスコ活動への協力として、未使用はがきを当連盟にお送りください。世界寺子屋運動に活用させていただきます。
高校大会へのご参加希望の方は、右記住所・TELにお問い合わせください。

6 子どもの豊かな育ちと地域支援に向けて

1 地域づくりと子育て

―山村での取り組み「どんぐり学級」とその後―

山の緑が日々濃さを増し、田んぼに植えられた稲が風にそよいでいる季節。山村が一年のうちで一番清々しく、生命力にあふれる時期です。

結婚を機に、生まれ育ったこの町に戻って暮らし始めて一〇年目を迎えます。子どもを育てながら感じることは、山村という環境と人々の暮らし方の間に横たわる大きな溝と、個人として意見をもって生きることの難しさです。

緑の山々に囲まれ、まだ魚が棲む川が流れている環境が子どもにも大人にもいいものだという認識がほとんどの人々にあるのは確かです。しかし農山村とはいえ、人々の暮らし、特に若い世代の暮らしはさほど都会とは違わなくなってきています。かつては農作業がほとんどの家庭の暮らしの中心を占めており、人々の生活はもっと均一でした。この時期には田植え、この時期には稲刈りというサイクルにおいて「結」という共同作業も必要なものとして機能していました。しかし現在、この辺りの町村で農業に従事しているのはほとんどがおじいちゃん・おばあちゃんで、若い世代はほとんど勤めに出ています。平日の昼間は勤務、夜や週末になると地区やＰＴＡ、婦人会や消防団などの行事が入って結構忙しいのです。

子どもたちはというと、歩いてゆける近所に遊び友達が少なくなり、群れて遊ぶことがなかなかできなくなりました。学校の登下校も、少し遠い子どもはスクールバスで通うことになっており、道草をすることもありません。学校以外で子どもたちが集まってすることといえばバスケットボールやサッカー、剣道などのスポーツ少年団に入って競技をすることで、夜や週末も練習や練習試合で忙しいのです。山や川に囲まれた農村で暮らしながらも、野山を駆け回って遊ぶ子どもたちなどというものは姿を消しました。

しかしながら、この三島町を含む奥会津地域には子どもたちが担い手となっているさまざまな民俗行事がまだかろうじてその姿をとどめています。「虫送り」や「ひな流し」、「サイノカミ」といった行事の根底にあるのは、死者の魂の鎮魂、豊作祈願という「祈り」でした。先祖たちが、厳しい山村の暮らしを無事に生き抜けるようにと神へ祈りを捧げた、その祈りが民俗行事という形をとって存在していました。だが近代において、生活の厳しさが軽減され、暮らしそのものも変化する過程において、祈りの力と意味は失われていきました。意味を失って空洞化しつつも、行事の形だけは何とかこれまで継承されてはきました。しかし現在、その行事の多くが地域に子どもたちが減ってしまった、また大人たちの暮らし方も変わってしまったということで続けることが困難な状況に直面しています。

この町で、数人の友人たちと「どんぐり学級」という取り組みを一三年間続けた時代がありました。その始まりはシュタイナー教育の学習会で、今は故人となられた河津雄介先生が三島町においでになって数回講座を開いてくれたのがきっかけでした。私たち三島の受講生の総まとめの課題は、同じ講座を受講している東京からのメンバーが三島町で合宿をする際に、ここ三島の山と川を存分に楽しむメニューを作り、合宿の受け入れをすることでした。その二泊三日の計画を練るために、私たち地元メンバーは連日集まって話し合い、プログラムを組み立てました。その過程で、私たちは、今まで暮らしてきた町の隠れた名所を発見し、お互いのもっているさまざまな能力に感動しました。その合宿は、東京からの人たちにはもちろん大好評でしたが、私たち三島のメンバーも準備と受け入れにへとへとになりながらも、大きなものを学んだのでした。

そのときの感動を自分たちで再び、ということ

で、次の年からは地元の子どもたちを対象にキャンプを開催してきました。「どんぐり学級・森の教室」は、小中学生のほかに、ＡＬＴの先生たちや演奏者などその年年のゲストを迎え、町内の山や林、川原を舞台に毎年開催された。そうしたのち、当初小学生だった子どもたちが高校生になってキャンプ企画運営の中核を担った一〇回目をピークに、私たちメンバーは共通の思いをもって活動してゆくことができなくなってしまいました。現在「どんぐり学級」の活動は休止中です。

さて、農村の暮らしの「形」が変わり、若い世代のライフスタイルは都会と大して変わらなくなってしまったと先ほど述べたが、形ではない部分で、ここの暮らしが都市部の暮らしと大きく異なる点があります。それは、個人の存在は、その人自身がどんな人間かということによってではなく、もっと別な要因で周囲に認識されるということです。つまりその人間がどこの地区の生まれで、だれの息子、または孫であり、どこのだれそれと親戚になっている、ということがまず大事なのであり、その人が一個人としてどんな考えをもって生きているかなどということは二の次です。したがって、かなり多くの人間関係が地区や親戚などによって規定され、成立しており、その枠中からはみ出さずに暮らしてゆくことが、地域社会のなかで暮らす者の重要事項として掲げられます。もちろん都会に暮らしていてもこのようなことは多かれ少なかれ存在することではあろうが、山村では、個人が個人として存在しにくく、また思想をもたずとも暮らせる。いや、むしろもたないほうが暮らしやすいという点が特徴です。

このことが特に顕著に現れるのはお葬式の時です。名づければ「葬式手伝いメンタリティー」とでも呼べるかもしれないが、ここいらの地域ではまだお葬式というものは隣組と呼ばれる地区の単位で取り仕切られます。男性は葬儀一式、女性はまかないを手伝うのだが、手伝う者たちは、死者を悼む暇などないかのように忙しげに立ち振る舞う。その手伝いにおける鉄則というのは、足りなくてもいけないが、出しゃばりすぎてもいけないという微妙なものです。そこでは自分で考えて物事をおこなうということはしてはいけません。ニンジンの切り方ひとつにしてもそうめんを盛る数にしても、立場上その仕事の責任者になった人にお伺いを立て、言われたとおりに行動する、ということが肝心なのです。たとえよかれと思っても、若い者が判断などをしてはいけないのです。

当初こういった物事の進み方に対して驚き、戸惑いもしました。しかし次第に、これはそう簡単に変えられるものでもないと気づき、世代が変わるまでは何とか我慢するしかないかと思い直しました。ところが、世代が変わってもこのメンタリティーは変わらないのではと不安になったのは、子どもの学校のＰＴＡ活動にかかわるようになってからです。

現在父親・母親になっている世代の人々も、祖父母たちに負けず劣らず保守的で、「変える」ということに強い抵抗を感じている人が非常に多いのです。その原因を探ってみるに、現在町で暮らしている親の世代も、町外に出て暮らした経験がない人の比率が大きいことに気づきました。小中学校はもちろん町内で、高校も自宅から通学しそのまま親元を離れることなく町内に就職してしまった人たちは、知らない人間ばかりのなか、一人で人間関係を築いてゆかなくてはならないという事態に遭遇することなく大人になってしまっているのではないでしょうか。そうして、自分というものに向き合うことや、親や家族を離れて一人の個人として自立することをしないまま親になってこの町で暮らしている人もかなりいるのではないでしょうか。そういった人々の多くは、自分を取り囲む自然の恵みに感謝することよりも都会の暮らしが便利だとあこがれ、田舎の暮らしはしがらみに縛られているとぼやきつつ暮らしている。なかにはその結果近隣の市部へ引っ越す人たちもいるが、町にとどまった人々のなかでその縛りから自らを解き放とうと行動する者はほとんどいないのが現状です。

なぜならば、多少窮屈かもしれないが、そのしがらみと枠は裸の個人をさらけ出すことなく守ってくれる安全なシェルターだからです。不自由どころか、しがらみにしばられているほうがずっと楽なのです。そうしてシェルターに守られ、立場でしか行動しない人は、自分でものごとを考えることができなくなってしまいます。善し悪しの判断基準が自らのうちに存在せず、立場によって、または周囲の意見によってしか判断できなくなります。こうして培われたメンタリティーには、「なぜ」とか「どうして」などという自立した疑問は存在しないため、ものごとの形式は効率よく継承されます。そうして意味を問うことなく、さまざまな行事が続いてゆくことになるのです。

私たちの「どんぐり学級」の活動が休止するに至った理由の一つも、考えてみるにここにあったのだと思います。当初は、キャンプそのものはもちろんだが、準備段階においてシュタイナーの講座で学んだことを再確認し、お互いがいろんな能力をもっていることを発見することが感動でした。キャンプを準備することを通して私たちメンバー一人一人が成長し、変わることができました。だが、毎年のキャンプを繰り返すうちに、キャンプという形を続けていくこと、または「どんぐり学級」という名のイベントをおこなうことに私たちの意識が移り、当初の感動の意味を再確認することをしなくなってしまいました。「どんぐり学級」ということを通して私たちは何を求め、子どもたちと何を分かち合っていきたかったのか。メンバー同士が話し合いを重ねていた当初は、その部分はお互いに感覚的には共有できていました。しかし毎年原点に戻って意味をとらえなおすことをしないでしまった結果、活動が空洞化してしまったのだと思います。そして私たちはこのまま空っぽの形式を続けていくことをやめました。

現在、「コミュニティーの再生」という言葉が飛び交っているが、前述のような理由により、山村自体が大きく変ることはそう簡単にはありえないと私自身は感じています。世代を超えて伝わる「葬式手伝いメンタリティー」の存在と、その結果として意味を考える力を身につけないできてしまった人々は、変化を求めることはありません。しかし、少子・高齢化、そして情報化により、変化は確かにいま目前に要求されています。形を続けていくことができなくなった時、そのものの本来の意味に戻ることが重要となります。そのことはなぜおこなわれるのか、そしてどのような意味をもって続いてきたのか、という意味の確認です。

いま、山村で何よりも必要なのは、ものごとの本来の意味を問い直すことのできる力です。この力をいかに大人たちが自分自身のなかに掘り起こしていくか、または子どもたちに身につけさせていくか。それなしでは山村コミュニティーの再生などというものはありえません。そうはいってみても、自分自身がいま、ここで、どう生きるかという課題に、明確な道は見えていません。しかしながら、まず自分がここでの暮らしを「選んだ」という原点に戻ることから始まるのだろうとは思います。そして当時、思いを共にした「どんぐり学級」の友人たち、また現在思いを共にできる人々との繋がりを深めていくなかで、ここで生きる意味を問うことを再び共有できれば、道は見えてくるかもしれません。ここでの生活を選択した者は、この課題を避けて生きることはできないでしょう。そしてまた、山村の束縛から解放されたいと願う者にとって、この課題に向き合いながら生きることが、真に自立した人間となるための条件であろうとも思っています。

【五十嵐乃里枝・福島県三島町どんぐり学級】

正式名称　どんぐり学級

所在地　福島県大沼郡三島町

連絡先　〒969－7517　福島県大沼郡三島町大谷上川原三八九三
五十嵐乃里枝
norie-i@joy.ocn.ne.jp（自宅）TEL　〇二四一（五二）二七九九（FAX共通）
三島町生涯学習センター
TEL　〇二四一（四八）五五七七　FAX　〇二四一（四八）五五七五

主な活動　地元の子どもたちを中心とした、キャンプの企画・運営。

一言PR　現在キャンプの活動は休止中。今、自分たちがこの地域に生きているなかで、なにを大切に生きたいのか、またそれをどう子どもたちに伝えていったらいいのかを模索中。これからはひとつの町にとらわれない、広域の活動も検討中。

2 岩手の「こども白書」づくりと「子育て協同」

(1) 「白書」づくりの経緯と取り組み

「いわて生協」が、「白書」づくりやそれを基にした「子育て協同」活動に取り組むに至る経緯は、おおよそ以下のとおりです。

直接的な契機は、いわて生協設立（一九九〇年）以前のことになりますが、特に一九八〇年代の後半以降、盛岡市民生協の広報紙等に組合員の声として、子育てや子育ちについての悩みや取り組みの提起が、数多く寄せられるようになったこと。それと併行して、生協の種々の組合員会議においても、子育てや子育ちの問題が話題となることが多く、そうした問題への対応を生協としても考えざるをえないのではという気運が高まってきたことです。

こうした組合員の声や要望を理事会が受け止め、一九八〇年代末に至り、盛岡市民生協は「子育て協同」活動に取り組むことを方針化します。とはいえ、子育て・子育ちの現状や課題をどう捉え、どのような取り組みが望まれるのか等については、暗中模索の状況にあり、こうした状況を打開する方策として、まず二つの課題に取り組むことになります。

一つは、一九七〇年代の後半という早い時期から「子育て（教育）・文化協同」の活動に取り組んでいた共立社鶴岡生協の運動・活動に学ぶことであり、二つ目は、岩手の子育て・

子育ちの現状と課題に基づいた取り組みにするためには、岩手の子どもの生活実態や教育の現状把握に努め、学習を深めるということでした。

一つ目については、実際に共立社鶴岡生協を訪問したり、共立社が発行した『子どもたちの明日に幸せの虹を』（一九八八年）を取り寄せての学習、さらには共立社から講師を招いての学習等に取り組み、「子育て協同」活動の必要性や意義について、認識を新たにし、また深めることをめざしました。こうした学習と併行して二つ目の学習にも取り組むために、民間教育研究団体等の協力を得ながら広く呼びかけをおこない、小・中・高・大の教員、退職教員、生協組合員を中心に三十名ほどの参加を得て、「盛岡教育懇話会」を立ち上げることになります（一九八九年）。懇話会は生協が呼びかけ、また事務局を担当しているとはいえ、あくまでも盛岡（当時）の子どもや教育の現状・課題を自由な立場で学習する組織として設立されたものであり、そこでの学習成果を生協として子育て協同活動に活かしていくこと、また必要に応じて生協の子育て協同活動に対する提言や協力をおこなうことができるという組織です。

さて、盛岡市民生協が子育て協同活動に具体的な一歩を踏み出して間もなくの一九九〇年、盛岡市民生協は他の四つの地域生協との合併と一生協の合流によって、新たに「いわて生協」として発足します。盛岡市民生協の子育て協同活動は、この後いわて生協の取り組みとして継承され、発展していくことになります。

子ども白書づくりはいわて生協の誕生以後具体化したものであり、そのきっかけは盛岡市民生協・いわて生協と盛岡教育懇話会との共催による教育講演会や懇話会主催の学習会

（例会）や生協主催の懇談会（懇話会も参加）等における参加者の声や意見でした。代表的には、子どもが見えない、分からないという声や意見、またよく話題にされる子どもの姿や子育ての問題が、本当なのかという疑問や意見、さらには教師や父母などの立場の違いで子どもや教育の見方が異なっているのではないかという意見等です。

生協と懇話会は協議を重ね、こうした声や意見に素直に耳を傾ければ傾けるほど、意見や立場の違いを無視したり諦めるのではなく、それらを一旦留保しても、できるだけ子どもの生活の実相に迫る努力をし、それを基に子育て・子育ちの課題を検討しようという方向を確認します。その中心的役割を懇話会が担うことになるのですが、懇話会としての独自の活動（学習会―例会）と併行して進めていくために、懇話会のメンバーを中心としながらも、懇話会とは別に、白書づくりに関心のある組合員にも加わっていただき、いわて生協との協同事業として「子ども調査報告書をつくる会」（なお、この会は恒常的なものではなく、白書をつくるたびに作られる組織であり、白書を発行することでその任務は終わる）を立ち上げることになります。

「つくる会」では、子どもの生活の実相を把握する方法として、当時全国的に展開されていた「子ども生活調査」や「子ども白書」（例えば、「松戸の子ども白書」等）を参考に、大規模なアンケート調査（子ども生活調査）を実施することにします。調査はこれまで三回実施され、その都度報告書（子ども白書）として纏められ、発行されています。

(2) 子ども生活調査の概要と特徴

第一回の「子ども生活調査」は一九九一年一〇月に、主として子どもの学校外生活（特に家庭での生活）に焦点を置いて実施し、第二回調査は一九九三年一一月に、九一年調査で把握できなかった子どもの学校生活に焦点を置いて実施しています。第三回の調査は、九一年・九三年調査との比較を試みる（変化を探る）ために二〇〇〇年二月に実施しており、その意味で子どもの学校生活・学校外生活の両面にわたる調査となっています。

調査方法は、いずれの調査も子ども（小学生と中学生）とその保護者を対象に、無記名の質問紙記入方式（アンケート方式で、子ども用―四〇項目前後、保護者用―二〇～三〇項目）を用い、調査票の配布・回収はいわて生協の協力を得て、生協の家庭班・共同購入班（一部は店舗）を通しておこなっています。三回の調査でデータとして活用された調査票（記入もれ等の集計不能のものを除いた）の数は、小学生―一二〇〇～一六〇〇、中学生―七〇〇～一〇〇〇、小学生保護者―一〇〇〇～一五〇〇、中学生保護者―六〇〇～七〇〇であり、数量的には十分分析に耐えられるものとなっています。

以下では、紙幅の関係から、九一年・九三年調査と〇〇年調査の比較を交えながら、子どもの生活実態の一端を、紹介するに止めたいと思います。

子どもの生理的生活

この調査（九一年と〇〇年調査）は、子どもの「快食」・「快眠」・「快便」がどの

表1　就寝時間の比較　（単位：%）

	9時頃までに		10時頃までに		11時頃までに		11時以降	
	91年	00年	91年	00年	91年	00年	91年	00年
小3	61.3	38.7	36.0	48.3	2.4	24.9	0.3	1.9
小4	44.9	28.6	50.2	57.6	4.6	10.9	0.3	0.7
小5	24.5	16.0	60.8	55.0	13.7	25.0	1.0	2.4
小6	16.7	10.9	55.2	43.8	24.2	35.2	3.9	9.5
中1	4.7	2.7	28.4	23.4	51.4	49.8	15.6	23.4
中2	2.4	1.0	12.1	12.4	54.6	49.7	30.9	36.2
中3	0.5	1.4	5.5	2.4	39.0	32.2	55.0	64.4

表2　起床時間の比較　（単位：%）

	7時前に		7時以降(7時頃を含む)	
	91年	00年	91年	00年
小4	72.5	56.9	27.5	43.1
小6	60.1	52.5	39.9	47.5
中1	52.5	47.8	47.5	52.2
中2	43.3	35.9	56.7	64.1
中3	29.8	34.0	70.2	66.0

程度達成されているかを見たものです。総じていえることは、もともと達成度が低かった（九一年調査）ものが、さらに達成度を低下させているという現実、加えて「快食」・「快眠」・「快便」がバランスよく達成されている層と全体的に崩れている層とに二極化する傾向が見受けられるということです。

「快眠」を例にとるならば、「快眠」の達成には「充分な睡眠時間」、「深い眠りの継続」、「朝の目覚めのさわやかさ」の三条件が必要とされていますが、これらの三条件の確保が著しく困難になっている子どもが多くなっているという事実が散見できます。

まず第一は「睡眠時間」の確保ですが、子どもの生活の夜型化が一層進行することによって、睡眠時間は減少傾向にあります。就寝時間が遅れ、その分起床時間が多少遅れる傾向にあり、まさに「宵っ張りの朝寝坊」タイプの増大といえますが、起床時間は学校との関係でそれほど後ろに延ばすことができない以上、睡眠時間の減少は避けられないことになります（表1、表2）。

第二は「深い眠り」の確保ですが、夜型化した生活の内実（表3）を見ればわかるように、脳への刺激が強く、脳の興

表3　夜型生活の内実　（単位：％）

（夜10時以降起きている子どもの生活内容・２項目選択）

	小学５年生			
	91年		00年	
1位	テレビ・ビデオ	60.0	テレビ・ビデオ	60.6
2位	マンガ・雑誌	42.2	マンガ・雑誌	30.6
3位	勉強	35.4	勉強	24.4
4位	なんとなく	17.7	なんとなく	21.9
5位	小説	11.1	ラジオ・音楽	14.4
	ラジオ・音楽	7.0	小説	2.5

	中学２年生			
	91年		00年	
1位	勉強	44.8	テレビ・ラジオ	50.0
2位	テレビ・ラジオ	42.5	勉強	32.4
3位	ラジオ・音楽	29.8	マンガ・雑誌	32.0
4位	マンガ・雑誌	29.3	ラジオ・音楽	24.2
5位	なんとなく	13.2	なんとなく	17.6
	小説	8.0	小説	3.9

表4　起床の自律（小学３年生以上対象）（単位：％）

	いつも一人で起きる		時々起こされる(起こす)		起こされる(起こす)ことが多い＋いつも起こされる(起こす)	
	91年	00年	91年	00年	91年	00年
小　学　生	30.1	16.1	36.4	35.7	33.5	48.2
小学生の親	30.9	16.0	29.2	25.3	40.0	58.7
中　学　生	30.7	23.6	34.6	29.2	34.7	47.2
中学生の親	25.6	20.2	31.5	21.0	42.9	58.9

表5　排便の有無（小学３年生以上対象）（単位：％）

	毎　日		だいたい毎　日		週２～３回＋それ以外	
	91年	00年	91年	00年	91年	00年
小学生	47.9	41.9	36.5	36.0	15.2	22.2
中学生	49.0	44.3	31.7	30.0	19.3	25.7

※排便の時間帯（91年調査）　（単位：％）

	朝食前後	日中や夜	不定時
小学生	49.5	19.9	30.6
中学生	49.0	15.3	35.7

奮状態を持続させかねない活動があまりにも多く見うけられます。これでは、寝付きの悪さはもとより、深い眠りを確保することも容易ではないでしょう。

第三は「朝の目覚めのさわやかさ」ですが、一人で起きられない子どもが増加し、子どもの凡そ半数近くが一人では起きられない状況（保護者の回答では約六割近くに及ぶ）にあることを考えれば、その確保は困難の一途をたどっていると言っても過言ではありません（表4）。

このように、「快眠」の三つの条件確保が難しさを増しているだけでなく、「快食」の条件（「食事が待ち遠しい」、「食事がうまい」、「食事が楽しい」）確保も「快便」の条件（「一日一回」、「できるだけ朝に」、「スッキリ感、爽快感を伴って」）確保も（表5）、同様の状況に陥っていることは明らかです。そのなかで特に気になるのは、「快食」の条件である「食事が楽しい」と感ずるための基盤である「食事の共食」が、夕食時だけではなく朝食時においても実現が難しくなっており、朝食時における子どもの「個食」率が二割以上という高い比率を示している点です（表6）。これなどはまさに、「起きた順に朝食を食べて（時には朝食抜きで）通学・通勤」せざるを得ない家族の現実を照射している数値であり、子どものみならず大人の「快食」も困難を増していることを窺わせるものとなっています。

いずれにせよ、九一年の子ども生活調査ですでに「快食」・「快眠」・「快便」の困難性が指摘されていたにもかかわらず、〇〇年の子ども生活調査はその後の約九年間において、困難性が緩和・改善されたことを示すどころか、ますます拡大・深化していることを明ら

表6　食事の共食（小学3年生以上対象）（単位：%）

	夕食の共食（91年調査）		朝食の共食（00年調査）	
	家族が大体揃って	子どもだけで	家族が大体揃って	子どもだけで
小学生	54.2	5.5	50.5	21.3
中学生	55.2	15.8	45.0	27.6

表7　1日のテレビ（ビデオを含む）視聴時間（単位：%）
（小学3年生以上対象）

	1時間以内		1～2時間		2～3時間		3時間以上	
	91年	00年	91年	00年	91年	00年	91年	00年
小学生	8.9	2.2	25.3	14.4	21.9	42.3	27.8	41.1
中学生	15.6	3.2	34.8	14.8	24.7	40.8	21.8	41.2

※4時間以上視聴する子どもは現在、小学生で20.6%、中学生で21.2%となっている。

かにしています。しかも、「快食」・「快眠」・「快便」の困難性はそれぞれが単独で増加しているだけでなく、三つをクロスさせて見れば、連鎖的に困難性を拡大・深化させていることがわかります。すなわち、連鎖的に問題状況を拡大・深化させている一群の子どもとそうでない子どもとに二極化している可能性があるということです。

こうした、子どもの生活の困難性の増大と二極化傾向は子どもの「生理的生活」に止まるものなのでしょうか。以下では、子どもの遊びについて見ていくことにします。

子どもの遊び

子どもは「戯れ（遊び）せんとや生まれけん」（『梁塵秘抄』（　）内は筆者）存在であり、遊びは子どもの生活そのものであり、子どもの生活にとって不可欠なものです。

しかし、一九七〇年代に至り、子どもが遊ばなくなった、遊べなくなったという声が聞かれるようになり、子どもの遊びの成立に不可欠の条件である「時間」・「空間」・「仲間」（いわゆる「三間」）の喪失が問題として大きく取り上げられるようになります。確かに、子どもの遊び空間が「家の中」や「家の周り」となり、遊び仲間も「兄弟」や数人程度の「同学年同級生」となるなど、自然との関わりや異年齢集団での遊びが次第に消失しただけでなく、一人で家（個室）でという遊びも当たり前のものとして受け止められるようになってきています（九一年調査も同様の結果を示している）。このような遊びの消失・変質を促したもう一つの要因が、一般的には遊び「時間」の減少ということになりますが、九一年調査・〇〇年調査はどちらも遊びの時間の減少を端的に示す結果にはなっていません。

というのは、「体を使っての遊び」や「外遊び」等の減少を指摘する保護者の比率の高さに比例するかのように、テレビ（ビデオを含む）視聴時間の拡大を指摘する率も高いからです。こうした保護者の実感を裏付けるものに、子どもが回答したテレビ（ビデオを含む）視聴時間があげられます（表7）。この表を見れば、九一年調査では小学生に比して中学生の視聴時間が少なく、特に「二時間以内」の中学生が半数に達しています。ところが〇〇年調査では、小学生、中学生ともに視聴時間が増大しているだけでなく、小学生と中学生の間に差を読み取ることもほとんど不可能になっています。つまり、この九年間のテレビ視聴時間の増大は、小学生よりも中学生においてきわめて顕著に現れているということであり、〇〇年調査では「二時間以内」の中学生は二割以下にまで落ち込んでいます。逆に、「三時間以上」の重視聴の中学生がほぼ倍増し、「四時間以上」に及ぶ中学生も二割を超えるまでになっています。

問題は、この数値がテレビ視聴時間に限ったものであり、これにラジオやCD・MD、ファミコンやパソコン、マンガや雑誌等の情報メディアとの関わりを加えるならば（すでに見た夜型生活の内実を考えれば）、一日のなかで消費される時間は膨大なものとなっている可能性があります。もちろん、これらに費やす時間をすべて遊びの時間と見る訳にはいかない面もあるとは思いますが、それにしても遊ぶ時間が減少していると単純に割り切ることのできない消費時間であることは疑いありません。つまり、遊びに費やす時間という観点から見ると、遊びは消失したのではなく（従来の遊びは消失したが）、正確には変質したと言わなければならないということです。しかも、情報メディアと関わる時間は、すべての子どもを巻き込んで増大している訳ではなく、ここでも増大の一途をたどっている子どもとそうではない子どもとに二極化する傾向が現れています。

以上、子ども生活調査の一端を紹介しただけでも、子どもの生活がさまざまな困難性を抱えながら営まれていることは理解できるでしょう。子ども生活調査全体から見えてくる子どもの生活の困難性を簡単に紹介するならば、おおむね以下のように捉えられると思います。第一は、すでに述べたことではありますが、「子どもの生理的生活」（快食・快眠・快便）が確立・達成されていない子どもが増加傾向にあるという事実。第二は、これもすでに述べたことですが、子どもの遊びが「ヒト」との関係ではなく、「モノ」（特に、メディア機器）との関係で営まれるようになり、テレビ（ビデオを含む）だけでも一日三時間以上に及ぶ子どもが多数を占めているという現実。第三は、学習については、学校での学習に楽しさや充実感を感じない子どもが増大しているという事実。また塾通いの増加にもかかわらず、学校外でのトータルな学習時間が減少しているという事実。特に中学生では、長時間学習する子どもと「ほとんど・まったく」しない子どもとに二極化しつつあるという事実。第四は、日常的に「不定愁訴」（「イラック・ムカツク」や「だるい」・「疲れる」等の身体症状）を訴える子どもが急増しているという事実。しかも、すでに小学校低学年で高い比率を示しているという事実等です。

こうした調査結果（九一年、九三年、〇〇年調査の「つくる会」報告書）を基に、懇話会を中心に学習を積み重ねた結果、生協と懇話会は現在以下のような認識と課題を共有するに至っています。第一は、調査結果に示されている子どもの生活実態は、一定の地域差や階層差を含みつつも全国的状況と呼べるものであり、特定の地域や家庭に内在する要因だけで説明できるものではないということ。それゆえ、全体社会の構造的要因が大きくかかわって噴出している現実として捉えなければならないという認識に立つということです。とするならば、第二に私たち大人が考え、引き受けなければならない課題は、全体社会の構造を変えることと全体社会の構造的要因から子どもを守ることの二つということになります。もちろん、二つの課題を同時に取り押さえ実現することは容易なことではありませんが、前者についてはさらに学習を深め、広く訴えていくことが重要であり、後者については子どもの生活の困難性に少しでも歯止めをかけ、改善となるような具体的な取り組みを捻出することです。

(3)　いわて生協の「子育て協同」活動の展開

上記の二つの課題を自らの課題として引き受け、懇話会と協力しながら、組合員の協同の力で実現しようという活動が、いわて生協の「子育て協同」活動ということになります。ここでは後者の課題にかかわって、この約一〇年間に取り組まれた主要な活動について、その概要を簡単に紹介しておくことにします。

YFC（ヤングファミリーサークル）

乳幼児をもつお母さん方が親子で参加するサークルであり、「一人ぼっちじゃなく、一緒に子育て」を合言葉に、生協の呼びかけで一九九〇年に結成。現在一六サークルに増え、二百五十組の親子が参加して、毎週一回、生協の店舗や公民館を拠点に活動を展開しています。

コープスクール

「どうして・なぜ、そうなるのか」という子どもの疑問に寄り添いながら、教科（現在は算数・数学、国語、英語）を筋道だてて学習し、「わかって、できる」だけでなく学ぶことが楽しいと実感できるようにする勉強教室です。一九九三年にスタートし、小学校三年生から中学校三年生までを対象に、毎週一回九〇分の勉強で、現在二〇教室に約一〇〇人の子どもたちが参加しています。先生は、民間教育研究団体に参加している退職教員を中心に、その指導を受けた生協組合員のお母さん方もボランティアスタッフとして協力しています。

ポラン農業小学校

一九九九年に開校した小学校で、毎年四〇人前後の小学生が参加しています。活動は毎月二回（第二・四土曜日）、一年を通じておこなわれており、春夏秋は農作業や自然観察、川遊び等を、冬は豆腐・そば・漬物・ソーセージづくり、さらにはスキーや雪遊び等、自然のなかで思いっきり遊んだり、共同作業を体験するものです。農園や会場は牛乳の産直先でもある西和賀農協（沢内村）の協力を得て確保し、日常の活動は農協の職員の方々や民間教育研究団体の現職・退職教員の方々によって支えられています。

コープ森の探検隊フォレストクラブ

今年度（二〇〇二年）からスタートする取り組みであり、子どもたちに森林での生活を通して、自然の大切さや自然と交わることの楽しさ・厳しさを体験してもらおうという企画です。一年間を通じて毎月第三土曜日に盛岡近郊の森林を訪ね、枝打ちなどの森林作業、隠れがづくり、きのこ採り、沢遊び、かんじきづくりなどを計画しています。

この他にも懇話会の協力を得ながら、「コープ子どもと教育一一〇番」（でんわ子育て・学習相談）を開設したり、地域からの要望に応えて県内各地で教育・子育て懇談会を開催する等、その取り組みは多方面にわたっており、またそれぞれの取り組みも次第に定着しつつあります。

とはいえ、効率優先のそして競争重視の「自由化」・「市場化」路線の教育政策は、今後ますます子どもを競争へと駆り立てると同時に、学びからの逃走や自己肯定感の薄い子どもを増殖し、子どもの孤立化・孤独化を拡大する恐れがあります。大人にとっても先行き不透明な社会のなかで、雇用の流動化や医療・福祉制度の後退等、不安定で不安な生活を余儀なくされているのが現状です。こうした変化の激しい生活環境のなかでは、大人でさえ「快眠」・「快食」・「快便」を維持することは困難です。

こうした現実を直視すればするほど、子どもを守り・育てる営みが個別の家庭で完結するものでないことは明白です。その意味では、地域における子どもを守り・育てる協同（共通の目標を指向しての個人や集団の協力）の営みは、今後一層求められることになります。それゆえ、生協の子育て協同活動はそれ自体としてさらに発展していくことが求められていると同時に、その経験や蓄積を活かして、地域社会における子どもを守り・育てる運動の核となり、また結節となることへの期待も大きいのです。生協の子育て協同活動が、子どもの生活の実相に寄り添いながら（「白書」づくりを踏まえた）、持続可能な地域の子育て協同運動の核・結節となれるよう、一層の飛躍を期したいと思います。

【新妻二男　盛岡教育懇話会】
【丹野俊一　いわて生活協同組合】

正式名称　盛岡教育懇話会
所在地　〒020－0180　岩手県滝沢村土沢二二〇－三　いわて生協内
TEL　〇一九（六八七）一三二一
連絡先　代表　新妻二男（岩手大学教育学部）
事務局長　鈴木昭一（いわて生協内）
主な活動　・二ヶ月に一回の例会と年一回の拡大例会を軸に、いわて生協はじめ、要望のある自治体、PTA、子育て団体での講演活動
・子ども調査と報告書の発表

3 地域のなかで生きる演劇活動
―出会いを保障するもの―

私は、地域のなかで、子どもたちが人に出会い、まちに出会い、深く認められ、交流してゆく活動として、地域の「民話」や、日本の「古典芸能」を取り上げ、いくつかの実践をおこなってきました。それらを紹介するなかで、演劇活動の有効性を考えていきます。

(1) 「民話」や地域にある事物からの劇づくり

地域の「民話」は、その地の気候・風土・歴史・人々のねがいから産み出され、語り継がれてきたものです。また、その土地にあるものは、人々がおもいをこめて残したものです。それを演劇を通して子どもたちのからだのなかに残したい、というねらいが、この実践にはあります。

九州に行った折に、その地にかつて走っていた機関車にちなんだ話を作ったことがあります。その機関車D－51は学校の庭に飾られていて、戦後、石灰を運ぶのに活躍したものだそうです。劇づくりのメンバーは、大人六人、子ども（小学生一年生から六年生まで）二十人でした。まず、集まって、そのD－51を触わりに行きました。どんな感じがするか、においは、見た目は、大人も子どももさわりました。「でかい」「かたい」「こわい」「おもい」「ぼろい」「強そう」「ちょっとさみしそう」「おつかれさん」「でこぼこ」「かっこいい」

……。そこから、「じゃあ、どんな物語にする？」と話を持っていきました。

「あの、Ｄ－51は、昔、本当に走っていたんだ。すすで、顔や身体が黒くなることもあったらしい」

「機関車が走るのを見て、どんな人たちが手をふったんだろうね」

「学校の子どもたち」「校長先生」「動物」「うさぎ」「ぞう」「くじら」「サメ」「おばけ」「きょうりゅう」…

子どもたちは、触れた機関車からイメージを広げ始めます。

「じゃあ、学校のある町と、動物の森と、おばけの森をＤ－51が通ってくることにしようか。……でも、あるとき、Ｄ－51がとまってしまいます。どうして？」

「古いから」「もっと速い電車が出てきたから」「新幹線」「飛行機」……

「なるほど、で、Ｄ－51は車庫に入ってしまいます。ところが、Ｄ－51が活躍する時が来ます。何があったんだろう」

「電車が動かなくなってしまったんだよ」「どうして？」「電気がこなくなった」「電線が切れたんだ」「停電」「がけくずれ」

「だいぶ、Ｄ－51物語ができてきたね。じゃあ、役を決めよう。主人公のＤ－51は今日は太鼓をたたくことで、Ｄ－51を表現します（三種類の太鼓を事前に用意してもらいました）。それから、Ｄ－51を応援する町の人、おばけの森の住人、動物の森の動物たち、Ｄ－51を追い抜かす電車、それからがけくずれの役と、こんなのがあります。どれをやりたいか分かれてみよう」

こうして、それぞれの役に分かれ、さらに自分はそのなかでも何の役なのか、例えば、学校の生徒なのか先生なのか、せんたくものを干しているお母さんなのか、を自分で決めてもらいました。あわせて、セリフや動きも考え合い練習しました。D－51を演じる太鼓の人たちは、風景が変わるとどんな音になるのかをみんなで考えました。トンネルのなかや、川を越えるとき、駅に着いたときなどの工夫です。同じ空間のなかで、お互いに刺激し合いながら練習しました。そして、リハーサル、それらのシーンを語りによってつなげました。

D－51の登場→町の人の場面→動物の森→おばけの森→電車「こだま」の出現→止まってしまうD－51→がけくずれ→D－51、「こだま」を助ける→みんなで大合奏・大声援。町の子どもたちがなわとびをしながら出てきたり、動物のなかに空とぶ恐竜がいたり、のっぺらぼうが出てきたり、物語のなかで、出演者はいっぱいあそびます。自分たちが、D－51を手がかりに出したイメージか

太鼓をたたいてD－51を表現

ら物語を綴ぎ出したのです。

最後には、たくさんのお客さん（町の人たち）の前で発表しました。

「学校に機関車が置いてあるのは知っていたが、こんなに身近に感じたことはなかった」「あんなに短い間に、こんな劇ができるなんて感動」「あんなに笑ってもらえるとは思わなかった」これらは、演じた人の感想です。また、見た人は、「身近な人が出演しているのがとてもいい」と言ってくれました。

演じることによって、人と人とがつながり、人と事物がつながり、人とまちがつながってゆくんだという実感がありました。「民話」や記念物など身近にある素材が、〝つなぐ〟というものに大きく作用することがわかります。

(2)　「谷山くんのコーナー」ができたこと

さて、人と人とがつながり、交流し合う場づくりの大切な要素として、お互いに認め合う関係、話す＝聞く、表現する＝受け入れるという関係がしっかり成立していることが必要だと思います。

私は五年前から月に一回単位で、足立区内の児童館で劇あそび、劇づくりをおこなっています。初めの頃、その場にじっと座っていることのできない一、二年生に出会い、どうしようかと思ったことがあります。私が落語風のおはなしをしているときでも、脇にちらっとおもしろいものがあるとそちらに動いて行ってしまったり、舞台と観客と境界線がなく前に出てきてしまう、そんな子たちです。「だっせー」「つまんねー」「あーあ、ドッヂボールやりに来たのにな」とその場を共有していこう、大事にしてゆこうという空気のない空間です。しっかり聴こうとする子もいるのですが、それを崩す空気の方が強いのです。

そんななかに、中学生で、谷山くんという男の子がいました。谷山くんは、小さい子とあそぶのが好きで、よく児童館に来ていました。小学生から「谷山くんこままわしやろう」などとさそわれると、「いいよ」と言って入っていく、気の優しい男の子でした。そんな点で児童館であそぶ子たちのなかにはとても人気がありました。私は、彼が彼自身のことで輝く場面が欲しいと思っていました。あるとき、職員の方から、彼は歴史、特に合戦物が大好きで、「マンガ日本の歴史」の戦国時代を読み、NHKの大河ドラマ（当時「毛利元就」をやっていました）をかかさず観ているという話を伺いました。そこで、私の劇づくりのなかに、「谷山教授のコーナー」を作ろうと考えました。毎回、一つの合戦を説明し、それを劇あそびでやってみるというものです。彼に提案すると、ちょっと笑顔を見せて、大きくうなずきました。そして、おもむろに本を開げると、「関が原の合戦からやろう!!」と言いました。こうして月一回の「谷山教授のコーナー」が開設しました。いつもあそんでくれた谷山くんが、舞台で何かをやるのです。みんな興味をひかれます。かつ、彼は、アンパンマンのようなぷっくりした風貌なので、ちょっとユーモラスでもあります。そんな彼が歴史を語るのです。黒板を使い、何年にどこで何という戦いで、大将は誰と誰で、どんな理由で、どんな方法で、どっちが勝ったのかを、私が聞き手になりながら語っていくのです。これには、子どもたちも、職員もびっくりです。「下手な歴史の授業より全然おもしろいね」と職員の方はおっしゃいました。単に語るだけでなく、谷山くんと聞き手の私が漫才のように対話しそれを見せたのもおもしろさのひとつでしょう。

「お待たせしました。谷山教授の登場です」

「(のっしのっしと現れる)」

「いやあ、私ゾウさんが来たのかと思いました。教授、今日は、何の戦いですか。」

「はい、小牧《こまき》・長久手の戦です」

「ああ、こまった、ながすぎたの戦ですか。…」

「いや、ちがいます。……」

また、説明が終わった後にみんなで、大将を決めて合戦ごっこをしました。例えば、厳島の戦では、毛利元就側は厳島のまわりにひっそりと隠れる、敵を真ん中におびき出し、一挙にとり囲みやっつけるというもの。まず毛利側の子たちは、めいめいに隠れるわけです。卓球台のうしろに隠れる子もいれば、つみ木のうしろに隠れる子もいる、木になってみる子もいる。そこへ敵の大将を先頭に別の部屋から押しかけてくる。「あれ？　毛利がいないぞ!!」と言っているときに、「それ〜!!」と毛利元就役の子が大号令を発して戦いになるのです。

あるいは、豊臣秀吉の兵糧攻めなどは、豊臣方と敵方に分かれ、敵方は城のなか、児童館で言えばドッヂボールのコートのなかへ立てこもるのです。そして豊臣方は、まわりを囲む。秀吉役の子が「三日たったぞ」「一〇日たったぞ!!」と言っていくのです。なかにいる子は、お腹をおさえヘロヘロになって、ついには「助けてくれー!!」とコートの外に出てくる、そこをつかまえるのです。なかには二〇日たってもヘロヘロになりながらがんばっている子がいます。すると、コートの外では、おにぎりやらステーキやらをおいしそうに食べる子が出てくるわけです。敵だったはずの子まで食べたりして「裏切り者!!」なんて言われるわけです。これは、まさにそこにいる人みんなで作る劇あそび空間であり、そうするなかで歴史なり兵糧攻めをからだで感じていくのです。それも、ほとんどが一年生から三年生の小学校低学年です。まさに、歴史の授業です。ここで、おもしろかったのは、谷山くんが必ず、勝つ方の大将を演じたことでした。

谷山くんは三回目の講義の折に、教授らしくなるためにお父さんから背広を借りてきました。でも、お父さんはやせている方のようで、谷山くんの身体には背広が小さく、ボタンがとれそうなピチピチのいで立ちで登場したのが愛らしく映りました。谷山くんは、だからといって中学の社会の成績が良いわけではありません。でもこのことは、彼の大きな自信になりました。

「谷山教授のコーナー」ができたことで、並行して、いくつかのコーナーができました。コントや漫才をつくったり、なわとび、ダンス、けん玉の技の披露コーナーなどです。そして何よりも変わったのは、それらの発表をしっかり見合うという空間ができたことでした。

ごく身近な人である谷山くんが、今日はどんなことを発信してくれるんだろうか、今日はどんな谷山くんに出会えるんだろうか、という身近な人との新しい出会いが期待できるからこの関係が成立するのではないでしょうか。

(3) チンドンやをあそびの実践

さて、もう一つ大切な視点として異世代交流というものがあります。都内には児童館施設と高齢者福祉施設が共存しているところがいくつかありますが、お互いの行き来、交流という面ではなかなか苦労が多いようです。

そんな交流企画に、「チンドンやをあそぶ」という実践をおこなったことがあります。そこは二階が児童館、一階がいこいの家という空間です。事前に館の方でやりたい子たちを募り、めいめいに扮してみたい役を決めておいてもらうということをしました。そして、練習日と本番の二回私が伺いました。練習日、館に伺うとチンドンやをやりたいメンバーは一三人、一年生から三年生までの男女でした。それぞれが扮装をこらして待っていました。お姫さま、妖精に魔女、うさぎにこん虫（くわがた虫、かぶと虫）、サッカー少年、野球少年、おまつり少女にゆかた少女、ピーターパンに水戸黄門とバラエティーに富んでいました。私は、「みんな、ずいぶん工夫したね。でも、チンドンやさんは、これだけじゃだめなんだ。児童館の宣伝をしたり、芸をしたりするんだよ。本番は一階のいこいの家の人の前で芸を披露するよ」「えー、何もできないよ」「一輪車ならできるよ」「一輪車もいいよ。でも、せっかくだから新しく考えた芸がいいな」。そこから、子どもたちは、芸を考え、メンバーをつくり、芸をふくらませていきます。けん玉やこまの技を見せるとかダンスもありましたが、こんなのもありました。

「私、ジャンプ芸っていうの考えたんだ」

「えっ、どういうの？」

「ジャンプして一回転まわるの。ほら」とやって見せてくれます。

「いいねえ、じゃあ、とんでおしりに足をつけるのってできる」

「うん」「よし、それもジャンプ芸に加えよう」

それから、男の子五人は劇をつくることにしました。

「せっかく、水戸黄門がいるんだから、水戸黄門の物語にしようよ」

「でも、ピーターパンも、くわがた虫もかぶと虫もいるんだよ」

「だから、全員が出られるストーリーを考えるんだよ」

結局、男の子たちは、弱虫なピーターパンが虫たちにいじめられていて、それを水戸黄門が助けに来て、最後はピーターパンと一緒にみんなが空を飛ぶという話を作りました。

「こんなので、よろこんでくれるかなあ?」と子どもたち。

そして本番、「さんぽ」の曲にのせて、チンドン屋さんが登場するとそれこそ大拍手。順に芸が進んで、「ジャンプ芸」とびあがってひょいっと一回転するだけなのに、「おーっ」と声があがりました。「水戸黄門」は、大笑い、そして最後に「水戸黄門」のテーマソングを子どもたちが合唱すると、共に口ずさみながら涙をながす方まで出ました。なに気ないことに、こんなに豊かにあたたかく反応してくださることに、子どもたちはびっくりしました。

福祉施設へは、「獅子舞い」やら「七福神」やら、日本の芸能を手がかりとした素材を折り込んで伺います。これもひとつの演劇です。するとお年寄りたちは歓待してくださいます。その歓待のし方が、お獅子であれば、お金を紙にくるんで口のなかへ入れてくださったり、七福神であればおがんでくださったりと、単に「ありがとう」というのではないその人なりの方法で、子どもたちを迎えてくださるのです。それはお互いのエネルギーが流れあう瞬間でもあります。「ジャンプ芸」も「水戸黄門」の劇もこうして受け取られてゆくのです。

(4) 最後に

つながることは、お互いを豊かにし、お互いの生きる力を強くすることです。これらの演劇活動は、人と人とのつながりを育て、人と地域を結んでいくものです。そのためには、次の三点をおさえておきたいと思います。

◎人と人、人と地域をつなぐ素材を見つけること。

それは、民話であったり、古典芸能であったり、地域の事物や人であったりする。

◎その素材をどう吟味し、だれとだれ、だれと何をつなげていくかその方法を練ること。

民話をあそぶ「おしょうとあめ玉」

◎そのために、どんな場を設定し、具体的にどうプログラムを立てていくのか。

最後に、「人はひとりでは生きてはいけない」とよく言われますが、今の時代、情報を得ることも、何かをすることも「ひとりで」できるようになってきています。つまり、人とつながる必要性がなくなり、そのわずらわしさから解放されつつあるわけです。でも、それは大きな危険をはらんでいます。わずらわしさを越えたところにある楽しさ、おもしろさ、発見、共有感、このことを、しっかり子どものときに実感すること、その場をつくることは、私たちの大きな課題です。

【金子ざん　あそび・劇・表現活動センター（アフタフ・バーバン）】

正式名称　あそび・劇・表現活動センター（アフタフ・バーバン）
所在地　〒180―0004　東京都武蔵野市吉祥寺本町一―三〇―七―二〇一
連絡先　TEL　〇四二二（二三）一五七八
主な活動　「黒マント団―まちをあそぶ―」「おきてよ　おうさま」「ざん・ぱら・りん劇場」他
機関紙　「つうしん」アフタフ・バーバン季刊紙

4 子どもの権利条約が息づく町へ

「子どもの権利条約にいがたの会」（以下「会」という）は、一九九〇年一〇月設立されました。会員百数十名、機関紙「アンダンテ」読者三〇〇名余の個人加入の市民団体です。子どもの権利条約（以下「権利条約」という）が示す子ども観を新潟の地に根付かせるべく、粘り強く頑張ってきました。さまざまな分野の問題を取上げ、その都度少なくない成果を上げてきたと受けとめていますが、条約の精神が、新潟の地にどの程度根付いたかというと、全く目に見えてこないのが実情です。

本稿では、会の一一年間の歩みをふり返りながら、権利条約に基づく子ども観を定着させるための、今後の活動の方向を検討したいと思います。

(1) 会の活動から

会は、例会（これまでに六〇回余）を中心に進められており、学習会のほか、子どもたちが参加するリクレーションや映画会なども開催されてきました。機関紙「アンダンテ」（五五号）が会員の交流と結びつきの役割を果たしてきました。また公民館やＰＴＡや民間団体への講師派遣も二〇〇回を超えています。

ここでは、いくつかの特徴的な活動を紹介することとします。

子どもオンブズパーソン 子どもの権利を日常世界で現実に保障していくために設置される。言わば、子どもの「意見表明権」を率先して体現する実務者である。その最も基本的な職務は、子どもの権利や利益が守られているかどうかを行政から独立した立場で監視（モニター）したり、大人たちが気づかないままに、ＳＯＳを発している子どもの代弁者として、子どもの権利の保護・促進のために必要な法制度の改善の提案や勧告を行うこと、子どもからの意見や苦情申し立てに対応し、問題解決に当たること、子どもの権利に関する教育・意識啓発を行うことなどである。各地に普及することが期待されているが、日本ではまだ、兵庫県川西市など一部自治体での取

いじめ問題の取り組み

①　大河内君のいじめ自殺事件

一九九四年一一月二七日、愛知県の中学二年生大河内清輝君がいじめの内容を詳細に記した遺書を残して自殺し、いじめ問題が一挙に社会問題となりました。会では、大河内君の死を無駄にしないためにも、悲惨な問題から目をそらさないで真正面から取り組む必要があると考えました。事件二週間後に緊急集会「大河内清輝君の遺書を読む会」を開催しました。遺書を読み合わせ、参加者による意見交換をおこないましたが、発言は、途切れることがありませんでした。悲しく辛い集会でしたが、誰もが何かをしなければという気持に溢れていました。

そんな気持が二回目、三回目の「いじめ問題を考える集い」につながり、翌年の七月までに六回の「集い」を続けることとなりました。毎回五〇名〜七〇名が参加し、参加者の半数以上が会員外でした。

②　『新潟のいじめ』出版

「集い」には、子どもや教師や保護者などのいじめ体験や、専門家や参加者の意見が寄せられました。そして、この声を県民に知って欲しいとの気持から、一九九五年一〇月には『新潟のいじめ——克服へのさけび』を出版（不登校の親の会「アーベルの会」と共同）し、県内で五〇〇〇部発行することができました。

③　伊藤準君のいじめ自殺とアピール、陳情活動

大河内君のいじめ自殺事件以来、いじめの「集い」を続け『新潟のいじめ』発行後、第

り組みに留まっている。

七回の「集い」を開催した矢先（大河内君の自殺から一年目）の一九九五年一一月二七日、新潟県上越市春日中一年の伊藤準君が、いじめを告発する遺書を残して自殺するという痛ましい事件が起きました。

スタッフは少なからぬショックを受けましたが、一二月一二日緊急に、第八回の「集い」を開催しました。伊藤準君の父親からもメッセージが寄せられました。

会は、集会や出版などの啓蒙的な活動にとどまらず、いじめ防止や自殺をなくすため、より実効性のある活動が必要であると考えました。一九九六年二月一六日、それまでの「集い」の成果を踏まえて「いじめ問題を教育の最優先課題」と題するアピールを作成し、県内の全市町村長・教育委員会、高校・中学・小学校とそれぞれのＰＴＡ、生徒会・児童会あてに約四〇〇〇通の申入れをおこないました。

同時に自治体に対して陳情をおこないました。

「いじめ問題を解決するためには、教育内容と学校組織の二つの面から、子どもと学校にゆとりが必要であり、そのために指導要領の抜本的見直しと、教員定数の大幅増員を実現するよう、政府に対して意見書を提出されることを陳情する」という内容です。一九九六年の三月議会では、県内自治体の半数に近い五二自治体で採択されました。

アピールと陳情活動は、新潟の教育行政に少なからぬ影響を与えたとも思います。教員の方からは「教員の研修が減らされたのはにいがたの会の訴えの影響もある」と伝えられました。

市民運動であっても、粘り強く解決にむけた活動を展開するなかで、当面の対処療法にとどまらず、教育政策の根本的問題に目をむけて運動を展開できたことに大きな意義があったと思います。特に、指導要領の抜本見直しと教員定員の大幅増員陳情について、県内の半数近い自治体から採択が得られたことは大きな確信になりました。

新潟県の不登校を考える

新潟県の不登校率は、全国的に上位を推移しており、行政や民間でさまざまな取り組みがなされているにもかかわらず、その数は上昇するばかりでした。

一九九六年には、地域の変貌や暮らしと結びつけて不登校を考えたり、思春期や青年期の子どもの不登校問題などをテーマに例会を重ねました。そして、県内の二〇余の不登校の親の会の協力を得て、不登校アンケート調査を実施しました。記述式のアンケートですが一七三通の回答を得ることができ、新潟大学教育学部学生の協力を得て、集約・分析し報告書を作成しました。またこの時期、臨床心理士、精神科医師、教師による連続セミナーも開催しました。不登校の悩みは深刻で、会のセミナーに対する期待も大きく、四〇人の会場に一〇〇人を超える父母が集まるという状況でした。

会では、不登校アンケートに寄せられた深刻な訴えや、集会やセミナーでの意見を、広く県民に返していこうということになり『にいがたレポート不登校――自分への旅立ち』を出版することとなりました。本のなかでは、不登校を経験している多くの子どもたちや父母に登場してもらいました。この出版はトヨタ財団市民活動助成を得ることができ、広く県民に訴えることができました。

少年非行や子ども虐待問題

神戸事件や佐賀バスジャック事件など、少年による深刻な事件は、大きな社会問題となり、これが背景となって、少年法が保護主義から刑罰主義に大きく変わってきました。

会は「権利条約と少年司法」「バタフライナイフ事件」「非行少年の声を聞く」「最近の少年犯罪を考える」「少年非行と高校生」「非行少年の更生」「少年非行と子育て教育の課題」などの例会を重ねてきました。教育学者、教師、弁護士、家裁調査官、保護観察官など、多くの分野の専門家の協力を得ることができました。

二〇〇一年、新潟でも「非行の子をもつ親の会」が結成されましたが、何人かの会員が協力しています。

子ども虐待問題は、権利条約の批准によって、最も変化のあった分野でしょう。権利条約批准後、児童福祉法の改正、児童虐待防止法が制定され、子ども虐待問題は、児童相談所の中心業務となり、ようやく虐待が表に出るようになり、条約批准後、児童相談所があつかう件数は、一〇倍以上になりました。

新潟でも、五年前に年間一〇数件だったものが、二〇〇一年は二七〇件を超えています。会では、北海道の虐待防止協会を訪問し、虐待問題での例会をもつと同時に、会の独自活動にこだわらないで、多くの県民との協力の方向を追及しました。

新潟独特の催しで「子ども虐待問題セミナー」運動です。

医師、保健婦、臨床心理士、弁護士、保育士、教師、児童相談所職員、家裁調査官、市民グループなど、およそ新潟県内で虐待問題にかかわる、すべての人たちを対象にしたセミナーです。

一線で活躍しておられる専門家によるセミナーで学習するだけでなく、セミナー運営委員会（五〇名近くが参加）での準備作業を通じて（運営委員会やニュースの発行）、交流や学習を深めようとするもので、「セミナー運動」と位置づけています。二〇〇〇年三月に第一期セミナー（三日間）、翌年二月に第二期セミナー（二日間）、同年一二月には第三期セミナー（一日）が開催され、有料ではあるが、毎回二〇〇名以上が参加しています。企画の性格から、官民の垣根を外して参加でき、交流できるのが特徴で、官民の参加比率は三対二です。セミナー運動は、新潟における子ども虐待問題の取り組みを強化するうえで大きな役割を果たしましたが、同時にこの運動を通じてさまざまな分野の人たちと知り合い、交流ができたことは、権利条約の会だけなく、参加者個人および関係団体の活動を広め、進めるうえでも大きな影響がありました。

小さな組織だが大胆な活動

一九九一年、中東戦争が勃発したときは、アメリカとイラクの大統領と日本政府あての手紙「平和の願い」を送付しました。また一九九五年には、スーダンで子どもが徴兵されているとのニュースに接し、国連とスーダンあてに手紙を送りました。国連とスーダンからは丁重な返事がきました。国連からは、スーダンの少年徴兵問題は、重大な問題なので子どもの権利委員会で取り上げ改善方を求めること、スーダン大使館からは、少年の徴兵をしていないとの回答がありました。二年後の国連子ども白書に、スーダンの少年徴兵について改善が見られたとの記事が載りました。

阪神淡路震災募金は、おやこ劇場の子どもたちと一緒に街頭に出ました。

教育改革国民会議の報告書の徹底学習会では、委員を対象に、委員個人の体験や意見を知りたくて、アンケートを実施しました。回答はあまり期待していませんでしたが、七名の委員から丁寧な回答がありました。

新潟の地の小さな個人加入の組織ですが、国連や、外国や日本政府に対しても、また国の審議会委員などに対しても、子どもの権利を守る立場から、堂々と申し入れ等をしてきたのも会活動の特徴です。

(2)　活動の特徴と成果

にいがたの会は、個人加入の市民団体として設立

設立時、各種団体の連絡会、団体加入によって批准促進運動をとの声があったが、あえて個人加入の団体として設立しました。

既存の教育運動やPTAに反映しきれない保護者や市民の声を取り上げたい。あくまで市民団体としての活動を押し進めるが、そのなかで、教育運動と保護者や市民との橋渡しができればという思いもありました。会の活動の基本は、子育て教育運動であり、教育行政に必要な施策を求めるだけでなく、自身の子育て教育を問いかけ、仲間と交流・協力をしていく運動をとの思いもありました。

不安定なのかフレッシュなのか

会は、善きにつけ悪しきにつけ、市民団体としての特徴をもって進んできたと思います。

いくつかの課題を取り上げてきたが、例会や事務局に結集するメンバーは、その都度変わってきました。代わっていないのは、筆者を含む二〜三名のメンバーだけです。障害児福祉、いじめ、不登校、非行、虐待、教育改革など、とり上げる課題が代わってきたがその都度関心のある会員や市民が参加し、その人たちが中心になって運動を支えてきました。一貫性がなく不安定な感は否めないが、新しいメンバーがすぐ中心になって活躍できるのも会の特徴です。

賽の河原の石積み

「権利条約の理念を子育て教育の基本に」をモットーに、六〇回以上の例会、二〇〇回を超える講師派遣、五五号を迎えた機関紙「アンダンテ」、アッピールや陳情、そして二回にわたる本の発行など、条約の普及のため粘り強い活動をしてきたし、そのことが新潟における子育て教育運動に、少しは影響を与えたのではとの思いがあります。

他方で、自治体による条約そのものの普及活動がきわめて弱まっていることを痛感しました。二〇〇一年県内の自治体を対象に、権利条約についての取り組みアンケートを実施したところ、一〇四の自治体（九三％）から回答がありましたが、最近、条約の普及活動をおこなっているのは、ほんの一部の自治体に限られており、なかには権利条約の内容を教えて欲しいとの問い合わせさえありました。

個別の人権侵害問題には取り組まない

県内には、個別の子どもの人権侵害問題について取り組んでいる団体もあり、筆者自身も、弁護士としては個別課題に取り組んでいます。

子どもの個別の人権侵害事件についての取り組みは重要であり、その取り組みは必要であると考えていますが、会の現在のスタンスは、個別事件については直接関与しないとの立場です。

子どもたちのさまざまな問題についての、民間の総合的な相談・支援機関の必要性を痛感しますが、会の発展の方向でなく、会とは別の組織として設立の方向を模索しているのが実情です。

この会のスタンスが、一面では、会の活動の幅を広げているが、他面では、会活動の物足りなさとも結びついています。

(3)　今後の方向

子どもたちをめぐる各分野での粘り強い取り組みがなされていますが、権利条約理念の定着という意味では、大変遅れた状況にあるのでないでしょうか。権利条約の理念が定着してこそ、子どもをめぐるさまざまな問題を、子どもを大切に、子どもの人格と人権を尊重する方向で解決できるのであり、このことは、子どもをめぐる成長環境を改善するうえで決定的に重要です。そのために以下の点が重視されるべきと思います。

国、自治体の果たす役割

子ども権利条約実現の最大の障害は、女性差別撤廃問題などと違って、権利実現の主体がきわめて弱いことです。いまだ大人社会は、子どもの人格、人権を尊重することを社会の当然のルールとは考えていません。また、子どもは、子どもであるがゆえに、子どもの人権を守り抜くことが困難です。

したがって権利条約の定着をはかるためには、大人社会の意識の変革は当然必要ですが、現在の状況を打開するうえで決定的に重要なことは、（虐待問題と同様）行政の積極的な対応です。国はもちろんですが、地方自治体が、子どもの人格、人権を擁護する立場から、具体的対応をすることが求められています。

いま自治体が、子どもの権利条約の視点に立って子どもの権利宣言や権利条例を制定し、法的観点からの施行を強化することがきわめて大切です。私たちの運動も、このような観点からの働きかけを強める必要があります。

現実の生活から権利条約へ

① 七年前に批准された権利条約が、日本で十分定着していない理由の一つに、権利条約の理念と家庭・学校生活の現実との間のギャップがあります。

抽象的な権利条約の理念を、現実生活に形式的にあてはめるのでなく、現実の子育て・教育から出発し、その発展方向に権利条約の理念を見いだすことができるような運動の方向が追及されるべきでないでしょうか。

卑近な言葉を使えば「子育てや教育に役立つ権利条約」という視点です。そうすることによって、家庭や学校でも、権利条約の重要性が認識され、定着化の道が開かれるのではないでしょうか。

② 家庭・学校で権利条約が理解され受けとめられるためには、養育・教育目的、すなわち人間の成長という問題と、人格・人権の尊重を統一して把握・実践する視点を強調

する必要があると思います。

残念ながら、現実生活のなかで、人格・人権の尊重が、養育・教育目的と相対立するかのように受けとめられています。

人格・人権が大切にされる環境でこそ、子どもたちは、人間性、自律性、社会性を養うことができるということは、地道な多くの経験が証明しています。このことを理論化しわかりやすく普及していくことが大切ではないでしょうか。

③　会は、本年度の課題を「家庭・子育て」として、例会を開始しました。自分たちの家庭、子育ての現実を直視し、交流し、考えてみようという企画です。そのなかから、権利条約につながる視点が生まれてくるのではと確信しています。権利条約から家庭・子育てを見るのでなく、現実の生活から権利条約を覗いてみようという試みです。

個々の分野での運動こそ、権利条約定着の最大の保障

権利条約を意識して、その理念を定着させるという点では、目に見える前進を感じられませんが、困難な環境におかれている子どもをめぐるさまざまな問題が、粘り強く取り組まれてきたのでないでしょうか。

個々の課題にかかわってきた多くの人たちは、子どもの人格や人権を大切にする子育てや教育の必要性を肌で感じてこられたのではないでしょうか。

憲法第九七条は「基本的人権は、人類の多年にわたる自由獲得の努力と成果である」として第一二条は「自由及び権利は、不断の努力によって、これを保持しなければならない」と定めています。権利条約が定める子どもの権利も同様に、子どもをめぐる各分野での粘り強い取り組みこそ、権利条約を定着させる最大の力です。

【足立定夫　子どもの権利条約にいがたの会】

正式名称　子どもの権利条約にいがたの会

所在地　〒950-3326　新潟県豊栄市柳原三-一二-五　竹内貴美方

連絡先　TEL　〇二五（三八八）五一四七（FAX共通）

主な活動　権利条約の普及活動全般（例会・講師派遣・出版・機関紙の発行等）
個人加入年会費一〇〇〇円（県外加入可）

機関紙　アンダンテ（不定期発行　現在55号）

関連法規等

●日本国憲法（昭和二一年十一月三日公布、同二二年五月三日施行）（抜粋）

日本国民は、正当に選挙された国会における代表者を通じて行動し、われらとわれらの子孫のために、諸国民との協和による成果と、わが国全土にわたつて自由のもたらす恵沢を確保し、政府の行為によつて再び戦争の惨禍が起ることのないやうにすることを決意し、ここに主権が国民に存することを宣言し、この憲法を確定する。そもそも国政は、国民の厳粛な信託によるものであつて、その権利は国民に由来し、その権力は国民の代表者がこれを行使し、その福利は国民がこれを享受する。これは人類普遍の原理であり、この憲法は、かかる原理に基づくものである。われらは、これに反する一切の憲法、法令及び詔勅を排除する。

日本国民は、恒久の平和を念願し、人間相互の関係を支配する崇高な理想を深く自覚するのであつて、平和を愛する諸国民の公正と信義に信頼して、われらの安全と生存を保持しようと決意した。われらは、平和を維持し、専制と隷属、圧迫と偏狭を地上から永久に除去しようと努めてゐる国際社会において、名誉ある地位を占めたいと思ふ。われらは、全世界の国民が、ひとしく恐怖と欠乏から免かれ、平和のうちに生存する権利を有することを確認する。

われらは、いずれの国家も自国のことのみに専念して他国を無視してはならないのであつて、政治道徳の法則は、普遍的なものであり、この法則に従ふことは、自国の主権を維持し、他国と対等関係に立たうとする各国の責務であると信ずる。

日本国民は、国家の名誉にかけ、全力をあげてこの崇高な理想と目的を達成することを誓ふ。

第一章　天皇（略）

第二章　戦争の放棄

第九条　日本国民は、正義と秩序を基調とする国際平和を誠実に希求し、国権の発動たる戦争と、武力による威嚇又は武力の行使は、国際紛争を解決する手段としては、永久にこれを放棄する。

第三章　国民の権利及び義務

第一一条　国民は、すべての基本的人権の享有を妨げられない。この憲法が国民に保障する基本的人権は、侵すことのできない永久の権利として、現在及び将来の国民に与へられる。

第一二条　この憲法が国民に保障する自由及び権利は、国民の不断の努力によつて、これを保持しなければならない。常に公共の福祉のためにこれを利用する責任を負ふ。

第一三条　すべて国民は、個人として尊重される。生命・自由・及び幸福追求に対する国民の利益については、公共の福祉に反しない限り、立法その他の国政の上で、最大の尊重を必要とする。

第一四条

① すべて国民は、法の下に平等であつて、人種、信条、性別、社会的身分又は門地により、政治的、経済的又は社会的関係において、差別されない。

第一九条　思想及び良心の自由は、これを侵してはならない。

第二一条

① 集会、結社及び言論、出版その他一切の表現の自由は、これを保障する。

第二三条　学問の自由は、これを保障する。

第二五条

① すべての国民は、健康で文化的な最低限度の生活を営む権利を有する。

② 国は、すべての生活部面において、社会福祉、社会保障及び公衆衛生の向上及び増進に努めなければならない。

第二六条　すべて国民は、法律の定めるところにより、その能力に応じて、ひとしく教育を受ける権利を有する。
② すべて国民は、法律の定めるところにより、その保護する子女に普通教育を受けさせる義務を負ふ。義務教育は、これを無償とする。

第四章　国会（略）
第五章　内閣（略）
第六章　司法（略）
第七章　財政（略）
第八章　地方自治（略）
第九章　改正（略）
第十章　最高法規

第九七条　この憲法が日本国民に保障する基本的人権は、人類の多年にわたる自由獲得の努力の成果であつて、これらの権利は、過去幾多の試練に耐へ、現在及び将来の国民に対し、侵すことのできない永久の権利として信託されたものである。
第九八条
① この憲法は、国の最高法規であつて、その条項に反する法律、命令、詔勅及び国務に関するその他の行為の全部又は一部は、その効力を有しない。

●教育基本法（昭和二二年三月三一日法律第二五号）〔抜粋〕

われらは、さきに、日本国憲法を確定し、民主的で文化的な国家を建設して、世界の平和と人類の福祉に貢献しようとする決意を示した。この理想の実現は、根本において教育の力にまつべきものである。

われらは、個人の尊厳を重んじ、真理と平和を希求する人間の育成を期するとともに、普遍的にしてしかも個性ゆたかな文化の創造をめざす教育を普及徹底しなければならない。

ここに、日本国憲法の精神に則り、教育の目的を明示して、新しい日本の教育の基本を確立するため、この法律を制定する。


第一条（教育の目的）　教育は、人格の完成をめざし、平和的な国家及び社会の形成者として、真理と正義を愛し、個人の価値をたつとび、勤労と責任を重んじ、自主的精神に充ちた心身ともに健康な国民の育成を期して行わなければならない。

第二条（教育の方針）　教育の目的は、あらゆる機会に、あらゆる場所において実現されなければならない。この目的を達成するためには、学問の自由を尊重し、実際生活に即し、自発的精神を養い、自他の敬愛と協力によつて、文化の創造と発展に貢献するように努めなければならない。

第三条（教育の機会均等）　すべて国民は、ひとしく、その能力に応ずる教育を受ける機会を与えられなければならないものであつて、人権、信条、性別、社会的身分、経済的地位又は門地によつて、教育上差別されない。
② 国及び地方公共団体は、能力があるにもかかわらず、経済的理由によつて修学困難な者に対して、奨学の方法を講じなければならない。
第七条（社会教育）　家庭教育及び勤労の場所その他社会において行われる教育は、国及び地方公共団体によつて奨励されなければならない。
② 国及び地方公共団体は、図書館、博物館、公民館等の施設の設置、学校の施設の利用その他適当な方法によつて教育の目的の実現に努めなければならない。

●学校教育法（昭和二二年三月三一日法律第二六号最終改訂平成十四年法五五号）〔抜粋〕

第一章　総則

第一条　この法律で、学校とは、小学校、中学校、高等学校、中等教育学校、大学、高等専門学校、盲学校、聾学校、養護学校及び幼稚園とする。

第二条　学校は、国、地方公共団体及び私立学校法第三条に規定する学校法人（以下学校法人と称する。）のみが、これを設置することができる。

2　この法律で、国立学校とは、国の設置する学校を、公立学校とは、地方公共団体の設置する学校を、私立学校とは、学校法人の設置する学校をいう。

第二章　小学校（略）

第三章　中学校（略）

第四章　高等学校（略）

第六章　特殊教育（略）

第七章　幼稚園（略）

第八章　雑則

第八五条　学校教育上支障のない限り、学校には、社会教育に関する施設を附置し、又は学校の施設を社会教育その他公共のために利用することができる。

●社会教育法（昭和二四年六月十日法律第二〇七号最終改訂平成十三年法一〇六号））〔抜粋〕

第一章　総則

第一条（この法律の目的）　この法律は、教育基本法（昭和二二年法律第二五号）の精神に則り、社会教育に関する国及び地方公共団体の任務を明らかにすることを目的とする。

第二条（社会教育の定義）　この法律で「社会教育」とは、学校教育法（昭和二二年法律第二六号）に基づき、学校の教育課程として行われる教育活動を除き、主として青少年及び成人に対して行われる組織的な教育活動（体育及びレクリエーションの活動を含む。）をいう。

第三条（国及び地方公共団体の任務）　国及び地方公共団体は、この法律及び他の法令の定めるところにより、社会教育の奨励に必要な施設の設置及び運営、集会の開催、資料の作製、頒布その他の方法により、すべての国民があらゆる機会、あらゆる場所を利用して、自ら実際生活に即する文化的教養を高め得るような環境を醸成するように努めなければならない。

2　国及び地方公共団体は、前項の任務を行うにあたつては、社会教育が学校教育及び家庭教育との密接な関連性を有することにかんがみ、学校教育との連携の確保に努めるとともに、家庭教育の向上に資することとなるよう必要な配慮をするものとする。

第五条（市町村の教育委員会の任務）　市（特別区を含む。以下同じ。）町村の教育委員会は、社会教育に関し、当該地方の必要に応じ、予算の範囲内において、左の事務を行う。

1　社会教育に必要な援助を行うこと。

2　社会教育委員の委嘱に関すること。

3　公民館の設置及び管理に関すること。

4　所管に属する図書館、博物館、青年の家その他社会教育に関する施設の設置及び管理に関すること。

5　所管に属する学校の行う社会教育のための講座の開設及びその奨励に関すること。

6　講座の開設及び討論会、講習会、講演会、展示会その他の集会の開催並びにこれらの奨励に関すること。

7　家庭教育に関する学習の機会を提供するための講座の開設及びその奨励に関すること。

8　職業教育及び産業に関する科学技術指導のための集会の開催及びその奨励に関すること。

9　生活の科学化の指導のための集会の開催及びその奨励に関すること。

10　運動会、競技会その他体育指導のための集会の開催及びその奨励に関すること。

11　音楽、演劇、美術その他芸術の発表会等の開催及びその奨励に関すること。

12　青少年に対しボランティア活動などの社会奉仕活動、自然体験活動その他の体験活動の機会を提供する事業の実施及びその奨励に関すること。
13 一般公衆に対する社会教育資料の刊行発布に関すること。
14 視覚聴覚教育、体育及びレクリエーションに必要な設備、器材及び資料の提供に関すること。
15 情報の交換及び調査研究に関すること。
16 その他第三条第一項の任務を達成するために必要な事務

第六条（都道府県の教育委員会の事務） 都道府県の教育委員会は、社会教育に関し、当該地方公共団体の必要に応じ、予算の範囲内において、前条各号の事務（第三号の事務を除く。）を行う外、左の事務を行う。
1 公民館及び図書館の設置及び管理に関し、必要な指導及び調査を行うこと。
2 社会教育を行う者の研修に必要な施設の設置及び運営、講習会の開催、資料発布等に関すること。
3 社会教育に関する施設の設備及び運営に必要な物資の提供及びそのあっせんに関すること。
4 市町村の教育委員会との連絡に関すること。
5 その他法令によりその職務権限に属する事項

第二章 社会教育主事等（略）

第三章 社会教育関係団体（略）

第四章 社会教育委員（略）

第五章 公民館

第二十条（目的） 公民館は、市町村その他一定区域内の住民のために、実際生活に即する教育、学術及び文化に関する各種の事業を行い、もつて住民の教養の向上、健康の増進、情操の純化を図り、生活文化の振興、社会福祉の増進に寄与することを目的とする。

第二二条（公民館の事業） 公民館は、第二十条の目的達成のために、おおむね、左の事業を行う。但し、この法律及び他の法令によつて禁じられたものは、この限りではない。
1 定期講座を開設すること。
2 討論会、講習会、講演会、実習会、展示会等を開設すること。
3 図書、記録、模型、資料等を備え、その利用を図ること。
4 体育、レクリエーション等に関する集会を開催すること。
5 各種の団体、機関等の連絡を図ること。
6 その施設を住民の集会その他の公共的利用に供すること。

第六章 学校施設の利用

第四四条（学校施設の利用） 学校の管理機関は、学校教育上支障がないと認める限り、その管理する学校の施設を社会教育のために利用に供するように努めなければならない。

2 前項において「学校の管理機関」とは、国立学校にあつては文部大臣、公立大学にあつては設置者である地方公共団体の長、大学以外の公立学校にあつては設置者である地方公共団体に設置されている教育委員会をいう。

●図書館法（昭和二五年四月三十日法律第一一八号最終改訂平成十四年法四一号）〔抜粋〕

第一章 総則

第一条（この法律の目的） この法律は、社会教育法（昭和二四年法律第二〇七号）の精神に基き、図書館の設置及び運営に関して必要な事項を定め、その健全な発達を図り、もつて国民の教育と文化の発展に寄与することを目的とする。

第二条（定義） この法律において「図書館」とは、図書、記録その他必要な資料を収集し、整理し、保存して、一般公衆の利用に供し、その教養、調査研究、レクリエーション等に資することを目的とする施設で、地方公共団体、日本赤十字社又は民法（明治二九年法律第八十九号）第三四条の法人が設置するもの（学校に付属する図書館又は図書室を除く。）をいう。

第三条（図書館奉仕） 図書館は、図書館奉仕のため、土地の事情及び一般公衆の希望にそい、更に学校教育を援助し得るように留意し、おおむね左の各号に掲げる事項の実施に努めなければならない。

1 郷土資料、地方行政資料、美術品、レコード、フィルムの収集にも充分留意して、図書、記録、視聴覚教育の資料その他必要な資料（以下「図書館資料」という。）を収集し、一般公衆の利用に供すること。

2 図書館資料の分類排列を適切にし、及びその目録を整備すること。

3 図書館の職員が図書館資料について充分な知識を持ち、その利用のための相談に応ずるようにすること。

4 他の図書館、国会図書館、地方公共団体の議会に附置する図書館及び学校に附属する図書館又は図書室と緊密に連絡し、協力し、図書館資料の相互貸借を行うこと。

5 分館、閲覧所、配本所等を設置し、及び自動車文庫、貸出文庫の巡回を行うこと。

6 読書会、研究会、鑑賞会、映写会、資料展示会等を主催し、及びその奨励を行うこと。

7 時事に関する情報及び参考資料を紹介し、及び提供すること。

8 学校、博物館、公民館、研究所等と緊密に連絡し、協力すること。

第四条（司書及び司書補） 図書館に置かれる専門的職員を司書及び司書補と称する。

2 司書は、図書館の専門的事務に従事する。

3 司書補は、司書の職務を助ける。

第二章　公立図書館（略）

第三章　私立図書館（略）

●学校図書館法（昭和二十八年八月八日法律一八五号最終改訂平成十一年決一六〇号）〔抜粋〕

第一章　総則

第一条（この法律の目的） この法律は、学校図書館が、学校教育において欠くことのできない基礎的な設備であることにかんがみ、その健全な発達を図り、もって学校教育を充実することを目的とする。

第二条（定義） この法律において「学校図書館」とは、小学校（盲学校、聾学校及び養護学校の小学部を含む。）、中学校（盲学校、聾学校及び養護学校の中学部を含む。）及び高等学校（盲学校、聾学校及び養護学校の高等部を含む。）（以下「学校」という。）において、図書、視覚聴覚教育の資料その他の学校教育に必要な資料（以下「図書館資料」という）を収集し、整理し、及び保存し、これを児童又は生徒及び教員の利用に供することによって、学校の教育課程の展開に寄与するとともに、児童または生徒の健全な教養を育成することを目的として設けられる学校の設備をいう。

第三条（設置義務） 学校には、学校図書館を置かなければならない。

第四条（学校図書館の運営） 学校は、おおむね左の各号に掲げるような方法によって、学校図書館を児童又は生徒及び教員の利用に供するものとする。

1 図書館資料を収集し、児童又は生徒及び教員の利用に供すること。

2 図書館資料の分類排列を適切にし、及びその目録を整備すること。

3 読書会、研究会、鑑賞会、映写会、資料展示会等を行うこと。

4 図書館資料の利用その他学校図書館の利用に関し、児童又は生徒に対し指導を行うこと。

5 他の学校の学校図書館、図書館、博物館、公民館等と緊密に連絡し、及び協力すること。

2 学校図書館は、その目的を達成するのに支障のない限度において、一般公衆に利用させることができる。

第五条（司書教諭） 学校には、学校図書館の専門的職務を掌らせるため、司書教諭を置かなければならない。

第六条（設置者の任務） 学校の設置者は、この法律の目的が十分に達成されるようその設置する学校の学校図書館を整備し、及び充実を図ることに努めなければならない。

第七条（国の任務） 国は、学校図書館を整備し、及びその充実を図るため、左の各号に掲げる事項の実施に努めなければならない。

1 学校図書館の整備及び充実並びに司書教諭の養成に関する総合的計画を樹立すること。

2 学校図書館（国立学校の学校図書館を除く。）の設置及び運営に関し、専門的、技術的な指導及び勧告を与えること。

3 全各号に掲げるものの外、学校図書館の整備及び充実のため必要と認められる措置を講ずること。

第二章 削除

第三章 国の負担（略）

注：なお、この改訂によって法制定以来四六年間に亘り附則に記されていた「当分の間司書教諭を置かないことができる」が削除された。

●児童福祉法（昭和二二年一二月一二日法律第一六四号最終改訂平成十三年法五二号）〔抜粋〕

第一章 総則

第一条 すべて国民は、児童が心身ともに健やかに生まれ、且つ、育成されるよう努めなければならない。

2 すべて児童は、ひとしくその生活を保障され、愛護されなければならない。

第二条 国及び地方公共団体は、児童の保護者とともに、児童を心身ともに健やかに育成する責任を負う。

第三条 前二条に規定するところは、児童の福祉を保障するための原理であり、この原理は、すべて児童に関する法令の施行にあたって、常に尊重されなければならない。

第一章 定義

第四条 この法律で、児童とは、満十八歳に満たない者をいい、児童を左のように分ける。

① 乳児 満一歳に満たない者

② 幼児 満一歳から、小学校就学の始期に達するまでの者

③ 少年 小学校就学の始期から、満十八歳に達するまでの者

第六条の二

⑫ この法律で、放課後児童健全育成事業とは、小学校に就学しているおおむね十歳未満の児童であって、その保護者が労働等により昼間家庭にいないものに、政令で定める基準に従い、授業の終了後に児童厚生施設等の施設を利用して適切な遊び及び生活の場を与えて、その健全な育成を図る事業をいう。

第七条 この法律で、児童福祉施設とは、助産施設、乳児院、母子生活支援施設、保育所、児童厚生施設、児童養護施設、知的障害児施設、知的障害児通園施設、盲ろうあ児施設、肢体不自由児施設、重症心身障害児施設、情緒障害児短期治療施設、児童自立支援施設及び児童家庭支援センターとする。

第八条 児童、妊産婦及び知的障害者の福祉に関する事項を調査審議するため、都道府県に児童福祉に関する審議会その他の合議制の機関を置くものとする。

第一七条 児童相談所には、必要に応じ、児童を一時保護する施設を設けなければならない。

第一八条の二 福祉事務所は、この法律の施行に関し、主として左の業務を行うものとする。

1 児童及び妊産婦の福祉に関し、必要な実情の把握に努めること。

2 児童及び妊産婦の福祉に関する事項について、相談に応じ、必要な調査を行い、及び個別的に又は集団的に、必要な指導を行うこと並びにこれらに附随する業務を行うこと。

第一八条の三 保健所は、この法律の施行に対し、主として次の業務を行うものとする。

1 児童の保健について、正しい衛生知識の普及を図ること。

2　児童の健康相談に応じ、又は健康診断を行い、必要に応じ、保健指導を行うこと。
3　身体に障害のある児童及び疾病により長期にわたり療養を必要とする児童の療育について、指導を行うこと。
4　児童福祉施設に対し、栄養の改善その他衛生に対し、必要な助言を与えること。

第二章　福祉の措置及び保障

第二一条の二六　市町村は、児童の健全な育成に資するため、第六条の二第七項に規定する児童の放課後児童健全育成事業の利用に関し相談に応じ、及び助言を行い、並びに地域の事情に応じた放課後児童健全育成事業を行うとともに、当該市町村以外の放課後児童健全育成事業を行う者との連携を図る等により、当該児童の放課後健全育成事業の利用の促進に努めなければならない。

第二四条　市町村は、保護者の労働又は疾病その他の政令で定める基準に従い条例で定める事由により、その看護すべき乳児、幼児又は第三十九条第二項に規定する児童の保育に欠けるところがある場合において、保護者から申込みがあつたときには、それらの児童を保育所において保育しなければならない。ただし、付近に保育所がない等やむを得ない事由があるときには、その他の適切な保護をしなければならない。

第二十五条　保護者のない児童又は保護者に監護させることが不適当であると認める児童を発見した者は、これを福祉事務所若しくは児童相談所又は児童委員を介して福祉事務所若しくは児童相談所に通告しなければならない。ただし、罪を犯した満十四歳以上の児童については、この限りではない。この場合においては、これを家庭裁判所に通告しなければならない。

第三章　事業及び施設

第三五条　国は、政令の定めるところにより、児童福祉施設（助産施設、母子生活支援施設及び保育所を除く。）を設置するものとする。

2　都道府県は、政令の定めるところにより、児童福祉施設を設置しなければならない。
3　市町村は、厚生労働省令の定めるところにより、あらかじめ、厚生労働省令で定める事項を都道府県知事に届け出て、児童福祉施設を設置することができる。
4　国、都道府県及び市町村以外の者は、厚生労働省令の定めるところにより、都道府県知事の認可を得て、児童福祉施設を設置することができる。
5　児童福祉施設には、児童福祉施設の職員の養成施設を附置することができる。

第三九条　保育所は、日日保護者の委託を受けて、保育に欠けるその乳児又は幼児を保育することを目的とする施設とする。
2　保育所は、前項の規定にかかわらず、特に必要があるときは、日日保護者の委託を受けて、保育に欠けるその他の児童を保育することができる。

第四十条　児童厚生施設は、児童遊園、児童館等児童に健全な遊びを与えて、その健康を増進し、又は情操を豊かにすることを目的とする施設とする。

●スポーツ振興法（昭和三六年六月一六日法律第一四一号最終改訂平成十四年法一号）〔抜粋〕

第一章　総則

第一条（目的）　この法律は、スポーツの振興に関する施策の基本を明らかにし、もつて国民の心身の健康な発達と明るく豊かな国民生活の形成に寄与することを目的とする。
2　この法律の運用に当たつては、スポーツをすることを国民に強制し、又はスポーツを前項の目的以外の目的のために利用することがあつてはならない。

第二条（定義）　この法律において「スポーツ」とは、運動競技及び身体運動（キャンプ活動その他の野外活動を含む。）であつて、心身の健全な発達を図るためにされるものをいう。

第三条（施策の方針） 国及び地方公共団体は、スポーツの振興に関する施策の実施に当たつては、国民の間において行なわれるスポーツに関する自発的な活動に協力しつつ、ひろく国民があらゆる機会とあらゆる場所において自主的にその適正及び健康状態に応じてスポーツをすることができるような諸条件の整備に努めなければならない。

第二章 スポーツの振興のための措置

第八条（青少年スポーツの振興） 国及び地方公共団体は、青少年のスポーツの振興に関し特別の配慮をしなければならない。

第十条（野外活動の普及奨励） 国及び地方公共団体は、心身の健全な発達のために行なわれる徒歩旅行、自転車旅行、キャンプ活動その他の野外活動を普及奨励するため、コースの設定、キャンプ場の開設その他の必要な措置を講ずるよう努めなければならない。

第一三条（学校施設の利用） 国及び地方公共団体は、その設置する学校の教育に支障のない限り、当該学校のスポーツ施設を一般のスポーツのための利用に供するよう努めなければならない。

2 国及び地方公共団体は、前項の利用を容易にさせるため、当該学校の施設（設備を含む。）の補修等に関し適切な措置を講ずるよう努めなければならない。

第三章 スポーツ振興審議会等及び体育指導委員

第一八条 都道府県に、スポーツ振興審議会その他の合議制機関を置くものとする。

第一九条 市町村の教育委員会に、体育指導委員を委嘱するものとする。

2 体育指導委員は、教育委員会規則の定めるところにより、当該市町村におけるスポーツの振興のため、住民に対し、スポーツの実技の指導その他スポーツに関する指導、助言を行なう。

3 体育指導委員は、社会的信望があり、スポーツに関する深い関心と理解をもち、及びその職務を行なうのに必要な熱意と能力をもつ者の中から、教育委員会が任命する。

4 体育指導員は非常勤とする。

第四章 国の補助等

第二二条（地方公共団体の補助） 地方公共団体は、スポーツの振興のための事業を行なうことを主たる目的とする団体に対し、当該事業に関し必要な経費についてその一部を補助する。

●文化芸術振興基本法（平成十三年十一月三十日成立、同年十二月七日公布）〔抜粋〕

文化芸術を創造し、享受し、文化的な環境の中で生きる喜びを見出すことは、人々の変わらない願いである。また、文化芸術は、人々の創造性をはぐくみ、その表現力を高めるとともに、人々の心のつながりや相互に理解し尊重し合う土壌を提供し、多様性を受け入れることができる心豊かな社会を形成するものであり、世界の平和に寄与するものである。更に、文化芸術は、それ自体が固有の意義と価値を有するとともに、それぞれの国やそれぞれの時代における国民共通のよりどころとして重要な意味を持ち、国際化が進展する中にあって、自己認識の基点となり、文化的な伝統を尊重する心を育てるものである。

我々は、このような文化芸術の役割が今後においても変わることなく、心豊かな活力ある社会の形成にとって極めて重要な意義を持ち続けると確信する。

しかるに、現状をみるに、経済的な豊かさの中にありながら、文化芸術がその役割を果たすことができるような基盤の整備及び環境の形成は十分な状態にあるとはいえない。二十一世紀を迎えた今、これまで培われてきた伝統的な文化芸術を継承し、発展させるとともに、独創性のある新たな文化芸術の創造を促進することは、我々に課された緊要な課題となっている。

このような事態に対処して、我が国の文化芸術の振興を図るためには、文化芸術活動を行う者の自主性を尊重することを旨としつつ、文化芸術を国民の身近なものとし、それを尊重し大切にするよう包括的に施策を推進していくことが不可欠である。

ここに、文化芸術の振興についての基本理念を明らかにしてその方向を示し、文化芸術の振興に関する施策を総合的に推進するため、この法律を制定する。

第一章　総則

（目的）

第一条　この法律は、文化芸術が人間に多くの恵沢をもたらすものであることにかんがみ、文化芸術の振興に関し、基本理念を定め、並びに国及び地方公共団体の責務を明らかにするとともに、文化芸術の振興に関する施策の基本となる事項を定めることにより、文化芸術に関する活動（以下「文化芸術活動」という。）を行う者（文化芸術活動を行う団体を含む。以下同じ。）の自主的な活動の促進を旨として、文化芸術の振興に関する施策の総合的な推進を図り、もって心豊かな国民生活及び活力ある社会の実現に寄与することを目的とする。

（基本理念）

第二条　文化芸術の振興に当たっては、文化芸術活動を行う者の自主性が十分に尊重されなければならない。

2　文化芸術の振興に当たっては、文化芸術活動を行う者の創造性が十分に尊重されるとともに、その地位の向上が図られ、その能力が十分に発揮されるよう考慮されなければならない。

3　文化芸術の振興に当たっては、文化芸術を創造し、享受することが人々の生れながらの権利であることにかんがみ、国民がその居住する地域にかかわらず等しく、文化芸術を鑑賞し、これに参加し、又はこれを創造することができるような環境の整備が図られなければならない。

4　文化芸術の振興に当たっては、我が国において、文化芸術活動が活発に行われるような環境を醸成することを旨として文化芸術の発展が図られ、ひいては世界の文化芸術の発展に資するものであるよう考慮されなければならない。

5　文化芸術の振興に当たっては、多様な文化芸術の保護及び発展が図られなければならない。

6　文化芸術の振興に当たっては、地域の人々により主体的に文化芸術活動が行われるよう配慮するとともに、各地域の歴史、風土等を反映した特色ある文化芸術の発展が図られなければならない。

7　文化芸術の振興に当たっては、我が国の文化芸術が広く世界へ発信されるよう、文化芸術に係る国際的な交流及び貢献の推進が図られなければならない。

8　文化芸術の振興に当たっては、文化芸術活動を行う者その他広く国民の意見が反映されるよう十分配慮されなければならない。

第二章　基本方針（略）

第三章　文化芸術の振興に関する基本的施策

（青少年の文化芸術活動の充実）

第二十三条　国は、青少年が行う文化芸術活動の充実を図るため、青少年を対象とした文化芸術の公演、展示等への支援、青少年による文化芸術活動への支援その他の必要な施策を講ずるものとする。

（学校教育における文化芸術活動の充実）

第二十四条　国は、学校教育における文化芸術活動の充実を図るため、文化芸術に関する体験学習等文化芸術に関する教育の充実、芸術家等及び文化芸術活動を行う団体（以下「文化芸術団体」という。）による学校における文化芸術活動に対する協力への支援その他の必要な施策を講ずるものとする。

●子どもの権利に関する条約

（一九八九・一一・二〇、国際連合総会第四四期採択、一九九〇・九・二発効、監修・室井力、名古屋大学教育法研究会訳）〔抜粋〕

前　文

この条約の締結国は、（略）子どもが、人格の全面的かつ調和のとれた発達のために、家庭環境の下で、幸福、愛情および理解ある

雰囲気の中で成長すべきであることを認め、

子どもが、社会の中で個人として生活を送る十分な準備を与えられるべきであり、かつ、国際連合憲章に宣明された理想の精神の下で、ならびにとくに平和、尊厳、寛容、自由、平等および連帯の精神の下で育てられるべきであることを考慮し、（略）

きわめて困難な条件の中で生活している子どもが世界のすべての国に存在し、かつ、このような子どもが特別の考慮を必要としていることを認め、

子どもの保護および調和のとれた発達のために、それぞれの人民の伝統および文化的価値が重要であることに適正な考慮を払い、

すべての国、とくに発展途上国における子どもの生活条件改善のための国際協力の重要性を認め、

次のとおり協定した。

第一部

〔子どもの定義〕

第一条　この条約において、子どもとは、一八歳未満のすべての者をいう。

〔差別の廃止〕

第二条　**1**　締約国は、その管轄内のどの子どもに対しても、子どもまたは親もしくは後見人の人種、皮膚の色、性、言語、宗教、政治的意見その他の意見、国民的、民族的もしくは社会的出身、財産、障害、出生またはその他の地位にかかわりなく、いかなる差別もなしに、この条約に定められた権利を尊重し、かつ確保しなければならない。

〔子どもの最善の利益の考慮〕

第三条　**1**　子どもに関するすべての決定においては、その決定が公的社会福祉機関もしくは私的社会福祉機関、裁判所、行政機関または立法機関のいずれによってなされたかを問わず、子どもの最善の利益が第一次的に考慮されなければならない。

〔生命に対する権利および生存・発達の確保〕

第六条　**1**　締約国は、すべての子どもが生命に対する固有の権利を有することを認める。

2　締約国は、子どもの生存および発達をできるかぎり最大限に確保しなければならない。

〔名前・国籍を持つ権利および親を知り養育される権利〕

第七条　**1**　（略）子どもは、出生の時から名前を持つ権利および国籍を取得する権利を有し、かつ、できるかぎりその親を知る権利および親によって養育される権利を有する。

〔親からの分離の禁止および分離の手続〕

第九条　**1**　締約国は、子どもが親の意に反して親から分離されないことを確保しなければならない。

〔意見表明権〕

第一二条　**1**　締約国は、自己の意見をまとめる能力のある子どもに対して、その子どもに影響を与えるすべての事柄について、自由に自己の意見を表明する権利を保障し、かつ、子どもの意見は、その年齢および成熟度に従い、適正に重視されなければならない。

〔表現・情報の自由〕

第一三条　**1**　子どもは、表現の自由の権利を有する。この権利は、国境にかかわりなく、口頭、手書きもしくは印刷、芸術の形態または子どもが選択するその他のいかなる方法によっても、すべての種類の情報および考えを求め、受け取り、および伝える自由を含まなければならない。

2　この権利の行使については、一定の制限を課することができる。

（略）

一　他の者の権利または信用の尊重

二　国の安全、公共の秩序または公衆衛生もしくは公衆道徳の保護

〔思想・良心・宗教の自由〕

第一四条　**1**　締約国は、子どもの思想、良心および宗教の自由の権利を尊重しなければならない。

〔プライバシー・名誉などの保護〕

第一六条　1　いかなる子どもも、プライバシー、家族、住居または通信を恣意的または不法に干渉されず、かつ、名誉および信用を不法に侵害されてはならない。

2　子どもは、前項の干渉または侵害に対する法律の保護を受ける権利を有する。

〔親の第一次的養育責任と締約国の援助義務〕

第一八条　1　締約国は、親双方が子どもの養育および発達に対する共通の責任を有するという原則の承認を確保するため、最善の努力を払わなければならない。親または場合によっては後見人は、子どもの養育および発達に対する第一次的責任を有する。子どもの最善の利益が、親または後見人の基本的関心となる。

〔親などによる虐待・放任・搾取からの保護〕

第一九条　1　締約国は、親、後見人または子どもの他のすべての養育者による子どもの養育中におけるすべての形態の身体的または精神的な暴力、侵害または虐待、放任または怠慢な取扱い、性的虐待を含む不当な取扱いまたは搾取から子どもを保護するため、すべての適切な立法上、行政上、社会上および教育上の措置をとらなければならない。

〔障害がある子どもの権利〕

第二三条　1　締約国は、精神または身体に障害がある子どもが、その尊厳を確保し、自立を促進し、かつ、共同社会への積極的な参加を容易にする条件の下で、十分かつ人間に値する生活を享受すべきであることを認める。

〔健康および保健医療ケアに対する権利〕

第二四条　1　締約国は、達成可能な最高水準の健康を享受し、かつ、疾病の治療および健康回復のための施設を利用する子どもの権利を認める。締約国は、いかなる子どももこのような保健医療ケア・サービスを利用する権利を奪われないことを確保するよう努めなければならない。

〔生活水準に対する権利〕

第二七条　1　締約国は、子どもの身体的、知能的、精神的、道徳的および社会的発達のために十分な生活水準に対するすべての子どもの権利を認める。

〔教育に対する権利〕

第二八条　1　締約国は、子どもの教育に対する権利を認めて、漸進的にかつ平等な機会に基づいてこの権利を達成するため、とくに次のことを行わなければならない。

一　初等教育を義務的なものとし、かつ、すべての者に対して無償とすること。

二　一般教育および職業教育を含む種々の形態の中等教育の発展を奨励し、すべての子どもが利用かつアクセスできるようにし、ならびに無償教育の導入、および必要がある場合には、財政的援助の提供などの適切な措置をとること。

三　すべての者が、あらゆる適切な方法により、能力に基づいて高等教育にアクセスできるものとすること。

四　すべての子どもが、教育上および職業上の情報および助言を利用し、かつアクセスできるものとすること。

五　学校への定期的な出席および中途退学率の減少を奨励するための措置をとること。

〔教育の目標〕

第二九条　1　締約国は、子どもの教育が次の目標の下に行われなければならないことに同意する。

一　子どもの人格、才能ならびに精神的および身体的能力をできるかぎり最大限に発達させること。

二　人権および基本的自由ならびに国際連合憲章に掲げられた諸原則の尊重を発達させること。

三　子どもの親および自己の文化的アイデンティティ、言語および価値、居住する国および出身国の国民的価値ならびに自己の文明と異なる文明の尊重を発達させること。

四　すべての人民間、民族的、国民的および宗教的集団間ならびに先住民間の理解、平和、寛容、性の平等および友好の精神に基づき、自由な社会において責任ある生活を送れるよう子どもを準備すること。

五　自然環境の尊重を発達させること。

〔休息・余暇・遊びレクリエーション活動の権利および文化的・芸術的生活への参加権〕

第三一条　1　締約国は、子どもの休息および余暇に対する権利、その年齢に適した遊びおよびレクリエーション活動を行う権利ならびに文化的および芸術的生活に自由に参加する権利を認める。

〔経済的搾取・有害労働からの保護〕

第三二条　1　締約国は、経済的搾取から保護される子どもの権利、および危険もしくはその教育を妨げ、またはその健康または身体的、知能的、精神的、道徳的もしくは社会的発達にとって有害となる恐れのあるいかなる労働に就くことからも保護される子どもの権利を認める。

〔死刑・拷問等の禁止および自由を奪われた子どもの適正な取扱い〕

第三七条　締約国は、次のことを確保しなければならない。

一　いかなる子どもも、拷問またはその他の残虐な、非人道的な、もしくは品位を傷つける取扱いまたは刑罰を受けてはならない。一八歳未満の者が犯した犯罪に対しては、死刑および釈放の可能性のない終身刑を科してはならない。

二　いかなる子どもも、その自由を違法または恣意的に奪われてはならない。子どもの逮捕、勾留または刑事施設収容は、法律に従い、かつ、最後の手段としてのみ、およびもっとも短い適切な期間で行われなければならない。

〔少年司法〕

第四〇条　1　締約国は、刑罰法令違反の嫌疑を受け、起訴もしくは審判に付され、または罪を認定されたすべての子どもが、尊厳および価値についての自己の意識を促進する方法で取り扱われる権利を認める。

2　締約国は、（略）とくに次のことを確保しなければならない。

二

ア　法律によって有罪が立証されるまで無罪の推定を受けること。

イ　自己に対する嫌疑を速やかにかつ直接に、および適切な場合には、親または後見人を通じて告知され、（略）適切な援助を受けること。

エ　証言または自白を強制されないこと。（略）平等な条件の下で自己のための証人の出頭および尋問を求めること。

キ　手続のすべての段階において、子どものプライバシーが十分に尊重されること。

第二部

〔条約広報義務〕

第四二条　締約国は、この条約の原則および規定を、適切かつ積極的な手段により、成人のみならず子どもに対しても同様に、広く知らせる義務を負う。

〔締約国の報告義務〕

第四四条　1　締約国は、次の時期に、国際連合事務総長を通じて、この条約の認める権利の実現のためにとった措置およびこれらの権利の享受についてもたらされた進歩に関する報告を委員会に提出する義務を負う。

一　当該締約国についてこの条約が効力を生じる時から二年以内

二　その後は五年ごと

●国際連合教育科学文化機関（UNESCO・ユネスコ）憲章

〔抜粋〕

この憲章の当事国政府は、その国民に代って次のとおり宣言する。

戦争は人の心の中で生れるものであるから、人の心の中に平和のとりでを築かなければならない。

相互の風習と生活を知らないことは、人類の歴史を通じて世界の諸人民の間に疑惑と不信をおこした共通の原因であり、この疑惑と不信のために、諸人民の不一致があまりにもしばしば戦争となつた。

ここに終りを告げた恐るべき大戦争は、人間の尊厳・平等・相互の尊重という民主主義の原理を否認し、これらの原理の代りに、無知と偏見を通じて人間と人種の不平等という教義をひろめることによつて可能にされた戦争であつた。

文化の広い普及と正義・自由・平和のための人類の教育とは、人間の尊厳に欠くことのできないものであり、且つすべての国民が相互の援助及び相互の関心の精神をもつて果さなければならない神聖な義務である。

政府の政治的及び経済的取極のみに基づく平和は、世界の諸人民の、一致した、しかも永続する誠実な支持を確保できる平和ではない。よつて平和は、失われないためには、人類の知的及び精神的連帯の上に築かなければならない。

これらの理由によつて、この憲章の当事国は、すべての人に教育の充分で平等な機会が与えられ、客観的真理が拘束を受けずに探究され、且つ、思想と知識が自由に交換されるべきことを信じて、その国民の間における伝達の方法を発展させ及び増加させること並びに相互に理解し及び相互の生活を一層真実に一層完全に知るためにこの伝達の方法を用いることに一致し及び決意している。

その結果、当事国は、世界の諸人民の教育、科学及び文化上の関係を通じて、国際連合の設立の目的であり、且つその憲章が宣言している国際平和と人類の共通の福祉という目的を促進するために、ここに国際連合教育科学文化機関を創設する。

第一条　目的及び任務

1　この機関の目的は、国際連合憲章が世界の諸人民に対して人種、性、言語又は宗教の差別なく確認している正義、法の支配、人権及び基本的自由に対する普遍的な尊重を助長するために教育、科学及び文化を通じて諸国民の間の協力を促進することによつて、平和及び安全に貢献することである。

2　この目的を実現するために、この機関は、次のことを行う。

(a)　大衆通報（マス・コミュニケーション）のあらゆる方法を通じて諸人民に相互に知り且つ理解することを促進する仕事に協力すること並びにこの目的で言語及び表象による思想の自由な交流を促進するために必要な国際協定を勧告すること。

(b)　次のようにして一般の教育と文化の普及とに新しい刺激を与えること。

加盟国の要請によつて教育事業の発展のためにその国と協力すること。

人種、性又は経済的若しくは社会的な差別にかかわらない教育の機会均等の理想を進めるために、諸国民の間における協力の関係をつくること。

自由の責任に対して世界の児童を準備させるのに最も適した教育方法を示唆すること。

(c)　次のようにして知識を維持し、増進し、且つ、普及すること。

世界の遺産である図書、芸術作品並びに歴史及び科学の記念物の保存及び保護を確保し、且つ、関係諸国民に対して必要な国際条約を勧告すること。

教育、科学及び文化の分野で活動している人々の国際的交換並びに出版物、芸術的及び科学的に意義のある物その他の参考資料の交換を含む知的活動のすべての部門における諸国民の間の協力を奨励すること。

いずれの国で作成された印刷物及び刊行物でもすべての国の人民が利用できるようにする国際協力の方法を発案すること。

3　この機関の加盟国の文化及び教育制度の独立、統一性及び実りの多い多様性を維持するために、この機関は、加盟国の国内管轄権に本質的に属する事項に干渉することを禁止される。

第七条　国内協力団体

1　各加盟国は、教育、科学及び文化の事項にたずさわっている自国の主要な団体をこの機関の事業に参加させるために、その特殊事情に即する措置を執らなければならない。その措置としては、広く政府及びこれらの団体を代表する国内委員会の設立によることが望ましい。

2　国内委員会又は国内協力団体があるところでは、これらは、この機関に関係がある事項について総会における各自国の代表団及び自国の政府に対して助言的資格で行動し、且つ、この機関に関係があるすべての事項について連絡機関として任務を行う。

3　この機関は、加盟国の要請に基いて、その国の国内委員会に対しその事業の発展を援助するために臨時的に又は恒久的に事務局員一人を派遣することができる。

●ユネスコ学習権宣言（一九八五年三月二九日第四回ユネスコ国際成人教育会議・国民教育研究所訳）

学習権を承認するか否かは、人類にとって、これまでにもまして重要な課題となっている。

学習権とは、

読み書きの権利であり、
問い続け、深く考える権利であり、
想像し、創造する権利であり、
自分自身の世界を読み取り、歴史をつづる権利であり、
あらゆる教育の手だてを得る権利であり、
個人的・集団的力量を発達させる権利である。

成人教育パリ会議は、この権利の重要性を再確認する。

学習権は未来にためにとっておかれる文化的ぜいたく品ではない。

それは、生き残るという問題が解決されてから生じる権利ではない。

それは、基礎的な欲求が満たされた後に行使されるようなものではない。

学習権は、人間の生存にとって不可欠な手段である。

もし、世界の人々が、食糧の生産やその他の基本的な人間の欲求が満たされることを望むならば、世界の人々は学習権をもたなければならない。

もし、女性も男性も、より健康な生活を営もうとするなら、彼らは学習権をもたなければならない。

もし、わたしたちが戦争を避けようとするなら、平和に生きることを学び、お互いに理解し合うことを学ばなければならない。

〝学習〟こそはキーワードである。

学習権なくしては、人間的発達はあり得ない。

学習権なくしては、農業や工業の躍進も地域の健康の増進もなく、そして、さらに学習条件の改善もないであろう。

この権利なしには、都市や農村で働く人たちの生活水準の向上もないであろう。

端的にいえば、このように学習権を理解することは、今日の人類にとって決定的に重要な諸問題を解決するために、わたしたちがなしうる最善の貢献の一つなのである。

しかし、学習権はたんなる経済発展の手段ではない。それは基本的権利の一つとしてとらえられなければならない。学習活動はあらゆる教育活動の中心に位置づけられ、人々を、なりゆきまかせの客体から、自らの歴史をつくる主体にかえていくものである。

それは基本的人権の一つであり、その正当性は普遍的である。学習権は、人類の一部のものに限定されてはならない。すなわち、男性や工業国や有産階級や、学校教育を受けられる幸運な若者たちだけの、排他的特権であってはならない。本パリ会議は、すべての国に対し、この権利を具体化し、すべての人々が効果的にそれを行使するのに必要な条件をつくるように要望する。そのためには、あらゆる人的・物的資源がととのえられ、教育制度がより公正な方向で再検討され、さらにさまざまな地域で成果をあげている手段や方法が参考となろう。

わたしたちは、政府・非政府双方のあらゆる組織が、国連、ユネ

スコ、その他の専門機関と協力して、世界的にこの権利を実現する活動をすすめることを切望する。

エルシノア、モントリオール、東京、パリと続いたユネスコ会議で、成人教育の大きな前進が記されていたにもかかわらず、一方には問題の規模の大きさと複雑さがあり、他方には適切な解決法を見出す個人やグループの力量の問題があり、そのギャップはせばめられてはいない。

一九八五年三月、ユネスコ本部で開かれた第四回国際成人教育会議は、現代の問題のスケールの大きさにもかかわらず、いやそれだからこそ、これまでの会議でおこなわれたアピールをくり返しのべて、あらゆる国につぎのことを要請する。すべての国は、成人教育の活動においても、サービスにおいてもたしかな発展をとげるために、大胆で想像力に満ちた努力をおこなうべきである。そのことによって、女性も男性も、個人としても集団としても、その目的や条件や実施上の手段を自分たちできめることができるようなタイプの成人教育を発展させるのに必要な、教育的・文化的・科学的・技術的蓄積を、わがものとなしうるのである。

この会議は、女性と婦人団体が貢献してきた人間関係における新しい方向づけとそのエネルギーに注目し、賛意を表明する。その独自の経験と方法は、平和や男女間の平等のような人類の未来にかかわる基本的問題を解決するための中心的位置を占めるものである。したがって、より人間的な社会をもたらす計画のなかでの成人教育の発展に女性が参加することは、ぜひとも必要なことである。

人類の将来がどうなるか、それは誰がきめるのか。これはすべての政府、非政府組織、個人、グループが直面している問題である。これはまた、成人の教育活動に従事している女性と男性が、そしてすべての人間が個人として、集団として、さらに人類全体として、自らの運命を自ら統御することができるようにと努力している女性と男性が、直面している問題でもある。

●国際博物館会議（略称イコム）定款〔抜粋〕（一九七四年改訂・森田恒之訳一九七四年六月一四日、第一一回ICOM総会（コペンハーゲン）にて採択

第一章　名称等

第一条　ここに国際博物館会議The International Council of Museums ／Conseil International des Musees を設立する。以下イコム（ICOM）と略称する。

第二章　定義

第三条　博物館とは、社会とその発展に寄与することを目的として広く市民に開放された営利を目的としない恒久施設であって、研究・教育・レクリエーションに供するために、人類とその環境に関する有形の物証を収集し、保存し、調査し、資料としての利用に供し、また展示を行うものをいう。

第四条　先に掲げた博物館のほか、イコムは次に掲げるものについては博物館に相当するものとみなす。

(a)　保存修復の研究機関、ならびに図書館・資料センター等に附属する恒久的展示施設。

(b)　自然、考古、民族学関係の記念物および保護地域、ならびに博物館的性格を持つ史跡、建築物であって収集・保存・教育等の活動を行っているもの。

(c)　植物園・動物園・水族館・生態園などのように生きものを見せる施設。

(d)　自然保護地域。

(e)　自然科学センターおよびプラネタリウム。

第五条　博物館専門職とは、前記第三条および第四条に該当する博物館もしくは相当する施設の職員のうち、高度に専門的な技術または学術の教育を受けたものならびにこれに相当する実務経験を有するものであって、かつ専門職としての倫理の基本的事項を尊重するすべての者をいう。

第六条　イコムは博物館と博物館専門職を代表する、国際・非政府機構である。この資格において、イコムはユネスコ、イコモス（国際史跡記念物会議）、文化財保存国際センター、その他各国の政府機関、政府間協力機構、非政府機構のいかんをとわず地域もしくは汎国際協力機関、博物館を所管する官庁ならびに関連領域の専門家などから意見を求め、協力を得るために必要な関係を常時持つものとする。

第七条　イコムの主な目的を次のように定める。

(a)　博物館および相当する施設の意味を明らかにするとともに、これらを擁護し、援助すること。博物館専門職の地位を確立し、擁護し、より充実したものとする。

(b)　博物館相互ならびに博物館専門職員の国際協力および相互援助を組織する。

(c)　それぞれの地域において、人類の知識と理解の拡大を図るために博物館および博物館専門職が果たしている役割の重要さを強く働きかける。

●IPA・子どもの遊ぶ権利宣言

（一九七七年一一月一一日　国際遊び場協会〈IPA〉マルタ会議、一九八二年九月　子どもの遊ぶ権利に関する国際協会〈IPAの改称〉ウィーン会議で改訂）

子どもは、世界の将来にとっての礎である。子どもは、いつの時代でも、また、どんな文化のなかでも、遊んできた。

遊びは、基本的に必要な栄養・健康・保護及び教育に加えて、すべての子どもの潜在能力を発達させるために不可欠なものである。

遊びは、本能的なものであり、自発的なものであり、かつ、自然に起こるものである。それは生まれながらのものであり、探求的なものである。

遊びは、コミュニケーションであり、自己表現であり、思考と行動を結びつけるものである。遊びは、満足及び成就感をもたらすものである。

遊びは、生活の全ての側面にとって重要である。

子どもは、遊びをとおして、心身や情緒を成長・発達させ、また、社会性を身につけるものである。

遊びは、単なる暇つぶしではなく、生きることを学ぶ術である。

IPAは、多くの警戒すべき動向及びそれが子どもの発達に与える否定的な影響について、深く憂慮している。

・遊びの重要性に対する社会の無関心。
・学校における知育偏重。
・居住空間の非人間的な規模、不適当な住宅形態及び交通処理のまずさに明白に見られる不適当な環境計画。
・マスコミ及び大量生産による子どもを食いものにする商業活動の増大、それらがもたらす道徳的価値基準の低下及び文化的伝統の衰退。
・急速に変化する社会生活に対処するための子どもの準備不足。
・地域社会において増大する子どもの差別。
・子どもが絶えず戦争、暴力及び破壊行為にさらされていること。
・子どものスポーツにおける不健全な競争及び「なにがなんでも勝つこと」を過度に強調すること。

行動への提案　次に述べる一連の提案は、子どもに責任を負っている行政部門に対応してリストアップしたものである。

保健　遊びは、子どもの心身の健康にとって不可欠のものである。

・誕生したその日から、子どもが遊びの利益を受けられるプログラムを専門家と両親に向けて確立する。
・子どもの健康保持のために作成する地域社会プログラムに、遊びを組み込む。
・病院及びその他の施設において、子どもの各種の治療計画に不可欠なものとして遊びを奨励する。

教育　遊びは、教育の本質的な部分である。

・公教育制度の中に、独創性・相互作用性・創造性及び社会性を身につける機会を提供する。

・子どもにかかわるすべての専門家及びボランティアの養成課程において、遊びの重要性を学習するようになる。

・学校・大学及び公共の建物を地域社会の生活に溶け込ませ、かつ、こうした建物及び施設を最大限に活用できるようにする。

福祉　遊びは、家庭及び地域社会の生活に不可欠の要素である。

・親子間の親密な関係を強化する方策を促進する。

・遊びが社会開発及び社会養護にとって不可欠のものとして確認されるようにする。

・遊びを含んでいる地域活動によって、身体的・知的または情緒的な障害をもった子どもを、地域社会の一員として受け入れていけるような地域社会を提供する。

余暇　子どもは遊び時間を必要としている。

・子どもが、遊べる十分な時間・場所及び素材を提供し、個人やグループの興味を発展させる。

・経歴及び年齢の異なるより多くの人々が、子どもにかかわることを奨励する。

・巧妙な広告による子どもの遊びに関する商業宣伝を禁止する。戦争おもちゃ及び暴力・破壊ゲームの製造、販売を禁止する。

・あらゆる年齢の人が一緒にできるゲームの開発を促進する。子どもがスポーツをする際には、フェア・プレーを奨励する。

・すべての子どものために、よい遊具を提供する。特に幼児のプレー・グループ、おもちゃ図書館及びプレー・バス (play buses) などの地域施設との研究及び協力により、特別に必要な遊具を提供する。

計画　居住空間設計の際には、子どものニーズに、優先権を与えなければならない。

・新規開発または再開発の計画の際には、大変傷つきやすく、体が小さく、しかも行動範囲が限定されている子どものことを考慮する。

・家族用の高層住宅を禁止し、既存の高層住宅が子どもに及ぼす悪影響を軽減する緊急措置を実施する。

・より良い交通処理及び改良された公共交通機関の提供により、子どもが地域社会の中を、安全に動き回れる措置を取る。

・子ども・青年が、周囲の環境及びその利用に関連する意思決定に参加できるよう保障する。

・制定法によって、遊び及びレクリエーションのための、十分かつ適切な空間を確保する。

IPAは、

・一九七九年の国際児童年を契機にして広がった子どもの生活改善に対する国際世論を持続させることを決意し、

・国連・子どもの権利宣言第七条の「子どもは、遊び及びレクリエーションのための十分な機会を持たなければならない。その遊び及びレクリエーションは、教育と同じ目的に向けられるべきである。社会及び公の機関は、この権利の享有を促進するよう努力しなければならない。」という規定を確信し、

・各国が、文化、風土並びに社会的、政治的及び経済的機構に応じて、公的及び政治的な独自の行動路線を準備する責務を認め、

・子どものニーズ・願望及びあこがれを満たすためのプログラム及びサービスの計画及び開発にとって、地域社会の十分な参加が不可欠であることを認識し、

・能力の差にかかわらず、すべての子どもは、等しく遊ぶ機会を共有すべきであると信じ、

・子どもにかかわる国連の諸機関並びにその他の国際的及び国内的組織との協力関係を確立して、

・すべての国でのあらゆる組織が、子どもの健全な発達を危うくするような警戒すべき動向に対して立ち上がり、かつ、いかなるときにも「子どもの遊ぶ権利」を保障するように立案された長期プログラムに最優先権を与えるために、行動を起こすことを呼び掛ける。

●児童憲章（昭和二六年五月五日）

われらは、日本国憲法の精神にしたがい、児童に対する正しい観念を確立し、すべての児童の幸福をはかるために、この憲章を定める。

児童は、人として尊ばれる。
児童は、社会の一員として重んぜられる。
児童は、よい環境のなかで育てられる。

一　すべての児童は、心身ともに健やかにうまれ、育てられ、その生活を保障される。

二　すべての児童は、家庭で、正しい愛情と知識と技術をもつて育てられ、家庭に恵まれない児童には、これにかわる環境が与えられる。

三　すべての児童は、適当な栄養と住居と被服が与えられ、また、疾病と災害からまもられる。

四　すべての児童は、個性と能力に応じて教育され、社会の一員としての責任を自主的に果たすように、みちびかれる。

五　すべての児童は、自然を愛し、科学と芸術を尊ぶように、みちびかれ、また、道徳的心情がつちかわれる。

六　すべての児童は、就学のみちを確保され、また、十分に整つた教育の施設を用意される。

七　すべての児童は、職業指導を受ける機会が与えられる。

八　すべての児童は、その労働において、心身の発育が阻害されず、教育を受ける機会が失われず、また、児童としての生活がさまたげられないように、十分に保護される。

九　すべての児童は、よい遊び場と文化財を用意され、わるい環境からまもられる。

十　すべての児童は、虐待・酷使・放任その他不当な取扱からまもられる。

あやまちをおかした児童は、適切に保護指導される。

十一　すべての児童は、心身が不自由な場合、または精神の機能が不充分な場合に、適切な治療と教育と保護が与えられる。

十二　すべての児童は、愛とまことによつて結ばれ、よい国民として人類の平和と文化に貢献するように、みちびかれる。

作成　庄司　愛（東京都立大学大学院）

用（総務省「青少年に関する調査」）
・2001年
1月：省庁改編で文部科学省，厚生労働省発足　4月：「新しい歴史教科書をつくる会」編集の中学校歴史教科書が検定合格　6月：大阪教育大付属池田小学校に刃物男乱入，児童を殺傷　教育「改革」三法案を強行可決　8月：文部科学省，初の不登校追跡調査の結果を発表　11月：文化芸術振興基本法制定　12月：子どもの読書活動の推進に関する法律成立，毎年4月23日を「子どもの読書の日」と定める　＊出生数117万5千人，離婚件数28万9千組（厚生労働省「人口動態統計」）
・2002年
4月：公立の学校週5日制を完全実施　5月：総人口に占める子どもの割合14.3%（総務省発表）

〈参考文献〉

・白井愼・小木美代子・姥貝荘一『子どもの地域生活と社会教育』1996，学文社
・小木美代子・立柳聡・深作拓郎『子育ち学へのアプローチ―社会教育・福祉・文化実践が織りなすプリズム』2000，エイデル研究所
・『近代日本総合年表　第4版』2001　岩波書店
・『社会教育・生涯学習ハンドブック』第6版　2000年　エイデル研究所
・日本子どもを守る会編『子ども白書』各年版　草土文化
・『イミダス』各年版　集英社

作成：星野　一人（埼玉大学大学院）

承認（5月発効）　4月：高校で家庭科の男女共修始まる　7月：こども未来財団創設　11月：愛知県西尾市で中学生がいじめを苦に自殺，いじめ問題クローズアップ　12月：厚生省「今後の子育て支援のための施策の基本方向について」（通称エンゼルプラン）発表　ソニー「プレイステーション」発売

・1995年

1月：阪神・淡路大震災　3月：文部省いじめ緊急会議，社会全体でのいじめ防止を提言　オウム真理教地下鉄サリン事件　「規制緩和推進計画」閣議決定　4月：学校5日制拡大（第4土曜日も休業へ）　経済同友会「合校論」で学校スリム化を提唱　6月：育児・介護休業法が成立　「児童育成計画策定指針」（地方版エンゼルプラン）発表　7月：文部省，全国154の小中高校に「スクールカウンセラー」配置

・1996年

1月：いじめ自殺が相次ぎ奥田文相が緊急アピール発表，翌月文部省内に「いじめ問題対策本部」設置　6月：病原性大腸菌O－157，各地で感染広まる　7月：中教審答申で「生きる力」育成，「ゆとり」確保を提言　8月：沖縄で全国高校生平和集会開催，高校生400人以上参加　＊「援助交際」や「オヤジ狩り」が問題化する

・1997年

1月：文部省，「教育改革プログラム」提示　5月：神戸市で小学生が殺害され，頭部が中学校の校門前に放置される。翌月，近隣に住む中学生を逮捕，以後「心の教育」施策が全国で展開　6月：児童福祉法一部改正，学童保育を法制化　千葉大学が「飛び入学」制導入を発表（98年度入試より実施）　11月：文部省「[子どもと話そう] 全国キャンペーン」発表　12月：TVアニメ「ポケットモンスター」を見ていた子どもたちが光過敏性てんかんで発作を起こす事件が続発

・1998年

1月：栃木県黒磯市で中学生が女性教諭を刺殺，「キレる」子どもが問題に　2月：完全学校5日制，2002年度から導入と発表　3月：特定非営利活動促進法（NPO法）成立　5月：児童買春・児童ポルノ法成立　6月：学校教育法一部改正，中高一貫校の導入など可能に　国連子どもの権利委員会，本審査最終所見で日本政府に対し22項目の勧告　NHKの番組で「学級崩壊」が報道され波紋呼ぶ　8月：文部省，全国子どもプラン（緊急3カ年計画）発表　9月：生涯学習審議会「社会の変化に対応した今後の社会教育の在り方について」答申　中教審「今後の地方教育行政の在り方について」答申　12月：新学習指導要領で「総合的な学習の時間」導入を発表

・1999年

2月：文部省，「学級崩壊」に関する調査を開始　文部省『家庭教育手帳』『家庭教育ノート』作成　5月：児童買春，児童ポルノに係わる行為等の処罰及び児童の保護等に関する法律成立　6月：生涯学習審議会「生活体験・自然体験が日本の子どもの心をはぐくむ」答申　8月：国旗・国歌法成立　9月：東京都品川区で小学校の学校選択制導入を表明，のちに中学校にも　11月：東京都文京区で幼稚園児が殺害され，同じ園に子どもを通わせる母親を逮捕，背景に母親同士の関係や「お受験」も？　12月：少子化対策「新エンゼルプラン」発表　＊合計特殊出生率1.34まで減少（厚生省「人口動態統計」）　＊高校中退者は10万6千人余（文部省調査）　＊10代の妊娠中絶が史上最多，4万件に迫る（厚生省「母体保護統計報告」）

・2000年

1月：改正祝日法（通称ハッピーマンデー法）施行。子ども読書年スタート　4月：中央教育審議会「少子化と教育について」報告，地域社会の重要性強調　5月：西鉄高速バスジャック事件などで「17歳問題」報道過熱　児童虐待防止法成立　8月：文部省，不登校が小中学校で13万人超と発表　三宅島・雄山の噴火で全島避難，都内で島の子どもたちが寮生活　11月：改正少年法成立，刑事罰の対象を14歳に引き下げなど　生涯学習審議会「家庭の教育力の充実等のための社会教育行政の体制整備について」報告　12月：川崎市で全国初の「子どもの権利条例」成立　教育改革国民会議答申，小中高での奉仕活動実施など　＊大学・短大進学率49.1%（文部省データ）　＊高校生の約6割が携帯電話を使

・1979年

1月：世田谷区で高校生が祖母を殺害，自らも自殺　国公立大学入試・共通一次試験始まる　4月：養護学校が義務化される　7月：青少年問題審議会「青少年の社会参加」意見具申　10月：薬害防止のため薬事法改正　＊「インベーダーゲーム」が流行（TVゲームのはしり）

・1980年

11月：川崎市の予備校生が金属バットで家族を殺害　＊ベビーホテル問題

・1981年

2月：東京・中野区で教育委員準公選制開始　＊児童福祉法改正，延長・夜間保育の実施

・1982年

・1983年

2月：横浜市内で浮浪者襲撃事件続発，中学生ら10人逮捕　東京・町田市の中学校で，教師が暴行生徒をナイフで刺し全治10日間のけが負わせる　4月：東京ディズニーランド開園　6月：戸塚ヨットスクール事件で校長を逮捕　7月：任天堂「ファミリーコンピュータ」発売　10月：東北大で日本初の「試験管ベビー」（体外受精児）誕生

・1984年

9月：臨時教育審議会発足

・1985年

3月：ユネスコ学習権宣言　4月：警視庁，初の「いじめ白書」発表　6月：自動車事故で入院した我が子に両親の信仰上の理由で輸血拒否，少年死亡　＊東京弁護士会「子どもの人権110番」設置

・1986年

2月：東京・中野区の中学生がいじめを苦に首吊り自殺，教師もいじめに関与していたことが判明　4月：男女雇用機会均等法施行　アイドル歌手岡田有希子が飛び降り自殺，以後若者の後追い自殺続く

・1987年

・1988年

2月：名古屋市で少年グループがアベックを金目当てで殺害　ファミコンソフト『ドラゴンクエストⅢ』発売で中高生1万人行列　8月：埼玉・東京で連続幼女誘拐殺人事件（翌年，容疑者の男を逮捕）　10月：ベトナムの二重体児ベトちゃん・ドクちゃんの分離手術行われる

・1989年

1月：東京・足立区で女子高校生が監禁・殺害されコンクリート詰めに，少年4人を逮捕　4月：学習指導要領改訂で小学校に「生活科」導入　11月：国連総会「子どもの権利に関する条約」採択　＊エイズが国際的に問題化　＊この頃「バブル経済」最高潮に　＊高校中退者12万人超える

・1990年

1月：大学入試センター試験始まる　6月：生涯学習振興整備法公布　7月：神戸市の高校で女子生徒が校門に挟まれ死亡　8月：生涯学習審議会が発足　9月：「子どものための世界サミット」国連本部で開催　＊高校進学率95%超える（文部省データ）

・1991年

3月：高野連，神奈川朝鮮中高級学校の加盟申請を承認　5月：育児休業法成立　「子どもの虐待防止センター」東京で発足　6月：合計特殊出生率1.47（厚生省「人口動態統計」）　7月：広島県三原市の民間施設で園生がコンテナに監禁され衰弱死（「風の子学園」事件）　＊厚生省「放課後児童対策事業」開始

・1992年

2月：不登校児が民間施設に通うことで通学扱いに　9月：学校5日制で毎月第2土曜日が休業に　10月：アメリカに留学中の高校生がパーティー先の間違いがもとで射殺される

・1993年

1月：山形県新庄市の中学校で男子生徒がマットに巻かれ死亡　高校教育改革推進会議が業者テストの廃止など打ち出す　8月：小中学生の不登校7万人超える（文部省学校基本調査）　11月：環境基本法制定　＊大学・短大進学率40%超える（文部省データ）　＊「ブルセラショップ」が問題化する

・1994年

1月：東京都中野区の教育委員準公選制廃止決定　2月：法務省，人権擁護委員から600人を「子どもの人権オンブズマン」として配置　3月：国会が子どもの権利条約の批准を

開始　3月：東京・台東区で吉展ちゃん誘拐・殺害事件　5月：厚生省「児童福祉白書」発表　10月：マスコミと青少年に関する懇談会初会合　*『週刊マーガレット』『週刊少女フレンド』など創刊

・1964年

4月：厚生省，児童局を児童家庭局と改称　予防接種法改正，小児麻痺予防のため生ワクチンを採用　全国子ども会連合会結成

7月：母子福祉法公布　10月：第18回東京オリンピック開催　*「カギっ子」が流行語に

・1965年

1月：中央教育審議会「期待される人間像」発表　4月：文部省，非行増加への対策として『生徒指導の手引き』を全国の中・高校に配布　5月：「国立こどもの国」横浜市に開園　11月：国立小児病院開院　*この頃，中卒就職者が「金の卵」ともてはやされる

・1966年

6月：ザ・ビートルズ，日本武道館で公演，エレキブーム最高潮　*「ひのえうま」で出生数1900年以来の減少　*『週刊少年マガジン』100万部突破　*福岡で初の子ども劇場発足

・1967年

5月：青少年育成国民会議結成　8月：公害対策基本法公布　*全国学童保育連絡協議会結成　*テレビ受信契約数2000万超え，普及率83.1％

・1968年

8月：『週刊少年ジャンプ』創刊，永井豪『ハレンチ学園』の影響で「スカートめくり」が流行し問題化　*育児休業制度，電電公社で導入　*未成年者のシンナー遊びが問題化（死者42人）

・1969年

3月：交通遺児育英会設立　NHK，FM本放送開始　10月：厚生省，人工甘味料チクロの使用を禁止　*各地の高校で紛争，卒業式などで造反行動目立つ

・1970年

3月：大阪で日本万国博覧会開幕（～9月）

5月：青少年問題審議会，「都市化の進展と青少年対策」具申，親の育児方針の動揺を問題視　*親子読書・地域文庫全国連絡会結成　*この頃の若者「三無主義」と評される　*「落ちこぼれ」が問題となる

・1971年

8月：第13回世界ジャンボリー（ボーイスカウトの祭典）富士山麓で開催　*マクドナルド，日本に初出店

・1972年

1月：児童手当制度発足　3月：PCB汚染問題で通産省が製造中止を通達　5月：沖縄が本土に復帰，沖縄県となる　11月：上野動物園で中国から渡来のパンダ初公開，子どもに人気　*初のコンビニエンスストア登場

・1973年

10月：オイルショック　*大学・短大進学率30％超える（文部省データ）　*第2次ベビーブーム頂点に

・1974年

3月：兵庫県西宮市の知的障害児施設で園児2人が殺害される（甲山事件）　4月：社会教育審議会「在学青少年に対する社会教育の在り方」建議　*高校進学率90％超える（文部省データ）　*全国子ども劇場・おやこ劇場連絡会結成　*全国無認可保育所連絡協議会結成　*社会教育研究全国集会で「子ども分科会」発足　*総理府青少年対策本部「性白書」発表　*福井県立ろう学校野球部，全国高校軟式野球大会にろう学校として初出場

・1975年

12月：国連総会「障害者の権利に関する宣言」採択　*「乱塾」が社会問題化

・1976年

1月：鹿児島市で日本初の五つ子誕生，排卵誘発剤で　*NHKの番組から『およげ！たいやきくん』が大ヒット

・1977年

10月：東京で開成高校生の息子を父親が殺害　*カラオケがブームになり始める

・1978年

6月：ソニー「ウォークマン」発売，「ヘッドホン族」が街を闊歩　9月：日本電気，初のパソコン「PC−8001」発売　*小中学生の間で「口裂け女」の流言が広まる　*外食レストランが盛況

戦後子どもの略年表

・1945年
8月：東京の集団疎開児童帰京開始
・1946年
4月：プロ野球が復活，翌月には六大学野球も　5月：漫画『サザエさん』が夕刊フクニチに連載開始　8月：全国中等学校優勝野球大会復活　11月：日本国憲法公布　12月：東京で学校給食開始
・1947年
3月：教育基本法公布　4月：労働基準法公布　学校教育法施行，六三三四制開始　6月：日本教職員組合（日教組）発足　12月：児童福祉法公布　改正民法により家制度廃止
・1948年
1月：寿産院事件　5月：PTA第1回全国協議会　厚生省『母子手帳』配布開始　夏時刻（サマータイム）実施（52年廃止）　7月：改正少年法公布　優生保護法公布　＊東京・芝に日本初の児童館開館　＊大阪市・今川学園で学童保育開始　＊ボーイスカウト日本連盟発足
・1949年
2月：労働省・労働基準監督の徹底を通達～少年少女の人身売買事件続発のため　5月：初の「こどもの日」　6月：社会教育法公布　映画倫理規程管理委員会（映倫）発足　＊第1次ベビーブーム頂点に　＊少年少女誌の創刊相次ぐ　＊ヒロポン中毒問題化
・1950年
1月：年齢の数え方，満年齢に　4月：図書館法公布　6月：朝鮮戦争勃発　8月：文部省，パンによる完全給食実施を発表
・1951年
3月：生活綴方集『山びこ学校』発刊　5月：児童憲章制定宣言　6月：社会福祉事業法公布　12月：博物館法公布
・1952年
5月：日本子どもを守る会結成　8月：文部省主催，全国児童文化会議開催　10月：日本父母と先生全国協議会〈日本PTA〉結成大会　＊ラジオ受信契約数1000万超える
・1953年
2月：NHK，テレビ本放送開始（民放は日本テレビが8月から）
・1954年
6月：学校給食法公布　8月：映倫，映画と青少年問題対策協議会設置　11月：防衛庁，少年自衛隊の募集開始　＊各地で悪書追放運動が活発化　＊プロレス人気高まる
・1955年
6月：第1回日本母親大会開催　8月：森永粉ミルクにヒ素含有発見，患者続出　第1回原水爆禁止世界大会広島で開催
・1956年
3月：学校給食法改正，中学校へも適用　5月：売春防止法公布　＊初の『青少年白書』発表
・1957年
12月：日教組，勤評反対闘争へ
・1958年
＊テレビ受信契約数100万超える　＊映画館入場者11億人超える
・1959年
1月：NHK教育テレビによる学校放送開始　3月：初の少年週刊誌『少年マガジン』『少年サンデー』創刊　10月：文部省，初の『教育白書』発表　11月：「緑のおばさん」発足
・1960年
6月：60年安保闘争　9月：カラーテレビ本放送開始　＊インスタントラーメンが登場　＊ダッコちゃん人形がブーム　＊小児麻痺（ポリオ）が流行，全国の患者数約5600人
・1961年
6月：スポーツ振興法公布　9月：文部省，全国一斉学力テスト実施（中学2・3年生対象）　11月：児童扶養手当法公布　＊睡眠薬遊びが流行，厚生省が未成年者への販売禁止などの対策　＊阿倍進『現代子供気質』から「現代っ子」が流行語に
・1962年
5月：大日本製薬，サリドマイド系睡眠薬出荷停止　6月：日本スポーツ少年団結成　＊テレビ受信契約者数1000万を突破　＊コカコーラの本格販売開始
・1963年
1月：初の長編アニメ『鉄腕アトム』放映

結びにかえて　―若い世代と実践者への期待―

私事、二〇〇一から二〇〇二へと年度の更新を目の前にして、いよいよ自分も児童館という子育ち支援の臨床現場を離れて丸五年になることに気がつきました。それは同時に本書の編集が佳境に差しかかった頃でもあり、その後次々と、第Ⅱ部に収録される実践報告を中心に、寄せられた論考を拝読することになりました。心に重く響いてくる何かに気づき、次第にその理由を考えながら…。

子どもたちの育ちがみずみずしく綴られた記述や、困難に直面して試行錯誤しながら、支援者が生き生きと活動している姿が記された文面に、何度となく肯いたり、〝そうなんだ…その気持ちよくわかるよ！〟臨床の場にあった時代の自分の経験とどこか重ね合わせながら、繰り返し心の中でつぶやいて読み進んだのでした。実践することの苦しさを身にしみて知る立場としては、言い尽くせない敬意を表しながら、〝臨床の場は何と感動に満ちているのだろう…子どもたちや住民の皆さんと共有するこうした思い出と感動が、紛れもなく臨床の場のすばらしさであり、実践者の生きがいなのだ！〟

思えば、研究者の立場に身を転じ、関連の書物に目を向ける機会が一段と増えました。当然のことながら、その執筆者もいろいろですが、知りうる限り、取材や調査ではなく、せめてボランティアとしてなり、実践の当時者として相応の期間や機会、臨床の場にかかわりを持ったことがない（ひょっとすると、そうした関心そのものがない？）研究者や評論家の皆さんが子どもの育ちを綴った論考には、こうした感動がなく、私の臨床経験に照らして検討すると、〝一見するともっともなのだが、子どもの発想や行動は大人の予測をはるかに超えることがしばしばあり、従って…〟真に子どもたちに福音となる子育ち支援に実効力を持ちうる知見や方法と思われるものが乏しいのです。こうした論考を目にする虚しさに乾いた私の心に、本書の実践報告が潤いを与えてくれたわけです。

歴史学や哲学として「子ども」を論じたり、生活の実態などを跡付けるならともかく、教育や福祉、保健・医療などの立場から子どもの育ちに言及することは、その健やかな育ちを願って、現実に有効な支援を行なったり、条件を整備することへの寄与が当然の前提になっていると思われます。本質は実践であり、それを極める上で真に有効な知見や方法の提起でなければ価値がないのです。いかに教育や福祉、保健・医療などに足場を持とうとも、構想や評論に終始するなど、臨床や実践に無縁な人たちが子どもの育ちに言及することは、そもそも不遜なのです。反面教師として、自戒の糧にいたしたいと思います。

しかし、実践者の側にも問題があると思います。自分の貴重な実践を広く一般に公開したり、個々の実践に含まれる普遍的な真理を帰納的に集約する工夫がなされず、事実報告の繰り返しに陥ってしまっている例を多々見かけるように思います。この点に関して、臨床と実践に関わりが深く、学童保育運動に多々貢献されている神戸大学の二宮厚美先生が、以下のように指摘されています。

「概念で理解しないで、ただ具体的な経験だけが理解されてしまうと、類似的経験が繰り返されるということになってしまう。経験と理論的総括が発展しなかったり、理論を媒介にした多様な経験が広がっていかない。そうするとどうしても学童保育指導員の専門性などもきちっと分かってもらうとか、理論的に深めるという作業も不十分に終わるということになります。」（『学童保育研究』創刊号、六三頁、かもがわ出版、二〇〇一年）

正にその通りと思います。概念的な理解もまた、一定の経験や訓練がものを言うようで、それを積み上げた研究者の役割がここにあると考えます。従来多かった指導する者とされる者という関係ではなく、研究上第一義的に大切な実践の概要とそこから得られた経験的事実を報告する臨床現場の実践者と、概念的整理に卓越した研究者の共同作業で、子どもの育ちに関わる真理を明らかにし、有効に支援する＝実践に役立つ理論や方法を創造していくことが大切なのだと思います。

しかし、私のこれまでの経験から判断すると、この場合も研究者に相応の臨床経験がないと、有意義な実践を創造することを念頭に、どこに概念を導入し、経験知を集約すればよいか？うまく勘所を押さえることは難しく、ややもすると無益な観念的考察に陥り、実践者が共同作業から離反していくというケースが跡を絶たないのです。やはり、子どもの育ちの支援に関わるすべての人たちに共通に求められる大前提は、相応の臨床経験と子どもの育ちに現実に寄与するという本質を外れない健康な精神と思われます。

本書を通じて、子どもの育ちの支援に関わる様々な実践が各地から明らかにされました。幾つか理論的な提起もなされました。これを踏まえ、既述のような共同作業がどんどんと拡大していくことが期待されます。アクションリサーチによる理論検証も進めなければ科学になりません。子どもが育つには一定の時間が必要なので、長いタイムスパンで共同作業や検証に当たれる人たちの存在が特に大切です。若い世代から行動力に満ち溢れた実践者と、相応の臨床経験を有する研究者が多々育ってほしいと願わずにいられません。それを支援するのが編者らの役割なのでしょう。多くの夢を託して本書を世に送り出したいと思います。

二〇〇二年八月

立柳　聡

監　修

白井　　愼　法政大学名誉教授

編著者

小木美代子　日本福祉大学
姥貝　荘一　八王子市役所
立柳　　聡　福島県立医科大学

子どもの豊かな育ちと地域支援

2002年９月５日　第１版第１刷発行

監　修　白井　　愼
編著者　小木美代子
　　　　姥貝　荘一
　　　　立柳　　聡

発行者　田　中　千津子
発行所　株式会社　学　文　社

〒153-0064 東京都目黒区下目黒３-６-１
電　話　03（3715）1501㈹
ＦＡＸ　03（3715）2012
http//www.gakubunsha.com

印刷　新灯印刷㈱

ISBN4-7620-1160-6